Brackert / van Kleffens

Von Hunden und Menschen

Helmut Brackert
Cora van Kleffens

Von Hunden und Menschen

*Geschichte einer
Lebensgemeinschaft*

Verlag C.H. Beck München

Mit 78 Abbildungen

ISBN 3406 33982 4

© C. H. Beck'sche Verlagsbuchhandlung (Oscar Beck), München 1989
Gesamtherstellung: Kösel, Kempten
Printed in Germany

Inhalt

Anhang

Für eine außergewöhnliche Hündin

Der Hund, dem dieses Buch seine Entstehung verdankt und dem es daher auch gewidmet sein soll, heißt Bismarck. Ein seltsamer Name, so will es scheinen, für ein – noch dazu weibliches – Tier. Doch da die Herrin dieses Hundes, als der junge Welpe ins Haus kam, gerade begeistert in einem Buch las, in dem der – allerdings männliche – Hund so gerufen wurde, ergab sich die Namensgebung mit jener seltsamen Mischung aus Notwendig- und Zufälligkeit, wie sie wohl für die meisten Benennungen charakteristisch sein dürfte, wobei der Umstand, daß es sich damals noch um einen Winzling handelte, die Problematik ebenso verdeckte wie unterstrich: einerseits konnte man bei einem so kleinen und jungen Tier quasi noch das natürliche Geschlecht außer acht lassen, und der Hund war dann eben einfach ‹der Bismarck›; andersseits ließ gerade die Winzigkeit des Tieres keinerlei Anhaltspunkte dafür erkennen, weshalb es denn mit dem Namen des martialischen ‹Eisernen Kanzlers› belegt worden war. Das Tier, seiner Erscheinung nach ein Mittelschnauzer, mit einigen erkennbaren Spuren von Reinrassigkeit, hat sich inzwischen zu einer springlebendigen Hündin mittleren Alters ausgewachsen, zu deren individueller Eigenart auch ihre weibliche Identität gehört: sie ist jetzt, wenn auch immer noch zur Verwunderung vieler Spaziergänger, mit großer Selbstverständlichkeit ‹die Bismarck›!

Freilich, der Name ist nicht das einzige Verwunderliche an diesem Tier. Aufgrund der Freiheiten, die sie von Anfang an für sich in Anspruch genommen und auch gewährt bekommen hat, hat die Bismarck viele Eigenschaften, die üblicherweise als besonders hundegemäß gelten, gar nicht erst entwickelt. Sie ist nicht unterwürfig oder angepaßt, sondern eigenständig und selbstbestimmt, lebt nicht vom Blick der anderen und ist gerne für sich allein. In den Kreis der Menschen kommt sie, wenn sie etwas will; angestammte, erworbene Rechte nimmt sie mit spielerischer Insistenz wahr.

Überhaupt tut sie, was sie will. Sie legt sich keinerlei Zwänge auf. Auf Spaziergängen geht sie dem nach, was ihr gerade in den Sinn kommt: sie springt in jedes noch so schmutzige Wasser; wälzt sich in jedem Dreck; verfolgt Radfahrer, Jogger und andere ihr nicht genehme Leute mit lautem Gebell, ganze Fußballplätze sind von ihr schon in Verwirrung gebracht worden, weil sie partout nicht einzusehen vermag, weshalb sie sich nicht in den Besitz eines rollenden Balles bringen sollte.

Dabei ist sie durchaus Hund im klassischen Sinne des Wortes, sogar ein Vollbluthund voller Vitalität und spielerischer Phantasie. Wie Bauschan, der von Thomas Mann in seiner Erzählung ‹Herr und Hund› beschriebene kurzhaarige deutsche Hühnerhund, liebt sie die kommunikativen Rituale: kommt man, um sie zum Spaziergang abzuholen, biegt sie wie Bauschan «um die rückwärtige Hausecke, stürzt auf den Ankömmling zu und vollführt einen wirren Begrüßungstanz; ... bestehend aus Trampeln, maßlosem Wedeln, ... ferner einem ringelnden Sichzusammenziehen des Körpers sowie schnellenden Luftsprüngen nebst Drehungen um die eigene Achse». Dann muß sogleich spazieren gegangen werden, auch wenn sie gerade erst ‹Gassi› war, und sie ist sehr empfindlich verärgert, wenn die – doch offensichtlich nur zu ihrer Unterhaltung und zur Befriedigung ihrer Bedürfnisse auf der Welt befindlichen – Menschen ebenso unwillig wie deutlich erkennen lassen, daß sie anderes im Sinn haben, als auf die eigensinnigen Wünsche des Hundes einzugehen. Mit deutlichen Zeichen gespielter Gekränktheit zieht sie sich zurück; denn die Begeisterungsfähigkeit und Freude, die sich in Bismarcks Ritualen ausdrückt, ist keineswegs uneigennützig auf den menschlichen Partner gerichtet, sondern verbindet sich immer mit klar erkennbaren eigenen Zwecken.

Darin unterscheidet sie sich im übrigen von Bauschan. In ihrem ungetrübten Urvertrauen hat sie es nicht nötig, die Billigung ihrer Existenz von der Freundlichkeit der Menschen abhängig zu machen. Sie wahrt auch hier ihre Unabhängigkeit und wenn sie sich auf einem Spaziergang niederlegt, legt sie sich an einen ihr genehmen Ort, während Hunde wie Bauschan die

menschliche Nähe suchen und immer darauf bedacht sind, auf
irgendeine Weise die körperliche Berührung mit dem Herrn zu
wahren.

Es war die spezifische Individualität dieses Tieres, die uns
immer wieder zu Gesprächen über Hunde veranlaßt hat, die uns
Fragen stellen ließ nach deren kollektiven Eigenschaften und
individuellen Eigenarten, die uns auch neugierig machte auf die

historischen Erscheinungsformen der Hunde und schließlich
jenen Plan entstehen ließ, aus dem dieses Buch erwuchs: den
Plan, Hundebilder und Hundetexte, ja überhaupt kulturgeschichtliche Zeugnisse aller Art und aller Zeiten zu sammeln,
miteinander zu vergleichen und im Vergleich die Kontinuitäten
wie Diskontinuitäten einer Geschichte herauszuarbeiten, deren
Gegenstand die Wechselbeziehung von Mensch und Hund darstellt.

Die Verfasser sind zunächst etwas naiv an das Thema heran-
gegangen, da sie meinten, mit der ausgiebigen Sammlung von
Materialien unterschiedlicher Epochen sei der wesentliche Teil
der Arbeit bereits geleistet und es gehe vor allem darum, die
gesammelten Materialien zu ordnen und zu beschreiben. Es
wurde uns im Verlauf der Arbeit jedoch zunehmend bewußt,
daß kulturgeschichtliche Aussagen über den Hund nur möglich
sind, wenn man sie auf die menschliche Kulturgeschichte bezieht, daß mit anderen Worten nicht ein Objektverhältnis, sondern eine Wechselbeziehung historisch zu ergründen war.

Hier aber gerieten die Verfasser bald auf Neuland und mußten
erkennen, daß dem bedeutsamen Bereich kulturgeschichtlicher
Forschung, der sich auf das Zusammenleben von Mensch und
Tier bezieht, bisher wenig Interesse entgegengebracht worden
ist. Die Verfasser sind sich daher bewußt, daß sie nicht viel mehr
tun konnten, als eine erste breite Schneise in einen Themenbe-
reich zu schlagen, der nicht nur ein weites, sondern geradezu ein
unermeßliches Feld darstellt, handelt es sich doch um nichts
Geringeres als um die spezialgeschichtliche Erkundung des Verhältnisses von Tier und Mensch überhaupt. Es reicht über
Hunderte von Jahrtausenden zurück, und das überschaubare, in
Dokumenten belegbare historische Wissen umfaßt zeitlich wie
räumlich, anthropologisch wie soziologisch, artgeschichtlich
wie kulturhistorisch nur einen äußerst begrenzten Ausschnitt,
von dem wiederum ein Bruchteil in unsere Darstellung eingegangen ist oder eingehen konnte.

Unsere Darstellung lenkt den Blick zurück in die frühesten
Zeiten der Hundwerdung und versucht von dort aus, die kulturgeschichtliche Entwicklung in ihren großen Zügen nachzu-
zeichnen. Das Material, das wir dabei heranziehen konnten,

mußte aus Raum- und Kostengründen auf ein Minimum dessen reduziert werden, was uns in unseren Sammlungen zur Verfügung stand. Die Kapiteleinteilung, durch die das Buch seine Ordnung erhält, ergab sich zu einem Teil aus der Sache selbst, zum anderen Teil als Gliederungsbehelf, der uns die Möglichkeit schuf, das riesenhafte Material übersichtlich und sinnvoll zu strukturieren.

Es geht also in diesem Buch um den Hund: die ‹kostbarste Eroberung des Menschen›, um das Tier, ‹das den Menschen am ehesten erträgt›, das von ihm geformt wurde und das in subtiler Rückwirkung im Laufe der Geschichte den menschlichen Herrn und Gebieter wiederum auch geprägt hat; es geht mithin um beide, um Mensch und Hund, um ihr geschichtliches Wechsel- und Widerspiel, geht um eine spezifische Form der Begegnung von Natur und Kultur, wie sie auch der Titel des Buches zu umschreiben sucht: Von Hunden und Menschen. Geschichte einer Lebensgemeinschaft.

I.

Lange vor unserer Zeitrechnung

1. Erste Spuren einer gemeinsamen Geschichte

In grauer Vorzeit, als sich Vorfahren des Hundes mit den Menschen zu einer Art Lebens- und Interessengemeinschaft zusammenschlossen, nahm die Beziehung, von der dieses Buch handelt, ihren Anfang. Sie vertiefte sich im Laufe der Jahrtausende zu der vielleicht innigsten Form der Freundschaft zwischen Mensch und Tier überhaupt und hat bis auf den heutigen Tag nichts von ihrer Intensität verloren.

Über die Ursprünge dieser Freundschaft ist viel spekuliert worden, ohne daß es den Forschern bislang jedoch gelungen wäre, Genaues und Verbindliches darüber herauszufinden, wann und wo die Bande zwischen Mensch und Tier zum ersten Male enger geschlossen wurden. Dies liegt vermutlich gerade daran, daß diese Geschichte so früh begann und ihre Spuren sich im Dunkel der Vorzeit verlieren.

Faßt man alle bekannten Indizien zusammen, so läßt sich die Frühgeschichte des Hundes etwa folgendermaßen rekonstruieren. Im Gegensatz zu den anderen Haustieren muß der Hund schon weit vor der Seßhaftigkeit des Menschen dessen Begleiter gewesen sein. Überall in der Welt gab es bereits in prähistorischer Zeit wolfartige Tiere, die den Menschen folgten, als diese noch in Horden als Nomaden das Land durchstreiften. Damals schon begleiteten sie sie auf ihren Jagdzügen, um als Kostgänger von den Abfällen ihrer Jagdbeute zu leben, und daher ist es auch kein Wunder, daß in vielen Teilen der Welt fossile Reste von hundeartigen Säugetieren gefunden wurden. Da nun aber die erste Phase der Entwicklung, die den Wolf zum Hund, d. h. zu einem fast symbiotischen Haustier machte, weder örtlich noch zeitlich genau zu verfolgen ist, tut sich die Forschung gerade mit diesem Tier und seiner Ahnenreihe schwerer als mit den Pfer-

den, Rindern, Schafen oder Hühnern, deren Entwicklungsge-
schichte viel lückenloser zu erkennen ist.

Der älteste Hund, den die Wissenschaft bisher entdeckt hat, ist
ein spitzähnliches Tier, dessen Knochen man in den Resten einer
mittelsteinzeitlichen Siedlung an der Ostsee fand. Das Alter
dieses sogenannten Torfhundes wird auf ca. 10000 Jahre geschätzt. Doch was war davor? Welche Entwicklungen haben
dazu geführt, daß sich der Wolf zum Hund umgestaltete? Wir
wissen es nicht, kommen über Vermutungen nicht hinaus.

Zweifellos wurden Wölfe gejagt, und dies nicht nur zur
Fleisch- und Pelzgewinnung, sondern vor allem auch, weil sie
die Jagdrivalen des Menschen waren. Mag sein, daß zunächst
junge Wölfe gefangen wurden, um als Köder zum Anlocken
anderer Wölfe zu dienen. Und da Jungtiere meist Bemutte-
rungsinstinkte beim Menschen auslösen, mag man dann zuweilen junge Wölfe auch als Spielgefährten der eigenen Kinder
gehalten haben. Gemäß der im Wolfsrudel herrschenden stren-
gen sozialen Ordnung, der sich die Tiere zu unterwerfen hatten,
wird es dem Wolfskind nicht schwergefallen sein, sich in die

*Abb. 1   Pfahlbauten mit Tieren, prähistorische Felsritzung
(Capo di Ponte – Valcamonica)*

menschliche Gruppe einzuordnen und den Menschen auf der Jagd zu begleiten. Die Gelehrigkeit des Urhundes wiederum wird dem Menschen bald gezeigt haben, welche Vorteile es mit sich brachte, ein solches Tier zu halten. Aber auch die Veränderung der menschlichen Behausung hat sicherlich zur Domestizierung beigetragen. So brachte z. B. der Übergang zum Pfahlbau Probleme mit sich: einerseits schob sich zwischen Tier und Mensch nun ein trennendes Element, das Wasser; weder konnten die Tiere die Menschen wie bisher umringen, noch ihnen ungehindert folgen. Anderseits brauchte der Mensch die Tiere als Resteverwerter, mußte sie also über das trennende Element hin stärker zu sich heranziehen und sie enger an sich und seine Behausung binden. Zwangsläufig hatte dies zur Folge, daß sich das Leben der Tiere änderte und sich eine erste engere Beziehung zwischen ihnen und dem Menschen anbahnte (Abb. 1).

Noch heute trifft man bei den Papuas und den Pygmäen sowie bei den australischen Ureinwohnern auf Hunde, die sich im frühesten Stadium solcher Haustierwerdung befinden. Die Wissenschaft hat ihnen den Namen «Schensi-Hunde» gegeben. Sie leben in loser Gemeinschaft mit den Menschen, sie werden weder regelmäßig gefüttert noch gezüchtet, in Zeiten der Not jedoch nicht selten verspeist. Die Größe dieser Hunde, die meist glatthaarig und ringelschwänzig sind, schwankt zwischen Schäferhund und Spitz.

2. Helfer bei der Jagd und Begleiter auf Kriegszügen

Der erste Verwendungszweck, den der Mensch diesen Urhunden zuwies, war offenbar die Jagd. Die enge Beziehung zwischen Jäger und Hund, die sich schon ganz früh herstellte, erkennt man bereits an der Sprachgebung: Im Griechischen heißt der Jäger ‹Kynegetes›, d. h. ‹Hundeführer›; im Altnordischen meint ‹hundr› soviel wie ‹Jäger› oder ‹Fänger› und auch das englische Wort ‹hunter› = ‹Jäger› ist offensichtlich vom Wortstamm ‹Hund› abgeleitet.

Die wohl älteste Abbildung eines Hundes überhaupt, aus dem 8. oder 7. Jahrtausend vor Chr. (Catal Hüyük, Anatolien), zeigt eine Jagdszene. Ein Jäger schießt mit seinem Bogen einen Pfeil auf einen Hirsch, dem ein Hirschkalb folgt. Seitlich läuft ein kleines Tier, das mit höchster Wahrscheinlichkeit als Hund auszumachen ist. Diese Jagdszene ist insofern interessant, als sie eine schon avancierte Form des menschlichen Jagens zeigt; denn ursprünglich jagte der Mensch mit Waffen von kurzer Reichweite, mit Keulen oder Speeren. Aber diese Jagd war äußerst gefährlich und nur dann sinnvoll, wenn der Jäger das Beutetier stellen konnte. Die Erfindung von Pfeil und Bogen machte die Jagd zum einen ungefährlicher, zum anderen effektiver: man konnte jetzt das Tier auch aus größerer Entfernung treffen. Aber sie hatte einen Nachteil: der leichtere Pfeil erzeugte meist nur kleinere Verwundungen und das verletzte, blutende Tier konnte fliehen. Der Mensch setzte hier den Hund ein, dessen natürlicher Instinkt es war, der Blutspur mit Eifer zu folgen und das verwundete Tier solange zu hetzen, bis es ermüdet zusammenbrach und eine leichte Beute wurde (Abb. 2).

Auch die uralten Felsbilder aus dem algerischen Gebirge Tassili-n-Ajjèr vermitteln uns bereits eine überaus deutliche Vorstellung vom vorzeitlichen Jagdhund. In Sefar begleitet er

Abb. 2   Hirschjagd mit Hund, Wandmalerei
(7000–6000 v. Chr.; Catal Hüyük, Anatolien)

Abb. 3   Schwerer Mastiff oder Bluthund
auf einer Terracotta-Tafel aus Babylon

Jäger bei der Rinderjagd; in Ajafou stürzt er sich auf Giraffen, auf
die ein Bogenschütze gerade seinen Pfeil anlegt. Die erste Darstellung fällt in den Zeitabschnitt von etwa 4500 bis 3000 v. Chr.,
die zweite in die Zeit um ca. 1000 v. Chr. Eine andere Felszeich-
nung, die in Tassili-n-Ajjèr gefunden wurde, erzählt von einer
weiteren Verwendung des Hundes, seinem Einsatz im Krieg. So
beeindruckend alle diese Darstellungen auch sein mögen, so
lassen sie doch keine genauen Aussagen über die Beziehung
zwischen Mensch und Hund zu, sagen nichts darüber aus, wie
weit seine Domestizierung bereits fortgeschritten war. Allein
die Felszeichnungen der Camuner, der Bewohner des Valcamonica, berichten direkt von gezähmten Hunden. Denn neben den
Zeichnungen von Jägern mit Jagdhunden und Hirten mit Hüte-
hunden finden wir hier etwas Neues im neolithischen Darstel-
lungsbereich, nämlich Hunde, die sich frei und ungezwungen
zwischen den Hütten der Menschen tummeln. Es besteht kaum

ein Zweifel, daß es sich bereits um gezähmte Hunde handeln dürfte. Auch läßt die Häufigkeit, mit der die Hunde auf den Felsenzeichnungen anzutreffen sind, darauf schließen, daß sie bereits eine wichtige Rolle im Alltagsleben der damaligen Menschen spielten.

In der stadtähnlichen Siedlung des Neolithikums Catal Hüyük (Anatolien) fand man auch auf einer Einfriedungsmauer Bilder von Jagdszenen, auf denen ein Hund von großem Wuchs dargestellt ist, bei dem es sich augenscheinlich um einen Mastiff handelt, um den Vertreter einer Rasse von schweren, mächtigen Hunden also, die bereits den Sumerern bekannt war und später auch von den Babyloniern, Assyrern und Hethitern hoch geschätzt wurde (Abb. 3). Bereits 2000 v. Chr. finden sich Hinweise auf einen Mastiff in Keilschriftdokumenten, wobei das Schriftzeichen für den Hund übrigens das gleiche ist wie das für den Sklaven – was nicht gerade sehr freundliche Rückschlüsse ziehen läßt: weder auf die Wertschätzung und Behandlung der Hunde noch auf die der Sklaven.

Abb. 4   Hundeführer mit einem Molosser an der Leine
(Relief aus dem Assurbanipal-Palast in Ninive)

Erwähnt sei hier noch ein anderer Hund, der schon früh in den Darstellungen erscheint: der schreckliche, wilde mesopotamische Molosser (Abb. 4). Wie wir später noch sehen werden, waren es gerade diese furchteinflößenden Hunde, die den Menschen auf seinen unzählbaren Kriegszügen begleiteten. Als weiterer Beleg dafür, daß die Hunde seit frühester Zeit wegen ihrer Verbindung von Nützlichkeit und Wildheit von den Menschen geschätzt wurden, mag auch die Tatsache gelten, daß Baal, der grausame Gott der Phönizier, oft mit einem Hundekopf dargestellt wurde.

II.

Mensch und Hund in der Antike

1. Ägypter und Perser

Zu Beginn ihrer jahrtausendealten Geschichte verliehen auch die Ägypter einigen ihrer höheren Wesen ein hundeähnliches Aussehen, wie z. B. dem Gott Anubis. Der Legende nach ist er ein Sohn des Osiris, den dieser ungewollt und illegal mit Nephthys zeugte. «Isis erfuhr, daß Osiris ohne ihr Wissen ihrer Schwester Nephthys in Liebe beigewohnt hatte, als ob sie es selbst gewesen sei. Da suchte sie das Kind. Von Hunden geführt fand sie es und zog es auf. Es erhielt den Namen Anubis und soll für die Götter wachen wie die Hunde für die Menschen» (zit. n. Strelocke, 94). In alten Zeiten war er der Totengott, lange bevor Osiris dieses Amt übernahm. Geblieben ist er «Der Balsamierer des Leichnams» und deshalb «Der mit der Mumienbinde», der «Herr der Totenstadt» und «Der von der Gotteshalle», der den Leichnam für den Eintritt in das Westland Amentet vorbereitet, damit der Tote ordnungsgemäß vor den Richter Osiris treten kann, bevor seine Lebenstaten von Horus und Anubis ausgewogen werden. Üblicherweise bewacht er als schwarzer Hund, der auf einer Mastaba liegt, die Türen der Felsengräber; zuweilen wird er aber auch dargestellt in Menschengestalt mit schwarzer Hautfarbe, schakalköpfig, wie er sich tief über die Mumie neigt, die er gleich in das ewige Leben aufnehmen wird. Sein Heiligtum lag in Cynopolis (Hundestadt, Ägypten) (Abb. 5).

Die Ägypter waren aber auch passionierte Jäger. In den Wüsten hetzten sie Steinböcke, Gazellen, Antilopen, Schakale, Hyänen, Füchse und Hasen. Altersschwache Ochsen und Schafe dienten als Lockspeise für Leoparden und Löwen. Verbiß sich das Wild, ließ man Windhunde oder kleine ohrenlose Jagdhunde los und beschoß mit etwa ein Meter langen Pfeilen das Raubtier (Abb. 6).

*Abb. 5   Anubis auf einem Schrein
(Ägyptisches Nationalmuseum, Kairo)*

Der in Ägypten überlieferte Reichtum an Bildern und schriftlichen Zeugnissen läßt erkennen, daß sich der Hund, zum mindesten in den höheren Ständen der Gesellschaft, vom 6. Jahrhundert vor Christus an steigender Beliebtheit erfreut hat: so wird berichtet, daß Botschafter in abgelegene Dörfer ausgeschickt wurden, um für die Pharaonen die schnellsten und

Abb. 6   Jagdszene mit Hunden in Kalkstein
Grab des Ptahhotep bei Sakkara
(5. Dynastie, um 2650 v. Chr.)

schönsten Windhunde zu besorgen. Auch scheint es nicht an
Herrschern und Würdenträgern gefehlt zu haben, die ihren
Lieblingshund nach seinem Tod einbalsamieren und in einen
Sarkophag legen ließen, ihn beweinten und um seinetwegen
Trauer trugen. Außerdem soll im Neuen Reich die Mißhand-
lung eines Hundes mit körperlicher Züchtigung bestraft worden
sein, seine Tötung sogar mit der Hinrichtung, wie wenigstens
von lateinischen Autoren erzählt wird.

Die Perser scheinen solche Wertschätzung des Hundes geteilt,
wenn nicht gar überboten zu haben. Wenn sie auch in vielen
Kriegen die Wildheit der Molosser-Hunde zur Steigerung der
eigenen Kampfkraft einsetzten und die Bluthunde der Feinde als
willkommene Kriegsbeute betrachteten, so waren doch sie es,
die in der Sassanidenzeit im Hund mehr zu sehen begannen als
ein bloßes Nutzobjekt. Sie schätzten den Hund als das beste aller

Tiere, als «Hüter der Herden und Beschützer des Menschen». Es galt als Pflicht, ihn gut zu behandeln, so jedenfalls steht es in einem Dekret, das einer der fünf Könige, Hormisdas aus der sassanitischen Dynastie, erließ, und es war nur im Sinne einer solchen allgemeinen Wertsteigerung, daß man es als ein Verbrechen ansah, einen Hund zu mißhandeln oder zu töten.

2. Griechen und Spartaner

Für Griechenland zählt Aristoteles (384–322 v. Chr.) in seiner Lehrschrift über die ‹Physik› eine Reihe von Hunderassen auf, die er mit dem Namen ihres Ursprungslandes bezeichnet: kyrenäischer Hund, indischer Hund, Hund aus Ägypten, Lakonien, dem Epirus usw. Leider machte er sich jedoch nicht die Mühe, diese Hunde näher zu beschreiben.

Der imposanteste Hund, den es im alten Griechenland gab, war zweifellos der Molosser. Wahrscheinlich läßt sich sein Auftauchen in Griechenland auf den Zweiten Persischen Krieg (480 vor Chr.) zurückführen, denn es ist erwiesen, daß Xerxes in seinem Gefolge große Molosserhunde mitführte. Später brachte auch Alexander der Große (356–326 v. Chr.) von seinem Zug nach Indien solche Hunde mit nach Makedonien und Epirus. Außerdem soll der König von Albanien dem makedonischen Eroberer alten Berichten zufolge Molosser geschenkt haben, von denen es heißt, sie seien so gute Kämpfer gewesen, daß sie es mit Löwen und Elefanten aufnehmen konnten.

Doch auch als Haus- und Hofbeschützer sowie als Leibwächter von Königen und reichen Privatpersonen waren die Molosser sehr geschätzt und schon die Könige der Mythenzeit ließen ihre Schlösser durch sie bewachen. Zu den typischen Eigenschaften, die diese Hunde auszeichneten, gehörten u. a. gewaltige Größe, Schönheit, Mut, Treue, aber auch Bissigkeit und furchterregendes Bellen. Eine beeindruckende Schilderung eines Molossers finden wir bei dem römischen Dichter Lucrez (97–55 v. Chr.) in seinem philosophischen Lehrgedicht «Von der Natur der Dinge»:

«Wird die molossische Dogge gereizt und öffnet sie leise
Knurrend die hängenden Lefzen und bleckt die gewaltigen
    Zähne,
Klingt ihr verhaltener Zorn weit anders, als wenn sie nun
    endlich
Lautes Gebell aufschlägt, daß es schallt und die Ohren uns
    gellen.
Wenn er dann eifrig die Jungen beleckt mit zärtlicher Zunge
Oder im Spiel mit den Tatzen sie rollt und mit Bissen sie
    anfällt,
Sie mit Verschlingen bedrohend, indes in der Tat er nur
    Scherz treibt,
Tönt sein schmeichelnd Geknurr ganz anders, als wenn er zu
    Hause
Hinter verschlossener Tür aufheult und als wenn er den
    Schlägen
Jämmerlich winselnd entflieht, indem er am Boden sich
    fortdrückt»
                                                (1061–1070).

Außer den Molossern gab es aber in der Antike auch andere
Hundearten, über deren vielfältige Verwendbarkeit und Nützlichkeit die Bilder der Vasenmalerei sowie schriftliche Zeugnisse
umfassend Auskunft geben. So beschreibt z. B. Seneca (4 v. bis
65 n. Chr.) in seiner Tragödie «Phädra» die Jägerei des klassischen Altertums mit großer Genauigkeit und Anschaulichkeit:
«Doch ihr laßt den lautlos pirschenden Hunden die Leinen los;
Riemen sollen die scharfen Molosser festhalten, es sollen die
kampflustigen Kreterhunde die starken Bänder mit ihrem geschundenen Halse anspannen. Doch die Sparterhunde – die
Rasse ist kühn und erpicht auf Wild – binde vorsichtig mit enger
schließendem Knoten: kommen wird die Zeit, da von ihrem
Gebell die Felsklüfte ertönen; jetzt sollen sie, den Kopf gesenkt,
mit ihrer Schnuppernase die Witterung erhaschen und, die
Schnauze an den Boden gepreßt, die Wildlager ausfindig ma-
chen, solange noch Zwielicht herrscht, solange die taufeuchte
Erde die eingedrückten Wildspuren zeigt...
    Alles Getier, das auf einsamen Fluren weidet, sei es, daß der
Araber in seinem reichen Wald, sei es, daß der arme Garamanter

es kennt und der über öde Ebenen schweifende Sarmate, sei es, daß die Joche des wilden Pyrenäengebirges, daß die hyrkanischen Schluchten es verbergen, all dies Getier fürchtet deinen Bogen, Diana. Wer als willkommener Verehrer deinen Segen mit in die Waldschluchten genommen hat, dem hielten immer die Netze gefesseltes Wild fest, keine Füße zerrissen den Fangstrick: es wird auf ächzendem Wagen die Beute einhergefahren; dann tragen die Hunde ihre Schnauzen von vielem Blut gerötet, und die Hütten sucht wieder auf die ländliche Schar in langem Triumphzug. Sieh da, Göttin, du bist gewogen: die hellbellenden Hunde gaben Laut. Ich werde in die Wälder gerufen. Hier, hier werde ich aufbrechen, wo der Pfad den langen Weg abkürzt» *(317f.)*.

Von den Spartanern wissen wir, daß sie die Jagd vor allem aus Staatsräson ausübten. Lykurg hielt sie für notwendig, um die Lakedonier zu guten Soldaten auszubilden. Die spartanischen Jünglinge hatten jeden Morgen mit Lanze und Hund die Wälder zu durchstreifen, ja selbst die Magistratsbeamten sollen dieser Pflichtübung unterworfen gewesen sein, die zum festen Lebensrahmen der Spartaner ebenso strikt gehörte wie ihre so oft als ungenießbar geschmähten Speisen. Dazu wird folgende Geschichte erzählt: «Als der Tyrann von Sizilien, Dionys, in Sparta weilte, schmeckte ihm das karge schwarze Linsenmus, die spartanische Einheitskost nicht. Den Koch wundert das nicht: ‹Herr, es fehlt Euch die beste Würze!› ‹Und warum hast du sie mir nicht beigemischt?› fragte der Tyrann. ‹Es liegt nicht an mir, sie Euch zu geben Herr›, antwortete der Koch, ‹es liegt an Euch selbst. Wäret Ihr heute morgen mit den Hunden ausgeritten und hättet einige Stunden gejagt, dann würde Euch dieses Mal wohl schmecken›» *(zit. n. Klever, 21)*.

Auch Xenophon (um 430–350 v. Chr.) sah in seinem sehr persönlich und lebendig geschriebenen Jagdbuch «Büchlein von der Jagd» (Kynegetikus) in der gemeinsamen Jagd ein geeignetes Ertüchtigungsmittel für den Krieg. Mag seine Autorschaft auch immer wieder bezweifelt worden sein, der Verfasser dieses Büchleins, ob es nun Xenophon war oder nicht, war auf jeden Fall ein sehr intimer Kenner der Jagd und im besonderen Maße ein Hundekenner. Die Anforderungen, die er an den Körperbau eines guten Jagdhundes stellte, sind den heutigen vergleichbar. So vertrat er die Meinung, daß ein schneller Hund unter anderem groß zu sein hat, schräg gestellte Schultern, geschlossene Pfoten, feste Vorderläufe, eine muskulöse Hinterhand und eine lange Rute haben muß. Weiter führt er aus, daß man die Welpen mit zehn Monaten in die Jagd einführen und ihnen laut klingende, kurze Namen geben solle, damit sie gut gerufen werden können. Ein Verzeichnis solcher Namen, z. B. Psyche (Seele), Thymos (Mut), Porpax (Packan), Phonax (Würger), Hebe (Jugend) fügte er seinen Ausführungen bei, was ihn selbst aber nicht abhielt, seinem eigenen Hund den nicht gerade kurzen, wenn auch klangvollen Namen «Hippocentauros» zu geben.

Wie aus dem 3. Kapitel seiner Darstellung hervorgeht, kannte er zwei Arten von Jagdhunden, die Kastorischen und die Fuchshunde: «Arten von Hunden gibt es zweierlei, die Kastorischen und die Fuchshunde. Die Kastorischen haben diesen ihren Namen, weil Kastor, ein großer Jagdliebhaber, dieselben hauptsächlich züchtete; die Fuchshunde aber, weil sie von Hunden und Füchsen herstammen, und mit der Länge der Zeit die Natur dieser Tiere sich vermischt hat. Minder gut und häufiger sind davon folgende: kleine, habichtsnasige, blauäugige, schlechtproportionierte, verdrossene, mit schlechter Nase und nicht gut auf den Läufen. Die Kleinen kommen häufig beim Jagen mit ihrer Arbeit zu kurz wegen der Kleinheit; die habichtsnasigen haben schlechtes Maulwerk und halten darum den Hasen nicht fest; die blinzelnden und blauäugigen haben schlechte Augen; die mißgestalteten sind schon häßlich anzusehen; die mit steifen Gliedern kommen beim Jagen nur schlecht zurecht; die schwächlichen und kahlen sind nicht im Stande, Strapazen durchzumachen; die hochläufigen und schlechtproportionierten nehmen, eben wegen des ungefügen Körperbaues, die Fährte nur mühsam auf; die verdrossenen verlassen die Arbeit und ziehen sich aus der Sonne in den Schatten zurück und legen sich nieder; die mit schlechter Nase wittern den Hasen nur mühsam und selten; die mit schlechten Läufen endlich können, selbst wenn sie munter sind, die Anstrengung nicht ertragen, und versagen wegen der Empfindlichkeit ihrer Läufe» *(Xenophon, 37f.)*.

Abb. 7 Iphitos und Iole
(Korinthischer Krater mit Gastmahl des Eurytos, frühes 6. Jhd.)

Aus anderen Kapiteln des Werkes läßt sich entnehmen, daß es sich bei diesen Jagdhunden nicht um Hetzhunde, sondern um eine Art Vorstehhunde gehandelt haben muß, Tiere also, die vorsichtig das Wild in die vorher aufgestellten Netze zu treiben hatten, indem sie «viele Kreise machten, weit umherschweiften, auf den Hasen zuliefen, aber wenn sie ihn sahen, zitterten und nicht hingingen, bis sie ihn sich rühren sahen». Allerdings ließ man sie das Wild nicht apportieren, denn es wird berichtet, daß die Jäger immer sehr schnell herbeieilten, um den Hunden das gerissene Stück Wild abzunehmen.

Daß sich vieles aber auch anders sehen läßt, zeigt die Schrift eines Mannes, der sich immer wieder auf Xenophon bezieht. Flavius Arrianus aus Nikomedeia (ca. 100–170 n. Chr.) entwikkelt in seinem «Kynegeticus oder Büchlein von der Jagd» immer wieder auch abweichende Ansichten über die Eigenschaften, die einen guten Jagdhund auszeichnen. So nimmt er z. B. die Blauäugigkeit, die Xenophon eindeutig negativ bewertet hatte, zum Anlaß, ein überaus lebendiges Porträt seines eigenen Hundes zu zeichnen: «Habe ja doch ich selbst einen blauäugigen Hund, der so blauäugig als nur immer möglich war, aufgezogen; und der war nicht nur flüchtig, sondern auch ausdauernd, voll Feuer und gut auf den Füßen, daß er sogar einmal in seinen besten Jahren mit vier Hasen auf einmal fertig wurde. Auch ist er im übrigen höchst gutmütig. Ich besitze ihn nämlich noch jetzt, während ich dies schreibe. Auch sehr leutselig ist er, und nie hat vordem ein anderer Hund so, wie dieser, sich anhänglich gezeigt wie an mich selbst, so auch an meinen Freund und Jagdgenossen Megillus: denn wenn er vom Lauf ausruht, so geht er nimmer von uns oder von einem von uns weg. Und wenn ich zu Hause bin, bleibt er mir beständig zur Seite; gehe ich irgendwohin aus, so begleitet er mich; begebe ich mich in die Turnhalle, so läuft er mir nach, und während ich turne, sitzt er daneben: Kehre ich wieder um, so geht er voran, häufig sich umwendend, wie um sich zu vergewissern, daß er nicht etwa vom Weg ablenke... Ist einer von uns beiden körperlich leidend, so geht er ihm gleichfalls nicht von der Seite. Sieht er einen selbst nach kurzer Zeit wieder, so hüpft er sachte an ihm hinauf, wie um ihn zu liebkosen, und zum Liebkosen gibt er laut, wie um seine Anhänglichkeit zu bezeugen; und wenn er bei Tisch gegenwärtig ist, zupft er bald mit dem einen, bald mit dem anderen Lauf, um daran zu mahnen, daß ihm ja auch etwas von den Speisen zukommen müsse; auch gibt er so viel laut, wie ich meines Wissens noch von keinem anderen Hund gehört habe, und so oft er etwas bedarf, deutet er es mit seiner Stimme an. Und weil er in seiner Jugend mit einer Peitsche gezüchtigt wurde, so darf man auch jetzt nur

Abb. 8   Knabe in der Palästra
(Bostoner Kanne, Mitte 5. Jhd. v. Chr.)

das Wort Peitsche in den Mund nehmen, und er wird sich zu dem, der es ausgesprochen hat, hinmachen, und, sich duckend, ihn flehentlich ansehen und seine Schnauze wie zum Kuß ihm an den Mund legen, und aufspringend sich an den Hals hängen und nicht eher ablassen, als bis der Zürnende aufhört zu drohen. Ich glaube daher auch keinen Anstand nehmen und den Namen des Hundes herschreiben zu dürfen, damit auch für künftige Zeiten das Andenken an ihn verbleibe, daß nämlich Xenophon, der Athener (= d.h. Arrian), einen Hund hatte, namens HORME (= Stürmer), das flüchtigste, gescheiteste und frömmste Tier» *(Arrianus, 102ff.)* (Abb. 7 u. 8).

Neben der Jagd- und Wachfunktion hatte der Hund auch im Krieg seinen festen Platz. Und so müssen eigentliche Kriegshunde, die ihren Herrn in Feld und Schlacht begleiteten im siebten, sechsten und fünften Jahrhundert v. Chr. in manchen Teilen der griechischen Welt ein ganz natürliches Phänomen gewesen sein, denn unzählige Male finden wir auf den Vasenbildern dieser Zeit starkhalsige Hunde als Begleiter der Krieger abgebildet. Selbst Götter und Heroen lassen sich von ihren Hunden begleiten, wenn sie in den Kampf ziehen, wie z. B. Athene, die Dioskuren und sogar die Amazonen. So ist es auch nicht weiter verwunderlich, daß Hunde als beliebte Schildzeichen galten, und nicht nur, wie der Bullenbeißer auf dem Schild Achills, als Symbol aggressiven Mutes, sondern auch, wie ein Spitz auf einer Vase beweist, als Sinnbild der Wachsamkeit.

3. Römer und Gallier

Für die Jagd und für Hunde haben sich auch die Römer interessiert; doch wird der Rahmen der Hundehaltung hier schon weiter gezogen; er schließt, wie manche allgemeineren Ratschläge zeigen, auch Nicht-Jäger mit ein. So erinnert der Schriftsteller Varro (116–27 v. Chr.) in seinen drei Büchern über die Landwirtschaft ‹Rerum rusticarum libri tres› aus dem Jahr 37 v. Chr. daran, daß man Hunde, die zum Bewachen von Herden bestimmt sind, nicht beim Metzger oder Jäger erwerben solle,

Abb. 9 Die Verfolgung des Hirsches
(Piazza Armerina, Sizilien)

sondern direkt beim Hirten; denn die Hunde der Metzger greifen oft das Vieh an und die der Jäger erinnern sich beim Anblick eines Hasen oder eines Fuchses allzu leicht der Jagd.

Varro hat auch genau beschrieben, welche Vorstellung man damals von der Hundenahrung hatte: «Das Brot für die Hunde soll mit Milch angefeuchtet werden. Nur wenn die Strapazen des Hütedienstes nicht zu groß waren, genügt auch die abgekochte Brühe von Bohnen. Doch diese dürfen sie nur in lauem, niemals in heißem Zustand genießen, da sie sonst toll werden. Suppe von Knochen, am besten von gestoßenen und zerriebenen, gibt Kraft. Ganze Knochen dagegen machen die Zähne fester, das Mark kräftiger und das Maul größer, weil die Hunde es beim Fressen weiter aufreißen müssen» *(zit. n. Klever, 49).*

Es liest sich fast wie eine Zusammenfassung aller bis dahin ausgebildeten und vom Menschen geschätzten Tugenden und Nutzbarkeiten des Hundes, wenn M. T. Cicero (106–43 v. Chr.) in einer seiner letzten Schriften, dem philosophischen Dialog ‹De natura deorum› aus dem Jahr 45 v. Chr. den Hund preist als den vierbeinigen Freund des Menschen, zu seiner Freude und zu seinem Wohle von der Natur eigens hervorgebracht: «Dem Hunde eigen ist eine so treue Wachsamkeit, eine so liebevolle Verehrung seines Herren, so großer Haß gegen Fremde, eine so unglaubliche Schärfe des Spürens, so große Raschheit beim Jagen, daß dadurch auf das deutlichste zu erkennen ist, er, der Hund, sei zur Bequemlichkeit der Menschen geschaffen» (II, 63, 158) (Abb. 9).

Abb. 10   Hund auf einem Mosaik
(Pompejanische Kunst, 1. Jh. n. Chr.)

Cicero nennt als erstes Merkmal die «treue Wachsamkeit», aber eigenartigerweise tritt der Hund in seiner Funktion als Bewacher von Haus und Hof relativ spät, d. h. erst seit dem ersten Jahrhundert n. Chr., ins historische Bewußtsein. So geht z. B. der Schriftsteller Columella (um 50 n. Chr.) in seinem Buch über den Landbau mit als erster ausführlicher auf den Wachhund ein. Es wird, wie wir aus anderen Zeugnissen erfahren, sogar zu einer Art Statussymbol, Wachhunde im Haus zu halten. Reiche Leute erlaubten sich einen Hund zur Bewachung ihres Hauses, während sich die kleinen Leute mit einer Gans begnügten. Aus schriftlichen Überlieferungen und erhaltenen Darstellungen auf Bildwerken läßt sich erschließen, daß diese römischen Wachhunde Nachfahren der gefürchteten Molosser aus Mesopotamien waren. Denn alle diese Tiere weisen dieselben Merkmale auf: kräftigen Wuchs, kurze, hochgestellte Ohren, Raubtierbeine und Zähne, die man schon fast als Hauer bezeichnen könnte. Und noch etwas ist allen diesen Darstellungen gemeinsam: die kurze Kette, an der diese furchterregenden Wächter liegen (Abb. 10).

Eigentliche Kriegshunde, die sich aktiv am Kampf beteiligten, haben die Römer offenbar nicht gekannt. Als jedoch im dritten Jahrhundert v. Chr. die rebellischen Sarden in unzugänglichen Schluchten und Wäldern vor Marcus Pomponius Matho Unterschlupf suchten, ließ dieser spürkräftige Hunde aus Italien kommen und hetzte sie auf die Bewohner, ganz so wie später die Spanier nach der Entdeckung Mittelamerikas gegen die Indianer vorgingen. Auch als Nachrichtenüberbringer wurden Hunde verwendet; zu diesem Zweck nähte man ihnen Briefe in die Halsbänder. Während der Kaiserzeit wurden in den zahlreichen Wachtürmen am Limes furchterregende Hunde gehalten, deren Aufgabe es war, die herannahenden Feinde durch lautes Bellen anzuzeigen.

Wie aus den zahlreichen Skelettfunden im Raum Nordschweiz bis Württemberg hervorgeht, hat sich die assyrische Dogge von Rom aus nach Norden verbreitet. In Gallien war sie möglicherweise schon vor den Römern angelangt und es wird berichtet, daß die dortigen Bewohner ganze Koppeln von Kriegshunden hatten, die gepanzert waren und breite langspitzige Stachelhalsbän-

Abb. 11   Terrakotta-Bett mit Paar und Hund
(Gall.-röm. Kunst des 1. Jhs. n. Chr.)

der trugen. Daß die Kelten, die damals noch ganz Gallien besiedelten, ein gutes Verhältnis zu ihren Hunden gehabt haben, läßt sich schon daraus erschließen, daß sie ihnen nach den erhaltenen Quellen einen hohen Rang in ihrer Mythologie und eine bedeutende Rolle in ihrer Lebenswelt beimaßen (Abb. 11).

Ganz besondere Aufmerksamkeit scheint hier der Torfhund genossen zu haben bzw. die Jagdhundrassen, die von ihm abstammten. Als aber im Laufe der Zeit die Jagd aus einer lebensnotwendigen zu einer mehr unterhaltenden, vergnüglichen Beschäftigung wurde, entwickelten die Kelten, zumindest in einer bestimmten sozialen Schicht, aus ihr eine Art Hundesport. Nach dem griechischen Schriftsteller Flavius Arrianus (um 100 bis 170 n. Chr.) gingen die Gallier nicht nur auf die Jagd, um Wild zu erlegen, sondern auch um zuzuschauen, wie sich ihre Hunde in Geschicklichkeit und Schnelligkeit hervortaten. Den Hirsch bis zu seiner Erschöpfung zu verfolgen oder zwei Windhunde, die im gleichen Moment losgelassen wurden, auf einen Hasen anzusetzen, darin bestand der eigentliche Spaß. Wenn man Arrianus glauben darf, ging das Wettkampfdenken soweit, daß die Hunde zurückgepfiffen wurden, wenn der Hase auf seiner Flucht eine vorher festgesetzte Grenze erreicht hatte.

Betrachten wir noch einmal die gesamten Zeugnisse, so lassen
sie erkennen, daß die Menschen der Frühzeit den Hunden in der
Regel freundschaftlich zugetan waren. Sowohl in der Malerei als
auch in der Dichtung wurden sie liebevoll dargestellt und rüh-
mend beschrieben. Zwar beschränken sich die meisten Zeugnisse, die die Jahrhunderte überdauert haben, auf den Hund in
seiner Funktion als Jagdgehilfen, doch gehen die Bilder und
literarischen Dokumente weit über diese reine Zweckbeziehung
hinaus, indem sie immer wieder Zeugnis ablegen von der innigen
Zuneigung im Wechselverhältnis zwischen Mensch und Tier.

Schon in der «Odyssee» findet sich neben der berühmten
Argos-Episode eine in diesem Sinne bezeichnende Stelle. Nie, so
heißt es da, kommt der Herr vom Festmahl nach Hause ohne den
ihn umschmeichelnden Hunden etwas Gutes mitzubringen. Arrian empfiehlt sogar, die Hunde zum Zeichen der Liebkosung
auf den Kopf zu küssen und sie im eigenen Bett schlafen zu
lassen. Das Wort «Catellus»-Hündchen war geradezu ein Kose-
wort auch für Menschen, und auf einer Menge von Vasenbildern
ist er Tischgenosse bei der Mahlzeit. Waren ihre Besitzer reich,
so trugen die jeweiligen Hunde kostbare Halsbänder aus Gold
und Korallen. Diejenigen der Schäferhunde aber waren zur
Abwehr der Wölfe aus starkem Leder und mit eisernen Nägeln
besetzt. Vom Hund Kapparos, einem Tempelwächter, durch
dessen Wachsamkeit und Klugheit ein Tempelraub abgewehrt
wurde, wird berichtet, daß ihm sogar kraft eines Volksbeschlus-
ses gutes Essen und besondere Pflege durch die Priester bis zu
seinem Tod zugesichert wurde.

Doch nicht nur zu Lebzeiten, sondern auch darüber hinaus
sollte der treue Hund nicht vergessen werden, und so wurde ihm
nicht nur eine ehrenvolle Bestattung zuteil, sondern nicht selten
sogar ein Grabmal gesetzt. Auf manchem Grabrelief finden wir
neben den Familienmitgliedern auch den Haushund verewigt.

Die Antike hat auf mehrfache Weise dazu beigetragen, dem
treuesten Freund des Menschen ein unvergängliches Denkmal
zu setzen, was jetzt am Schluß dieses Kapitels anhand einiger
Textbeispiele noch einmal verdeutlicht werden soll. Ein besonderes, markantes Beispiel bildet die Geschichte von Argos, dem
treuen Hund des Odysseus.

Schenken wir Homer Glauben, so ist dieser Argos der einzige, der seinen nach langen Irrfahrten heimkehrenden Herrn wiedererkennt und dessen Treue den Helden eine Träne der Rührung vergießen läßt. Bei Xenophon finden wir, neben den zahlreichen Ratschlägen für den Jäger, auch Hinweise, die auf eine über jedes Nützlichkeitsdenken hinausgehende Beziehung schließen lassen. Arrian, ca. 500 Jahre später, sieht im Hund bereits den Freund, den engen Vertrauten, dessen Wohlbefinden ihm am Herzen liegt. Der Hund ist nicht mehr bloßer Jagdgehilfe sondern adäquater Partner des Menschen. Die sich anschließenden Texte, äsopische Fabeln, führen uns in die Welt des einfachen Menschen aus den Tagen des archaischen Griechenlands. Die kleinen, aus einer kurzen, pointierten Handlung bestehenden und in sich geschlossenen Geschichten geißeln anhand von Tiergestalten menschliche Schwächen wie Neid, Habsucht, Eitelkeit, Hochmut und Freßsucht. Die Tiergestalten zeigen jedoch trotz aller Vermenschlichung stets auch natürliche, d. h. immer auch tierhafte Verhaltensweisen.

Was die Bilder und literarischen Texte der römischen Zeit betrifft, so machen sie deutlich, daß und in welchem Maße der Hund bereits zu einem festen Bestandteil des täglichen Lebens geworden ist. Immer häufiger taucht er in Kunst und Literatur auf, und dies sowohl in bewegten Jagdszenen als auch im gewöhnlichen Alltagsgeschehen oder als vermenschlichte Figur in lehrreichen Fabeln. Sogar Ovid fühlte sich bemüßigt, in mehreren Werken auf das Thema Hund und Jagd einzugehen und darauf hinzuweisen, welche Hunde zu bevorzugen seien und in welchen Regionen man die Rasse mit dem feinsten Geruchsinn und dem lebhaftesten Wesen finden könne. In einer seiner «Metamorphosen» schildert er uns auf eindringliche Weise den grausamen Tod Actäons, der auf Geheiß der Diana von seiner eigenen Hundemeute zerfleischt wird. Diese vermag ihn nicht mehr zu erkennen, da er von Diana in einen Hirsch verwandelt wurde, nachdem er die Göttin beim Baden beobachtet hatte.

Catos Hinweise auf Hunde hingegen führen eher in die Welt des realen Alltags, so wenn er seine Mitmenschen daran erinnert, gütig gegen lebende Wesen zu sein und ihnen auch im Alter ein

Gnadenbrot zu gewähren. Ganz deutlich setzt er Lebewesen von unbelebten Gebrauchsgegenständen ab und fordert im Namen der Menschenfreundlichkeit und Güte die Menschen auf, sich ihrer Verantwortung den Tieren gegenüber nicht zu entziehen. Aber Catos etwas hausbackene und handfeste Ratschläge sind sicherlich nicht von jedermann begeistert aufgenommen worden. Es gab auch andere Bedürfnisse, so wird z. B. bei Martial die Hündin Issa, ein reines Luxushündchen, porträtiert, deren einzige Aufgabe es zu sein scheint, jedermann zu gefallen und insbesondere sich der Liebe ihres Herrn zu erfreuen.

Mögen auch viele der hier aufgeführten Zeugnisse noch mehr oder weniger im engen Zusammenhang mit Zweckbedürfnissen wie z. B. der Jagd stehen, so gehen sie doch alle über eine einfache Beschreibung dieser Nutzbarkeiten hinaus und setzen bereits ein besonderes Interesse an der Kreatur voraus, ohne das differenziertere Verhaltensstudien auch nicht gar nicht möglich gewesen wären, die immer wieder Rückschlüsse auf ein freundliches und liebevolles Verhältnis zwischen Herrn und Hund zulassen.

Texte

Die Rückkehr des Odysseus

Aber ein Hund erhob auf dem Lager sein Haupt und die Ohren,
Argos, welchen vordem der leidengeübte Odysseus
Selber erzog; allein er schiffte zur heiligen Troia,
Eh er seiner genoß. Ihn führten die Jünglinge vormals
Immer auf wilde Ziegen und flüchtige Hasen und Rehe;
Aber jetzt, da sein Herr entfernt war, lag er verachtet
Auf dem großen Haufen vom Miste der Mäuler und Rinder,
Welcher am Tore des Hofes gehäuft ward, daß ihn Odysseus'
Knechte von dannen führen, des Königes Äcker zu düngen;
Hier lag Argos, der Hund, von Ungeziefer zerfressen.
Dieser, da er nun endlich den nahen Odysseus erkannte,
Wedelte zwar mit dem Schwanz und senkte die Ohren herunter,
Aber er war zu schwach, sich seinem Herrn zu nähern.
Und Odysseus sah es und trocknete heimlich die Träne,
Unbemerkt von Eumaios, und fragete seinen Begleiter:
Wunderbar ist es, Eumaios, daß dieser Hund auf dem Miste

Liegt! Sein Körper ist schön von Bildung; aber ich weiß nicht,
Ob er mit dieser Gestalt auch schnell im Laufe gewesen,
Oder so, wie die Hund' um der Reichen Tische gewöhnlich
Sind; denn solche Herren erziehn sie bloß zum Vergnügen.
Ihm antwortetest du, Eumaios, Hüter der Schweine:
Freilich. Denn dies ist der Hund des ferne gestorbenen Mannes.
Wär er derselbige noch an Gestalt und mutigen Taten,
Als wie Odysseus ihn, gen Troia schiffend, zurückließ,
Sicherlich würdest du jetzo die Kraft und die Schnelle bewundern.
Trieb er ein Wildbret auf im dichtverwachsenen Waldtal,
Nimmer entfloh es ihm; denn er war auch ein weidlicher Spürhund.
Aber nun liegt er im Elend hier; denn fern von der Heimat
Starb sein Herr, und die Weiber,die faulen, versäumen ihn gänzlich.
Das ist die Art der Bedienten: Sobald ihr Herr sie nicht antreibt,
Werden sie träge zum Guten und gehn nicht gern an die Arbeit.
Zeus' allwaltender Rat nimmt schon die Hälfte der Tugend
Einem Manne, sobald er die heilige Freiheit verlieret.
Also sprach er und ging in die schöngebauete Wohnung,
Eilte dann grad in den Saal zu den übermütigen Freiern.
Aber Argos umhüllte der schwarze Schatten des Todes,
Da er im zwanzigsten Jahr Odysseus wieder gesehen.

(Aus: Homer, Die Odyssee. Übertragen v. J. H. Voß. Berlin 1874, S. 318)

Von der Jagd

Sind die Jungen da, so lasse man sie der Mutter, und schiebe sie keiner
anderen Hündin unter: denn die fremde Pflege ist dem Gedeihen nicht
förderlich, während von der Mutter nicht bloß die Milch, sondern auch der
Atem gut tut und das Anschmiegen an dieselbe behaglich ist.

Wenn die Jungen anfangen herumzulaufen, gebe man ihnen Milch im
ersten Jahr und Dinge, wovon sie künftighin ihr Lebenlang sich nähren
sollen; sonst aber nichts: denn das Überladen mit schweren Speisen ver-
krümmt die Beine der jungen Hunde, legt in den Körper den Keim zu
Krankheiten und erzeugt Mißbildungen im Innern.

Auf die Jagd führe man die jungen Hunde, und zwar die weiblichen nicht
vor dem zehenten Monat: auf die Lagerspuren aber löse man sie nicht,
sondern halte sie an langen Leinen, und folge den spürenden Hunden, indem
man sie auf der Spur suchen läßt. Auch wenn der Hase aufgetan ist, löse man
sie nicht sogleich, falls sie dem Ansehen nach zum Laufe gut sind. Ist aber der
Hase so weit voraus, daß sie ihn nicht mehr sehen; dann lasse man die jungen
Hunde los. Denn wenn man die zum Laufe dem Ansehen nach guten und
von Natur hitzigen aus naher Entfernung löst, so werden sie, den Hasen in
Sicht, vor lauter Anstrengung sich verschlagen, weil ihr Körper noch nicht
gehörig erstarkt ist. Da muß also der Jäger sehr auf der Hut sein. Sind sie aber
minder gut zum Laufe; so hindert nichts, sie zu lösen: denn da sie bald am
Fangen verzweifeln, so wird ihnen das nicht widerfahren. Auf den Laufspu-

ren dagegen lasse man sie fortsuchen, bis sie den Hasen fangen, und den gefangenen gebe man ihnen zum Würgen. Wenn sie nicht mehr bei den Fallnetzen bleiben wollen, sondern davon weglaufen, so halte man sie zurück, bis sie gewohnt sind, den Hasen nachjagend zu fangen, damit sie nicht, stets ungehörig ihn suchend, am Ende schwärmen lernen: ein schlimmes Kunststück! Man gebe ihnen aber, so lange sie jung sind, ihr Futter neben den Fallnetzen, wenn diese aufgenommen werden, damit sie, falls sie aus Mangel an Erfahrung auf dem Jagdplatz umherschwärmen, dahin wieder glücklich sich zurückfinden. Sie werden das übrigens unterlassen, sobald sie sich gegen das Wild auf den Kriegsfuß gesetzt haben, und werden ihre Aufmerksamkeit mehr diesem zuwenden, als um jenes sich bekümmern. Auch muß in der Regel der Jäger selbst den Hunden ihr Futter geben: denn wenn sie ein Bedürfnis fühlen, wissen sie nicht, wer daran schuld ist; wenn sie aber bekommen, auf was sie gierig warten, so gewinnen sie den Geber lieb.

(Aus: Xenophon, Kynegeticus, S. 64 ff.)

Äsop: Der Bauer und die Hunde

Ein Bauer wurde vom Winter in seinem Gehöft eingeschlossen, und da er nicht herauskommen und sich Nahrung beschaffen konnte, aß er zuerst die Schafe auf. Da aber der Winter immer noch anhielt, verzehrte er auch die Ziegen. Zum dritten aber, als noch immer keine Milderung eintrat, ging er an die Pflugtiere. Als die Hunde das sahen, sagten sie zu einander: «Wir müssen sehen, daß wir wegkommen; wenn er nicht einmal von den Ackerstieren Abstand nimmt, die ihm bei der Arbeit helfen, wie soll er uns da verschonen?»

Die Fabel zeigt: Vor denen muß man sich am meisten in acht nehmen, die auch den Allernächsten gegenüber nicht vor einem Unrecht zurückschrekken.

(Aus: Antike Fabeln, S. 135)

Äsop: Hund und Wolf

Als der Hund einen Wolf verfolgte, brüstete er sich mit seiner Schnelligkeit und Stärke und bildete sich ein, der Wolf nehme vor ihm Reißaus, weil er sich selbst schwach fühle. Da drehte dieser sich um und sagte zu ihm: «Nicht dich fürchte ich, sondern deinen Herrn, der hinter dir kommt!»

Die Fabel zeigt, daß man nicht mit der Tüchtigkeit andrer großtun soll.

Äsop: Wolf und Hund

Als der Wolf einen kräftigen Hund mit Halseisen angebunden sah, fragte er ihn: «Wer hat dich denn in der Gefangenschaft so herausgefüttert?» Da sagte der Hund: «Der Jäger. Doch möchte ich das meinem Freund Wolf nicht wünschen; das schwere Halseisen ist soviel wie hungern!»

Diese Fabel zeigt, daß einem im Unglück nicht einmal das Essen schmeckt.

(Aus: Antike Fabeln, S. 146 und 147)

Der treue Hund

So fuhr die ganze Stadt aufs Meer hinaus, ein Anblick, der viele tief erschütterte und viele andere staunen ließ ob des kühnen Muts der Athener, die ihre Familien andernorts unterbrachten und selber, ungerührt vom Jammer, von den Tränen und Umarmungen ihrer Eltern, nach Salamis übersetzten. Voller Mitleid dachte man an die Bürger, die wegen ihres hohen Alters in der Stadt zurückblieben. Und mit wehmütiger Rührung blickte man auf die zahmen Haustiere, die ihren Herren heulend und winselnd bis an die Schiffe nachliefen. So geht die Erzählung, der Hund von Perikles' Vater Xanthippos habe es nicht ausgehalten, von seinem Herrn getrennt zu werden und sei ins Wasser gesprungen, um neben der Triere herzuschwimmen. Er habe die Insel erreicht, sei aber vor Erschöpfung sogleich tot hingesunken. Noch heute zeigt man dort die Stelle, wo er begraben sein soll, das sogenannte «Kynossema».

(Aus: Plutarch, Große Griechen und Römer. Themistokles. – zit. nach: Alle Hunde der Welt 28, S. 240)

Babrios: Der Esel und das Hündchen

Ein Esel war im Hause und ein Schoßhündchen,
Das gern und allerliebst mit seinem Herrn spielte,
Possierlich mannigfach, um ihn herumspringend.
Dafür auch war's von jeher seines Herrn Liebling.
Der Esel mußte in der Mühle spätabends
Getreide mahlen, doch tagsüber Holz holen
Im Bergwald, und vom Acker, was sie sonst brauchten.
Dann stand er angebunden an der Stallkrippe
Und mußte seine Gerste fressen, tagtäglich.
Da wurmt es ihn und ging ihm ungemein nahe,
Wenn er das Hündchen harmlos sah herumspielen.
So riß er einst sich los von seinem Stallhalfter,
Lief auf den Hof, nach vorn und hinten ausschlagend,
Und wie um schön zu tun, und froh herumtollend,
Warf er den Tisch um, daß es weithin laut krachte,
Und macht' aus dem Geschirr, das draufstand, Kleinscherben.
Den Herrn, der grade speiste, wollt er liebhaben
Und sprang ihm auf den Buckel. Als die Not groß war,
Da holten ihn die Knechte, die das mit ansahn,
Wahrhaftig aus des tollen Esels Kinnbacken.
Von allen Seiten drosch man nun mit Eichknüppeln

Den Esel, bis er dann zuletzt genug hatte.
«Jetzt hab ich», sprach er, «was ich selbst mir einbrockte!
Was blieb ich Esel nicht bei meinen Kameraden?
Was mußt' ich mich betragen wie ein Schoßhündchen?»

(Aus: Antike Fabeln, S. 314 f.)

Alte Hunde

... Dabei sehen wir doch, daß die Güte sich über ein weiteres Feld erstreckt als die Gerechtigkeit. Denn Gesetz und Recht üben wir naturgemäß nur Menschen gegenüber; Wohltun und Dank aber strömt gleichsam aus dem reichen Quell eines sanften Gemüts bis hin zu den unvernünftigen Tieren. Denn alt gewordenen Pferden das Gnadenbrot zu geben und Hunden nicht nur, wenn sie jung sind, sondern auch im Alter Pflege angedeihen zu lassen, ist Ehrenpflicht eines guten Menschen... Die Rennpferde Kimons, mit denen er dreimal in Olympia siegte, haben sogar Gräber dicht bei seiner Gruft. Hunde, die ihnen durch langes Zusammenleben lieb geworden waren, haben viele bestattet; so auch der alte Xanthippos den Hund, der neben seiner Triere nach Salamis mitschwamm, als das Volk die Stadt verließ, bei der Landspitze, die noch jetzt «Hundsmal» heißt. Denn man darf mit lebenden Wesen nicht wie mit Schuhen oder Geräten umgehen, die man, wenn sie zerbrochen oder durch den Gebrauch verschlissen sind, wegwirft, sondern wenn aus keinem andern Grunde, dann, um sich in der Menschenfreundlichkeit zu üben, muß man sich gewöhnen, gütig und mild mit ihnen zu sein.

(Aus: Cato, Vom Landbau. – zit. nach: Alle Hunde der Welt 28, S. 241)

Hunde auf dem Bauernhof

Über dem allen vergesse mir nicht die Pflege der Rüden.
Beide, die spartische Brut und die flüchtigen, scharfen Molosser
Füttre mit Molken und Brot. – Wenn die deine Ställe bewachen,
Fürchtest du weder den Wolf noch nächtlich schweifende Diebe,
Noch den verwegenen Überfall iberischer Räuber.
Oft auch hetzest du dann im Lauf die flinke Gazelle,
Jagst mit Hunden das Reh, mit Hunden das springende Häslein;
Oder dir stöbert den Keiler im Busch der spürenden Meute
Lautes Gebell aus den Suhlen hervor. Mit Lärmen und Zuruf
Treibst du den riesigen Hirsch ins Netz, das herrliche Wildpret.

(Aus: Vergil, Hirtengedichte. Vom Landbau. Deutsch von R. A. Schröder. Leipzig 1939, S. 97 f.)

Der Tod des Actäon *(Abb. 12)*

«Jetzt erzähle du nur, daß du mich schleierlos schautest,
Wenn dus vermagst zu erzählen.» Mit dieser spärlichen Drohung
Schuf sie ein Hirschgeweih auf seinem begossenen Haupte,
Machte den Hals ihm lang und spitzte ihm oben die Ohren,
Wechselte seine Hände in Füße und machte zu langen
Beinen die Arme und hüllte den Leib in scheckige Decke.
Furcht auch fügte sie zu. Da floh Autonoës starker
Heldensohn, verwundert ob seiner eigenen Schnelle.
Als er jedoch im Wasser Geweih und Antlitz erblickte,
«Weh mir», wollte er rufen, doch keine Stimme ertönte,
Nur ein Stöhnen an Stelle der Stimme, und Tränen beströmten
Sein ihm entfremdetes Antlitz: doch blieb ihm sein frühres Bewußtsein.
Was zu tun? Zum Palaste zu kehren oder im Walde
Sich zu verbergen? Dies hindert die Furcht und jenes die Schande.
Wie er noch schwankt, gewahren ihn schon die Hunde, Melampus
Erst und Ichnobates dann, der Spürer, schon läutet ihr Bellen;
Kretischer Herkunft war Ichnobates, Sparter Melampus,
Schnell wie die Winde rannten herbei die andern Hunde
Pamphagus, Dorceus dazu und Oribasus, alle Arkader,
Auch des Nebrophonos Stärke mit Laelaps, der grimmige Theron,
Pterelas, der geschwinde, die witterkundige Agre,
Auch der wilde Hylaeus, den jüngst ein Eber verwundet,
Nape, die wolfentstammte, die herdenbewachende Hündin
Poemenis und Harpyia, von zwei ihrer Jungen begleitet,
Auch der schmächtige Ladon, der von sicyonischer Herkunft...
Harpalos, Melaneus und die rauhe, struppige Lachne,
Auch von kretischem Vater gezeugt aus laconischer Mutter,
Labros, Argiodus auch, der helle Beller Hylactor.
Warum noch weitere nennen? Die beutegierige Meute
Folgt durch Feld und Gestein und unzugängliche Klippen
Auf beschwerlichen Pfaden, ja da, wo solche ermangeln.
Jener entflieht da, wo er sonst zu verfolgen gewohnt war,
Ach, vor den eignen Gefährten sogar. Gern möchte er rufen:
«Euer Actaeon bin ich. Erkennt doch euern Gebieter.»
Aber ihm fehlen die Worte. Nur bellend hallt es vom Himmel.
Melanchaetes zuerst verwundet Actaeon am Rücken,
Auch Theridamas dann, Oresitrophus beißt in die Seite.
Später begann ihr Lauf, doch auf kürzeren Pfaden des Berges
Kamen sie ihm voraus, und während sie ihren Gebieter
Hemmten, vereint sich der Schwarm und schlägt in den Körper die
    Zähne.
Schon ist er wundenbedeckt; er seufzt, doch klingen die Laute
Weder menschlich, noch so wie Hirsche zu klagen vermögen.
Und so füllt er die Schluchten der Berge mit stöhnendem Wehruf,

Abb. 12   Actäon wird von den Hunden angefallen
(Metope des Tempels E in Selinunt)
(Kunst des Großgriechischen Reichs, 460–50 v. Chr. – Palermo
Museo Nazionale Archeologico)

Und in die Kniee gebrochen, gleich einem Bittenden flehend,
Wirft er schweigend die Blicke umher statt flehender Arme.
Ahnungslos hetzen indessen die Gefährten mit üblichen Rufen
Wieder die wütende Meute und suchen spähend Actaeon,
Und als wäre er fern, so rufen sie schallend Actaeon.
Der bei dem Namen wendet das Haupt, und die Freunde bedauern,
Daß er lässig die Schau der gelungenen Beute versäume.
Gern wohl wünscht er sich fern, doch ist er da, und er wünschte
Lieber zu sehn als fühlen das Wüten der eigenen Hunde.

Rings umdrängen sie ihn und tauchen ihr Maul in den Körper
Und zerfleischen den Herrn im trügenden Bild eines Hirsches.
Erst als sein Leben ihm ganz durch die Fülle der Wunden entflohen,
Sättigt sich, sagt man, der Zorn der köcherbewehrten Diana.

(Met. III. 192 ff.)

(Aus: Ovid, Metamorphosen. Verdeutscht v. Thassilo v. Scheffer. (Sammlung Dietrich, Band 35). Wiesbaden, o.J., S. 192 ff.)

Das Gastmahl des Trimalcion

Trimalcion, nachdem er die Flöten nachgemacht hatte, blickte seinen Liebling zärtlich an, und schmeichelte ihm mit dem Namen Crösus.

Nun wickelte dieser triefäugige Junge ein schwarzes Hündchen mit abscheulichen Zähnen, das noch über dieses ekelhaft fett war, in eine grüne Binde, legt' ihm ein halbes Brot auf dem Bette vor, und ließ es davon bis an den Hals sich voll essen. Trimalcion erinnerte sich dabei seines Scylax und befahl, daß man ihn gleich herbeibringen sollte; die Wache seines Hauses und seiner Familie. Den Augenblick wurde ein entsetzlicher Kettenhund herbeigeführt, und da ihm der Türhüter mit dem Fuße zu verstehen gegeben hatte, daß er sich niederlegen sollte, so setzte er sich vor die Tafel hin. Trimalcion warf ihm ein Stück Kuchen entgegen und sagte: «Niemand in meinem ganzen Hause liebt mich so sehr wie dieser Hund». Dem Triefauge verdroß es, daß er den Scylax so unmäßig lobte, er tat sein schwarzes Tier auf die Erde und hetzte es. Scylax gebrauchte seinen Hundsverstand, erfüllte mit dem gräulichsten Gebelle den ganzen Saal und hätte beinahe das Margaritchen des Crösus zerrissen. Dieser Lärm wurde noch vergrössert, ein Leuchter fiel auf den Tisch, machte alle krystallene Gefäße kurz und klein und besprizte einige Gäste mit glühendem Öle.

(Aus: Petronius, Satyricon. Übersetzt von W. Heinse. München 1909, S. 116 f.)

Phädros: Hund, Keiler und Jäger

Ein Hund – er hatte immer treu gedient
Und seinem Herrn sich flink erzeigt und tapfer
Bei jeder Jagd – versagte nun allmählich.
Die Last der Jahre drückte immer schwerer.
Auf einen borstgen Keiler einmal noch gehetzt,
Verbiß er sich ins Ohr. Doch sein Gebiß
War schlecht, er konnte nicht die Beute halten.
Da ward sein Herr, der Jäger, ärgerlich
Und hielt's ihm vor, drauf sprach der alte Jagdhund:
«Im Stich gelassen hat dich nicht mein Mut,
Nur meine Kraft. Verdamme, was ich bin,
Dann lobe aber, was ich einmal war!» –
Du weißt sehr gut, Philetos, was ich meine.

(Aus: Antike Fabeln, S. 217)

Das Lieblingshündchen

Issa, schelmischer als Catullus Sperling,
Issa, sauberer als der Kuß der Taube,
Issa, schmeichelnder als die Mädchen alle,
Issa, köstlicher als der Inder Steine,
Ist des Publius kleines Lieblingshündchen.
Wenn sie klaget, so glaubst du, daß sie spreche,
Und sie fühlet auch Traurigkeit und Freude.
Auf den Nacken gelehnet liegt und schläft sie,
Daß man immer ihr Atemholen merket;
Wenn ein Leibesbedürfnis auch sie nötigt,
Nicht ein Tröpfchen entweicht ihr auf die Decke,
Sondern schmeichelnden Fußes winkt und mahnt sie,
Daß vom Polster sie komm' und sich erleichtre.
Und das züchtige Hündchen ist so schamhaft,
Venus kennet sie nicht; und keinen Gatten
Gibt es, würdig für solch ein zartes Weiblein.
Daß nicht ganz sie der Tod entreißen möge,
Läßt sich Publius jetzt ihr Bildnis malen,
Darin wirst du so ähnlich Issa sehen,
Daß so ähnlich sogar sie nicht sich selbst ist.
Ja, stellst Issa du mit dem Bild zusammen,
Glaubst entweder du, beide seien wirklich,
Oder glaubst du, sie beide seien Bilder.

(Aus: Martials Epigramme. Übersetzt von A. Berg. Stuttgart 1865)

Haltung der Hunde

Einige fressen gierig, andere ruhig: und das ruhige Wesen ist ein Zeichen reinerer Rasse, als das unruhige. Gut sind alle, die keine schlechten Fresser, vielmehr bei Weizen- oder Gerstenbrot vergnügt sind: das ist nämlich für einen Hund das beste Futter; auch ist nicht zu fürchten, daß er sich daran überfresse. Besser ist es, wenn sie bei trockener Fütterung vergnügt sind; indes ist es nicht übel, wenn man dieselbe auch mit Wasser anfeuchtet, und sie das gerne haben. Für den kranken Hund muß man entweder fette Fleischbrühe zuschütten, oder eine in heißer Asche geröstete und dann zerriebene Rindsleber wie Mehl einstreuen. Namentlich für die jungen Hunde ist das gut, um ihre Glieder zu stärken, wenn sie keine Milch mehr bekommen. Die Milch aber ist für die jungen die beste Nahrung bis in den neunten Monat und noch länger. Für die kranken sowohl als schwächlichen ist sie gut wie als Trank, so als Speise: gut ist übrigens für die kranken auch die Hungerkur.

Nichts ist so gut wie ein weiches und warmes Lager; am besten bei Menschen, weil sie nicht nur dadurch menschenfreundlich werden, sondern auch an der

menschlichen Haut ihre Freude haben, und den, der mit ihnen schläft, nicht
weniger, als den, der sie füttert, lieb gewinnen. Auch was den Hund
belästigt, kann man so wahrnehmen, um bei Nacht dem Dürstenden oder
von einem natürlichen Bedürfnisse Gedrängten beizuspringen...

Ausführen muß man die Hunde zum wenigsten viermal des Tages auf einen
ebenen und sauberen Platz. Hier löst man sie teils der natürlichen Bedürfnisse halber, teils zum Herumspringen und Hinundherlaufen. Wenn sie auf
der Jagd sich verdrossen zeigen sollten, so muß man gerade dies häufig tun
und zwei an demselben Platze lösen, damit sie wetteifernd und spielend wie
zusammen sich belustigen, so zusammen sich üben.

(Aus: Arrianus, Kynegeticus, S. 106 ff.)

Avianus: Der bissige Hund

Ein Hund, der niemals furchterregend bellte
Und niemals drohend auch den Rachen aufriß,
Viel eher selber ängstlich stets den Schwanz einzog,
Versetzt' einst wütend einem einen Biß.
Die Heuchelei sollt' ferner niemand täuschen:
Drum ließ sein Herr fortan ihn stets am Hals
Ein Zeichen tragen; unter seinem Maul
Hing eine Schelle, die bei jedem Ruck
Von weitem anriet: Vorsicht! Er jedoch
Glaubt damit sich belohnt und sah von nun an
Auf alle seinesgleichen stolz herab.
Als er sie gar im Übermut verhöhnte,
Wies ihn zurecht ein ältrer Volksgenosse,
Ins Ohr ihm diese ernste Mahnung zuzischelnd:
«Bist du denn, Ärmster, ganz von Sinnen, daß du
Hierin Belohnung siehst für treue Dienste?
Die Schelle trägst du nicht für dein Verdienst:
Ihr Klingeln kündet deine Schlechtigkeit!»

(Aus: Antike Fabeln, S. 325)

III.

Mythos, Religion und Brauchtum

1. Die Rolle des Hundes
im mythischen und religiösen Bewußtsein
des frühen Menschen

In den beiden vorigen Kapiteln sahen wir, wie der Hund in langsamer Entwicklung aus seinem tierischen Dasein heraus in die Nähe des Menschen gelangte. Wenn wir auch nicht mit letzter Gewißheit sagen können, wie dies geschah, so geben uns die frühesten Funde doch Kunde von diesem langwierigen, aber stetigen Prozeß der Annäherung. Dabei ist nicht zu übersehen, daß dies keine einseitige Kontaktsuche war. Auch der Mensch konnte nur gewinnen, wenn er sich dieses Tier, wenn nicht sogleich schon zum Freund, so doch immerhin zum domestizierbaren, später dann domestizierten Helfer machte, der Funktionen übernahm, die den Menschen im täglichen Daseinskampf entlasteten.

Dabei muß die Beziehung von Anfang an enger gewesen sein als die zu anderen Tieren, was sich auch an der spezifischen Form der Mythenbildung zeigt, mit der der Mensch den Hund als Teil einer immer auch magisch empfundenen Tierwelt in sein vorrationales Dasein zu integrieren suchte. Während viele andere Tiere auf dieser Ebene in die Distanz der Göttlichkeit traten, suchte man den Hund auch hier eher in die Genese der menschlichen Art einzubeziehen. Nur so jedenfalls sind Auffassungen zu verstehen, die im folgenden darzustellen sind und die uns in eine Vorstellungswelt hineinführen, die uns heute fremd und sonderbar erscheint: die Welt von Mythos, Sage und Brauchtum. «Einstmals fiel ein Hund vom Himmel auf die Erde, und zwar auf die Insel Umnak. Dieser warf zwei Junge: das eine männlichen, das andere weiblichen Geschlechts. Aus der Verbindung dieser beiden hundepfotigen Wesen stammen die Menschen».

So erzählen die Eskimos, die Chinesen dagegen berichten: «Vor langer Zeit wurde ein Königreich von einem benachbarten Herrscher bedroht und Verkündigungen wurden angeschlagen, daß der Mann, der das Königreich befreien würde, die schönste der drei Königstöchter zur Frau erhielte. Ein gewisser Hund las diesen Aufruf, riß ihn nieder, trug ihn in seinem Maul zu Hofe und fragte um die Erlaubnis, den Preis zu gewinnen. Die wurde ihm gewährt, und er ging über das Meer an den Hof des feindlichen Kaisers. Dieser war ein Trinker und lag gerade im Rausch. Der Hund biß ihm den Kopf ab, und mit Hilfe eines günstigen Windes kam er sicher zu seinem Königsreich zurück. Er machte einen Kotau vor dem König, übergab ihm das Haupt und erinnerte ihn an sein Versprechen. Zuerst versuchte der König, den Hund zu überreden, ein anderes schönes Mädchen zur Frau zu nehmen. Aber der weigerte sich und so wurden schließlich die drei Prinzessinnen gebracht. Der Hund bekundete seine Wahl, indem er den Rocksaum der Erwählten mit seinen Zähnen packte. Er bat dann, ihn unter eine Glocke zu legen und sagte, daß er in sieben Tagen zu einem Manne würde. Doch der König war neugierig und befahl am sechsten Tag, die Glocke wegzunehmen. Da lag der Körper eines jungen Mannes, der den Kopf eines Hundes trug. Da setzten sie ihn zum zweitenmal unter die Glocke und am Ende des siebten Tages war er ein vollständiger Mensch geworden. Dieser Mann wurde der Ahnherr der Chinesen» *(zit. nach Kretschmar I, 22).*

Der Glaube an einen Hundestammvater bzw. eine Hundestammmutter erstreckte sich über große Teile der Welt. Von Mittelasien aus verbreitete sich dieser Mythos auf den großen Kulturstraßen im Osten über die Aleuten, Grönland bis nach Amerika; im Süden über Hinterindien bis nach Neuguinea; im Südwesten drang er über Kaukasus und Mittelmeer bis zum Kongo, während er im Westen ganz Europa ergriff.

«Denken im Tier» – so hat der bedeutende Völkerkundler Leo Frobenius (1873–1938) diese noch heute und vielfältig in den Volksmärchen aufbewahrte Kulturstufe genannt, die ihre Entstehung vermutlich der Angst vor der Rache der Tiere, aber auch der Bewunderung vor deren größerer Kraft und Geschicklichkeit verdankt. Der Mensch, der im täglichen Leben Jäger und

Vernichter der Tiere war, versuchte, einer jenseitigen Bestrafung entgegenzuwirken, indem er bestimmte Tiere verehrte und ihnen eine hohe religiöse Bedeutung gab. Um sich zugleich jedoch auch in den Besitz von Fähigkeiten zu bringen, die ihm selbst nicht oder nicht in dem gewünschten Maße zur Verfügung standen, machte er sich ein Totem, ein Bild ihrer Gestalt, durch das er ihren Mut, ihre Schnelligkeit und ihre Stärke, wie er meinte, auf sich übertragen konnte. Im Unterschied zum Löwen, Elefanten, Stier oder auch zur Katze, die in den großen Reichen des Orients als göttliche Tiere verehrt wurden, wurde dem Hund solche Verklärung und Überhöhung fast nie zuteil und zwar wohl deshalb, weil er als enger und intimer Begleiter des Menschen solche Monumentalisierung nicht nahelegte. Er galt vermutlich als zu menschlich, um ganz göttlich sein zu können.

Als ältester Hausgenosse des Menschen, als Begleiter der Jäger und Hirten, wurde der Hund zum Symboltier der Treue und Wachsamkeit. Aber er galt auch als unrein, gierig und bedrohlich und diente bereits im Alten Testament als sprechendes Bild für das Gemeine und Verächtliche. So verfluchte im ‹Buch der Könige› der Prophet Elias die Königin Jezabel: «... und die Hunde sollen dein Fleisch fressen». Von Hunden gefressen zu werden, galt dem Volk Israel als tiefste Entehrung, als Verlust des Jenseits, als Nicht-Heimkehren-Können in Abrahams Schoß. Die Bücher der Bibel wimmeln von Verfluchungen, die die Übeltäter den Hunden überantworten und alles, was mit dem Hund zusammenhängt, gilt als verworfen, schmutzig und unrein.

Diese Bewertung des Hundes hängt sicherlich auch mit den Erfahrungen zusammen, die die Juden während ihrer ägyptischen Gefangenschaft machen mußten: während die Hunde verehrt wurden, lebten sie in erbarmungsloser Knechtschaft.

Sehen wir von dem Sonderfall einer solchen Einschätzung aber einmal ab, so bleibt für die frühen Kulturen festzuhalten, daß der Hund im allgemeinen positiv bewertet wurde. Unter allen Tieren galt er zumeist als der anhänglichste Gefährte des Menschen und vermittelte, was später noch wichtig werden wird, zwischen tierischem und menschlichem Bereich, zwi-

Abb. 13   Herakles und Kerberos
(Amphora des Andokides-Malers, spätes 6. Jh. v. Chr.)

schen Wildheit und Zivilisation, zwischen Natur und Kultur
und auf ethischem Gebiet zwischen Gut und Böse. Und so ist es
nur folgerichtig, daß auch im religiösen Bereich sein Platz
zwischen Diesseits und Jenseits war, in einem Zwischenreich
also. Verschiedene Naturvölker glaubten, er habe den Tod in die
Welt gebracht. Bei alten Kulturvölkern hingegen galt er als
Totengeleiter, und bis in den Volksglauben unseres Jahrhunderts hinein wird ihm die Fähigkeit des Geistersehens und des
Todankündens zugeschrieben.

In den mythologischen Aussagen der indogermanischen Völker wurden dem Hund, dem engen Vertrauten des Menschen im
Diesseits, drei voneinander verschiedene Funktionen zugeschrieben: er galt im Jenseits als Seelenträger, als Totengeleiter
und als Wächter der Unterwelt, als Kerberos (Abb. 13).

Neben den fleischfressenden Vögeln waren Hunde, Schakale
und Wölfe die wichtigsten Seelentiere. In ihrer Gestalt wanderte
die Seele durch das Zwischenreich, bevor ihr der Eingang ins
Jenseits möglich wurde. Dieser Glaube an eine Mittlerfunktion
des Hundes zwischen Diesseits und Jenseits steht in engem

Zusammenhang mit der Tatsache, daß frühere Völker ihre Toten durch Tiere bestatten ließen, wie es übrigens auch von Mongolen, Tibetanern, Iranern und Indern überliefert wird. Eine solche Bestattung erfolgte in zwei Phasen, dem Aussetzen des Leichnams zum Fraß für die Tiere und dem darauf folgenden Bestatten der Knochen. So halfen die Tiere nicht nur dem Menschen dabei, die toten Körper verschwinden zu lassen, ihr Auftrag war es auch, die Seelen der Verstorbenen aus ihrer Hülle zu befreien und sie ins Jenseits zu bringen.

Die sogenannten friedlosen Seelen hingegen, die von Verbrechern, Selbstmördern und mancherorts auch Unverheirateten, irrten ruhelos in Hundegestalt umher und mußten im Zwischenreich bleiben. Von hier aus war es ihnen auch möglich, immer wieder auf beunruhigende Weise auf die noch lebenden Menschen einzuwirken. In Griechenland waren sie z. B. die heulenden Begleiter von Hekate, der Tochter der Nacht und Gebieterin der Geister und Gespenster, von der es heißt, daß sie sich gerne an Begräbnisstätten aufhält.

Für die Germanen waren die zwölf Nächte nach der Wintersonnenwende die Zeit, in der Wotan als wütender Jäger durch das Land zog, in seinem Gefolge Hunde und Wölfe, in denen sich die ruhelosen Seelen der Menschen verkörperten, die kein ordnungsgemäßes Begräbnis erhalten hatten. Und wie Wotan bei den Germanen wurde auch der Totendämon Gwynn ab Nudd im keltischen Wales von einer großen Meute wilder Hunde begleitet.

Auch in der Vorstellungswelt der Römer hatte der Hund als Seelenträger und Totengeleiter seinen festen Platz. So wurden z. B. die Laren – Hausgötter, die die Seelen der Verstorbenen repräsentierten – oft mit einem Hundefell bekleidet oder aber in Begleitung eines Hundes dargestellt. Jedoch fiel den Hunden in allen genannten Fällen immer nur die Rolle des Begleiters auf dem Weg ins Jenseits zu, Einlaß wurde ihnen nie gewährt, sie blieben im Zwischenreich zurück.

Auch die Pforte zur Ewigkeit wurde nach alten mythologischen Vorstellungen von Hunden bewacht. Am Eingang zur griechischen Unterwelt zum Beispiel stand der Hund Kerberos, ein mehrköpfiges grimmiges Ungeheuer, das die Seelen, die in den Palast des Hades eintraten, freudig wedelnd begrüßte. Diejenigen aber, die wieder entweichen wollten, wurden von ihm erbarmungslos verschlungen. Um ihn milde zu stimmen und um gefahrlos in den Hades zu gelangen, gab man den Verstorbenen einen Honigkuchen mit auf den Weg, den sie dem Kerberos vorwerfen sollten.

Bei vielen Völkern findet sich die Vorstellung vom Hund als Wächter oder als Begleiter des Gottes der Unterwelt wieder. Die germanische Unterwelt, das Reich der Hel, wurde ebenfalls von einem Hund bewacht, der selbst den nach Nifelheim reitenden Odin zornig anbellte.

Auch die Ägypter stellten Chontamenti, den Herrn der Nekropole von Abydos, als liegenden Hund oder Schakal dar, und man denke nur an Anubis, der ebenfalls in Gestalt eines schwarzen Hundes abgebildet erscheint. An den Türen zahlreicher Felsengräber findet man das Bild eines schwarzen, liegenden Hundes, zum Zeichen dafür, daß die Mumie vom Totengott bewacht wird. Daß sich diese Zuordnung über den Untergang der alten Welt hinaus erhalten hat, läßt sich übrigens an manchen heute noch vorhandenen Bräuchen oder Vorstellungen zeigen. So finden sich auf den Schildern von Beerdigungsunternehmern in Sizilien z. B. bis in die Gegenwart hinein Hundedarstellungen, in denen dieser alte Zusammenhang über Jahrhunderte hin im Bild bewahrt blieb (Abb. 14).

In den Bestattungsbräuchen der altiranischen Religion spielt der Hund eine ähnlich bedeutende Rolle. So wurden beim Leichenmahl die am Platz des Verstorbenen hingestellten Speisen stellvertretend von einem Hund verzehrt. Bei der sogenannten «Sag-did» (Hundsblick-)-Zeremonie wurde ein Hund an die Leiche geführt, denn durch seinen Blick erst wurden die bösen Geister vernichtet. Danach erst konnte die Leiche berührt werden. War jedoch kein Hund zur Stelle, so genügte auch der Blick eines Geiers oder Raben. Wie Herodot (ca. 490 – ca. 420 v. Chr.) berichtet, begruben die Perser einen Leichnam nicht eher, als bis ein Hund oder Vogel daran gezerrt hatte.

Welchen Stellenwert der Hund im mythischen, prärationalen Bewußtsein des Menschen einnahm, verdeutlichen schon die Reden Zarathustras (ca. 630–550 v. Chr.), die im «Awesta»,

Abb. 14   Firmenschild eines Beerdigungsinstituts in Catania/Sizilien

einer Sammlung von Handschriften, niedergelegt sind. Der Religionsstifter setzt darin den Hund in eine enge Beziehung zum Menschen: «Ein Hund läßt sich mit acht Menschen vergleichen:

Er zeigt Gebaren wie ein Priester, denn er ist so anspruchslos wie ein Priester;

er zeigt Gebaren wie ein Krieger, denn er schützt das Haus wie ein tapferer Krieger;

er ist wie der Hirte, denn er hütet die Herden so gut wie ein Hirte;

er ist wie ein Knecht, denn er folgt allen Winken wie ein Knecht;

er ist auch wie ein Dieb, denn er kennt die Nacht wie ein Dieb;

er ist wie ein Geisterbeschwörer, denn er sieht die Geister und vertreibt die Dämonen mit seiner Stimme wie ein Geisterbeschwörer;

er ist wie eine Dirne, denn er ist jedermann gefällig wie die Dirne und verrichtet wie sie am Wege die Notdurft;

und er hat ein Wesen wie ein Kind, er schläft gerne, streckt die Zunge heraus und läuft bereitwillig herum wie ein Kind» *(zit. n. Klever, 66 f.).*

Abb. 15   Hundeköpfiges Fabelwesen
(Schedelsche Weltchronik, 1493)

Zarathustra gibt auch genaue Anweisungen für die Hundehaltung und Aufzucht: «Wenn die zwei zu meinen Häusern kommen, so soll man sie nicht aussperren, den Schäferhund nicht
und den Hofhund. Denn es würde mein Haus nicht festgefügt
auf der von Ahura geschaffenen Erde stehen, wenn nicht der
Schäferhund da wäre und der Hofhund» *(ebd.)*.

«Wenn eine Hündin geworfen hat, so soll immer derjenige
zur Wartung verpflichtet sein, der das der Lagerstätte der Hündin zunächst gelegene Haus bewohnt. So lange muß er Sorge
tragen, bis die Hunde groß geworden sind.» Auch die Zeit ist
genau festgelegt: «Sobald die Hunde zweimal sieben Häuser
umlaufen können. Nach Belieben soll der Hund dann hinausge-
hen im Winter, nach Belieben kann er es auch im Sommer tun.
Also: Sechs Monate muß man für einen Hund, sieben Jahre für
ein Kind sorgen» *(ebd.)*.

Die Parsen, die im 10. Jahrhundert Zarathustras Lehre nach Indien trugen, brachten die Wichtigkeit des Hundes auf den Begriff: «In der irdischen Existenz sind sie die Wächter von Menschen und Herde. Und wenn es keine Hunde gäbe, hätte man kein einziges Schaf aufziehen können. Deshalb soll man täglich eine Ration Brot zum Wohl der Hunde ausgeben... Denn man bedarf ihrer Hilfe für die Seele an der Brücke zum Jenseits» *(ebd.)*.

Aber nicht nur in den Mythen, sondern auch in den Stammessagen spielt der Hund eine wichtige Rolle. So erzählen die Athapasken-Indianer von einem Hundehäuptling, der ihren Stamm in gute Jagdgründe führte und ihm Wohlstand und Ansehen brachte. Ein König von Siam setzte über die besiegten Bewohner der Provinz Jehol den Hund Barkouf als Regenten ein. Von den Drontheimern wird erzählt, daß sie vortrefflich vom Hund Saur regiert wurden. Mit einem goldenen Halsband geschmückt, saß dieser Saur auf seinem Thron und sprach Recht. Er konnte reden und hatte den Verstand von drei Männern, auch wenn er zwischendurch immer wieder bellte. Sogar in Afrika, so berichtet Plinius (23–79 n. Chr.), soll es an der Küste ein Hunde-Königreich gegeben haben.

Erzählungen, die dem gleichen Denken wie die Hunde-Stammvater-Legenden entstammen, lebten im Mittelalter wieder auf, ja wurden noch lebhaft ausgeschmückt.

So wurde Hekate von dem Kirchenlehrer Gregor von Nazianz (4. Jh.) zur Göttin der Kynoskephalen oder Paviane gemacht, die jedoch keine Affen, sondern richtige Menschen mit Hundeköpfen waren. Selbst ein Reisender von der Seriosität eines Fra Giovanni da Pian del Carpine griff um 1250 diese Fabel auf und behauptete, die Kynoskephalen lebten im Nebel und Eis des Nordens und die Mongolen hätten sogar einen Feldzug gegen sie geführt. Andere Autoren siedeln die Hundeköpfigen in den Ländern duftender Spezereien und Gewürze an, darunter sogar Marco Polo (1245–1324), der sie auf die Andamanen-Inseln versetzte und betonte, sie besäßen «Hundeköpfe sowie Zähne und Schnauzen wie große Hetzhunde».

Diese Vorstellungen haben sich durch das gesamte Mittelalter und weit darüber hinaus erhalten. Noch in der Schedelschen

Weltchronik von 1493 werden im Abschnitt über die Sehens-
und Merkwürdigkeiten anderer Länder die Hundsköpfigen für
Indien aufgeführt: «In dem land India sind menschen mit hunds-
köpfen und reden bellend, nähren sich mit vogelgefäng und
kleiden sich mit thierheuten» (Blatt 12) (Abb. 15).

Im 10. Jahrhundert verlegten anatolische Mönche den Le-
bensraum dieser Geschöpfe ans Schwarze Meer, wie aus einem
Bild hervorgeht, auf dem der Apostel Andreas den schrecklichen Kynoskephalen das Evangelium predigt. Handschriften,
die nur wenig älter sind, zeigen den Heiligen Thomas im
Gespräch mit Hundemenschen in Indien. Die «Legenda Aurea»
greift auf «etliche Geschichten» zurück, die schon im 9. Jahrhundert zusammengestellt wurden und in den Erklärungen eines
Ratmann erscheinen, der sich über die Bezeichnung Christophe-
rus als «kynokephalos» = «hundsköpfig» verbreitet. Nach der
Darstellung der «Legenda Aurea» handelt es sich bei Christo-
pherus um einen hundsköpfigen Riesen, der in Lykien vom
König enthauptet wurde, da er das Christentum dort verbreitete. Hier ist der ehemals heidnische Riese vom ägyptischen
Anubis, der das Sonnenkind Horus durch den Nil trug, abgeleitet, und in dieser seiner ägyptischen Gestalt ist er in der Folgezeit
an vielen Stellen lebendig geblieben (Abb. 16).

In den volkstümlichen Überlieferungen wurde aus dem ursprünglichen Mythos vielfach Aberglaube, und schwarze
Hunde erschienen nun als Verkörperung der den Menschen
feindlich gesinnten Dämonen. Die Hundsgestalt war innerhalb
dieser Vorstellungsformen deutlich negativ besetzt, und so ist es
verständlich, daß auch im Prodigienbereich, d. h. im Bereich der
in den voraufklärerischen Zeiten so wichtigen Zukunftsvoraus-
deutungen, der Hund eine große Rolle spielte. So hält die
Schedelsche Chronik zum Jahr 1153 für berichtenswert: «Ein
Weib gebar ein wundergestalt zwiefaches leibes: vornen eines
menschen hinten eines hundes angesicht habend» (Blatt 198).

Abb. 16   Der heilige Christophorus mit dem Hundekopf
(Griechische Ikone, 1685)

*Abb. 17   Zweiköpfige Wundergestalt
(Schedelsche Weltchronik, 1493)*

Die böse Vorbedeutung brauchte offenbar gar nicht erst benannt
zu werden, sie war selbstverständlich (Abb. 17).

In Wales sah man, wenn in der Nähe eines Sterbehauses ein
schwarzer Hund auftauchte, darin eine Erscheinung des Teufels,
der die Seele des Toten holte. Auch in literarischen Texten, zum
Beispiel in der Faust-Sage lebt dieser Aberglaube fort: Mephisto
erscheint in Begleitung eines solchen dämonischen Tieres.

2. Hundetragen und Hundeprozesse

Daß besonders in dem hier beschriebenen Bereich von Mythos
und Brauchtum Vorstellungen, mögen sie sich auch in Einzel-
momenten oder gar in ihrer funktionellen Bedeutung verändert

haben, über Jahrhunderte hin erhalten geblieben sind, sahen wir bereits an einigen Beispielen. Wir können ihnen jetzt noch einen im Mittelalter entstandenen und bis ins 18. Jahrhundert verbürgten Brauch hinzufügen: das Hundetragen, von dem mit Sicherheit anzunehmen ist, daß die Wurzeln seiner Entstehung weit, weit zurückreichen.

Das Hundetragen war die Strafe für Friedensbrecher und war vor allem in Franken und Schwaben üblich.

Der Brauch stammt aus der Zeit, als der Hund in allen christlichen Ländern als ein rechtloses Wesen angesehen wurde, das Wort «Hund» als Schimpfwort galt und er selbst als Symbol größter Schmach.

Die Strafe des Hundetragens wurde dementsprechend nur über Edle verhängt und galt als die schändlichste Ritterstrafe überhaupt. So ließ zum Beispiel Otto der Große (912–973) die adeligen Anhänger des Landfriedensbrechers Herzog Eberhard von Franken Hunde von einem Gau in den anderen tragen. Dieses Hundetragen darf man wahrscheinlich als eine christliche Umkehrung und Verächtlichmachung der griechischen und römischen rituellen «Sühne durch den Hund» ansehen, bei dem junge Hunde vor die Altäre der Hekuba oder Proserpina getragen wurden. Dort wurden die Sünder, indem sie von den Priestern mit Hunden in Berührung gebracht wurden, von ihrer Schuld gereinigt.

Für diese Interpretation des Hundetragens spricht, daß wir einen ähnlichen Wandel bei einer anderen Rechtshandlung erkennen können: bei dem gemeinsamen Aufhängen von Verbrechern und Wölfen. Früher wurde ein solcher Wolfstod nur auf die nordischen Krieger angewendet, er wurde dann jedoch die Todesart von Vatermördern, die bei der Hinrichtung mit einem Wolf zusammengebunden wurden. Im 11. Jahrhundert wurde der Wolf durch einen Hund ersetzt. Jacob Grimm hält allerdings in seinen «Deutschen Rechtsalterthümern» eine sehr viel einfachere Erklärung bereit: «ich glaube, wie der verurtheilte das schwert, die ruthe, den strang um den Hals trug, sollte er auch den hund tragen damit anzuzeigen, daß er werth sei, gleich einem hund erschlagen und aufgehängt, an der seite eines hunds aufgehängt zu werden» *(311 f.).*

Da den Juden der Hund als besonders unrein galt, pflegten die Richter als psychologische Strafverschärfung Verbrecher jüdischen Glaubens mit Hunden hinzurichten. So schildert Sebastian Münster (1488–1552) in seiner Weltbeschreibung «Cosmographia» die Verurteilung der Juden Salomo und Joseph wegen Diebstahls in Frankfurt Anno 1444: «Die Juden zwischen zwaien wütenden oder beißenden Hunden zu der gewöhnlichen Richtstatt ziehen oder schleifen mit Strang oder Ketten, bei ihren Füßen an einen besonderen Galgen zwischen die Hund nach verkehrter Maß henken» *(zit. nach Priscil, 75)*. In einer Chronik der Stadtbibliothek Zürich wird von der Hinrichtung eines Juden Anno 1585 in Schaffhausen berichtet. Die beiden großen Hunde, die man mit ihm aufhängte, fügten ihm allerdings den Schaden zu, daß sie ihm zwei Finger abbissen. Die Bauern, denen man die Hunde weggenommen hatte, wollten sie durchaus wiederhaben. Der eine wollte sogar das Besthaupt (das beste Stück Vieh seines Stalles), der andere fünf Kronen für seinen Wachhund geben. Doch der Richter willigte nicht ein. So lebte denn das eine Tier noch sechs, das andere noch sieben Tage weiter am Galgen. Auch der Jude soll noch drei Tage gelebt und mit Weib und Kind gesprochen haben. Es sollte noch bis zur Mitte des 17. Jahrhunderts dauern, bis die christliche Tugend der Barmherzigkeit in der Justiz auf Tiere und Andersgläubige angewendet wurde.

Auch die sogenannten Tierprozesse erwachten im Mittelalter zu neuer Blüte. Zwar sind uns Zeugnisse von Tierprozessen aus der griechischen Frühantike bekannt, in denen Haustiere wegen begangener Missetaten strafrechtlich verurteilt wurden, doch scheint es, als hätten die späteren Epochen auf Tierbestrafungen verzichtet. Erst im Mittelalter häuften sich dann die Tierstrafen und dies, besonders im deutsch-französischen Rechtskreis, ja, man kann sagen, sie erlebten hier ihre wahre Hochblüte. Von unzähligen Fällen wird berichtet, wie vor allem Schweine und Rinder zur Strafe für begangene Rechtsverletzungen gehängt, erwürgt, erschlagen, enthauptet, ertränkt und verbrannt wurden.

Über den Grund für diese übermäßig hohe Anzahl von Tierbestrafungen ist man sich in der Forschung noch nicht einig.

Die einen sind der Ansicht, die Tierstrafe des Mittelalters sei Rezeptionsgut und aus dem mosaischen Recht entlehnt. Dabei berufen sie sich auf das 2. Buch Moses, Kap. 21,28, wo es heißt: «Wenn ein Ochse einen Mann oder ein Weib stößt, daß er stirbt, so soll man den Ochsen steinigen und sein Fleisch nicht essen, so ist der Herr des Ochsen unschuldig». Andere hingegen sind der Auffassung, die mittelalterliche Tierstrafe beruhe auf einer eigenständigen Entwicklung, sie entspringe der Vorstellung vom Tier als einem selbstverantwortlichen Genossen des Menschen. Wieder andere Autoren vertreten die These, es handle sich bei dieser Art von Bestrafung um Überbleibsel des Urrechtszustandes im Leben der Völker, wo nicht nach der Schuld, sondern allein nach der Tat und ihrer Wirkung gefragt werde.

Die These von W. Sellert, die Ursache der mittelalterlichen Tierstrafen sei in einer «stark christlich-religiösen, mit aber- und wundergläubigen Elementen versetzten Weltanschauung, also in einem christlichen Dämonenglauben zu suchen», erscheint uns am plausibelsten. Sellert verweist bei seiner Argumentation darauf, daß «das Tier, anders als in der Frühantike, nicht Rechtspersönlichkeit in einem realen Sinne» ist, «sondern ein Geschöpf Gottes, in dem sich die guten und bösen Kräfte offenbaren. In den mittelalterlichen Tierprozessen geht es daher nicht um die persönliche Verantwortlichkeit, sondern in nuce um die Bestrafung des Bösen schlechthin, weil es sich im Verhalten eines Tieres dem Menschen zeigt. Das schädigende Tier wird bestraft, damit das Böse aus der Welt geschafft wird. In Wahrheit wird also nicht das Tier, sondern der böse Dämon bestraft, der entweder das Tier als Werkzeug benutzt oder sich in ihm gezeigt hat» *(66 ff.)*.

Das starke Hervortreten der Tierprozesse im Spätmittelalter, in deren Mittelpunkt der Kampf mit dem Dämon oder Teufel stand, dürfte im Zusammenhang mit den ebenfalls seit dem Ende des Spätmittelalters anschwellenden Hexenprozessen zu sehen sein. «Auch hier soll in erster Linie nicht der Mensch, sondern der in der Hexe vermutete Teufel mit der Strafe getroffen werden. Die Hexen werden verbrannt und mit dem Feuer wird das Böse vernichtet.» Was immer auch der Grund dafür gewesen sein mag, eines ist sicher: es wurden auf diese Weise unzählige Tiere im Mittelalter und in der frühen Neuzeit getötet und gebannt. Ja, noch 1685, also in der Zeit der Frühaufklärung, wurde in Ansbach ein Hund gehenkt, der der Zauberei schuldig gesprochen wurde.

IV.

Das Mittelalter und seine Hunde

Erscheinungen wie «Hundetragen» und «Hundeprozesse» zeigen uns schon die strukturellen Merkmale an, die für das Verhältnis des mittelalterlichen Menschen zum Tier maßgebend waren: da die Welt in ihrer realen Lebensordnung wie auch in ihren geistigen Wertorientierungen mehr oder weniger streng hierarchisch gefügt war, hatten auch die Tiere ihren Platz im weltlich-geistlichen Kosmos. Das gilt zumal für ein so wichtiges Tier wie den Hund, der im Mittelalter, einem Zeitalter adliger und kirchlicher Herrschaft, vornehmlich auf zwei Ebenen stärker in Erscheinung tritt: 1. als Jagd- und Luxushund im höfisch-adligen Bereich, 2. als symbolisches oder zum mindesten doch zeichenhaft eingesetztes Tier im literarischen Text, in der bildlichen Darstellung oder im philosophisch-geistlichen, theologischen Diskurs.

Abb. 18   Den Hirten bringt der Engel die Botschaft
(1. Bildseite zum Dezember des Martyrologs im Chorbuch des
Klosters Zwiefalten)

Daneben ist auch manches überliefert, was uns Einblicke vermittelt in das Leben der unteren Stände, aber dies zumeist im Rahmen ganz anderer, den allgemeinen Trend nur bestätigender Darstellungsinteressen. Erst seit dem Spätmittelalter und der frühen Neuzeit beginnen sich die Alltagsmomente stärker zu verselbständigen. Wenn z. B. auf einem frühgotischen Bild, auf dem die Verkündigung der Weihnachtsbotschaft gezeigt wird, Hirten mit ihrer Herde und natürlich auch mit ihrem kräftigen und markanten Hirtenhund erscheinen, gibt uns dies zweifellos einen Einblick in die Realität des Lebens, in der der Hund eben auch seinen Platz als Hirtenhund hatte; dem frühgotischen Buchmaler wird aber der geistliche Sinn des Bildes wichtiger gewesen sein als die Abbildung der realen Details (Abb. 18).

Gewiß, um ihrer selbst willen werden im Mittelalter Hunde auch sonst nicht abgebildet. Es gibt noch kein Interesse an der realistischen Darstellung, eben weil die Lebewesen nicht an sich wichtig sind sondern nur als Teil in einem geordneten Zusammenhang. Doch innerhalb des dadurch gegebenen Rahmens spielen die hierarchisch höheren Darstellungsformen und -interessen auch eine bedeutsame Rolle. So kommt dem Hund im adlig-höfischen Bereich schon rein quantitativ ein beträchtlich größerer Raum zu, weil er im Zusammenhang der realen adligen Selbstrepräsentation eine zentrale Bedeutung besaß.

In Gotfrids von Straßburg Tristanroman (ca. 1210) kommen z. B. zwei höchst unterschiedliche Hunde vor: der eine, Petitcriu, ist ein echter Luxushund von einer seltsamen, zauberhaften, zarthäutigen Schönheit, in allen Farben schillernd und reich geschmückt; ihn erwirbt der von Isolde getrennte Tristan unter großen Gefahren und schickt ihn der Geliebten zum Trost. Ein Damenhündchen also, das durch sein Feenglöcklein Isolde erfreuen soll. Tatsächlich läßt Isolde das Hündchen nie aus den Augen. Wo sie sitzt oder reitet, überall ist es bei ihr. Man trägt es ihr nach oder führt es mit. Daß es mehr ist als nur ein Damenhündchen, daß es zugleich auch ein Zeichen ist, Zeichen für Tristans Treue und Liebe und Opferbereitschaft, wird uns im Zusammenhang des Romans immer wieder verdeutlicht. Der andere Hund ist Hiudan, ein starker, kleiner und schöner Jagdhund, den Tristan als einzigen Begleiter mitnimmt, als er mit

Abb. 19   Von Obernburg (Manessische Handschrift, um 1300)

Isolde in die Verbannung aufbricht: «Tristan nahm die Armbrust, sein Horn und den Hund Hiudan» (16661 ff.). Der Dichter fügt hinzu: «nicht Petitcriu». Jetzt geht es ums Überleben, und da ist das Luxushündchen nicht zu gebrauchen.

Abb. 20   Harald und seine Begleiter
waten mit ihren Falken und Hunden hinaus zum Schiff
(Teppich von Bayeux, 11. Jhd.)

Die Tristangeschichte läßt sehr gut die Bedeutung erkennen,
die der Hund im Mittelalter, und d.h. hier im höfischen Bereich
besitzt: dem Mann dient er wie vorher und später vor allem als
Jagdhund, für die Frau ist er Schoßhund, repräsentativer
Schmuck, Spielgefährte. Das belegen neben vielen Texten auch
eine Reihe von zeitgenössischen Bildern, auf denen Damen mit
Hündchen auf dem Schoß oder im Arm abgebildet sind (Abb. 19).

Ungleich häufiger aber sind die Texte und Bilder, die sich auf die Jagd beziehen, die im Mittelalter vor allem als ständisches Privileg und als eine Form der höfischen Selbstdarstellung galt. Die Tiere, mit denen gejagt wurde, waren Falken und Hunde. Auf dem Teppich von Bayeux (spätes 11. Jh.) werden diese beiden Tiere als kostbarer Besitz mit besonders großer Sorgfalt in die Schiffe getragen (Abb. 20).

Eine österreichische Zeichnung aus Heiligenkreuz (um 1200) stellt dem beschaulichen Leben des Geistlichen (symbolisiert durch Buch und Taube) das aktive Leben des Ritters gegenüber: stolz reitet er einher, trägt auf der Hand den Falken und vor den Hufen des trabenden Pferdes läuft sein Hund. Der Minnesänger Wachsmut von Künzingen wird in der Manessischen Handschrift hoch zu Roß als wehrhafter Ritter abgebildet, neben dem zwei Hunde einherspringen (Abb. 21).

Freilich, es war ein langer Weg, bis der Hund diesen seinen höfischen Platz als wertvolles Jagdtier einnehmen konnte. Verdeutlichen wir uns kurz die wichtigsten Stationen dieser historischen Entwicklung.

Nach der Auflösung und der Zerstörung von Siedlungen und Städten in der Spätantike wurden die noch bewohnten Gegenden von verlassenen und hungrigen Hunden heimgesucht. Hunde, die vorher zu ganz bestimmten Aufgaben abgerichtet worden waren und im Lebensverband mit Menschen gelebt hatten, fielen notgedrungen wieder in einen halbwilden Zustand zurück. Da sie nicht mehr gefüttert wurden und bald auch keine Abfälle mehr finden konnten, mußten sie sich auf andere Art und Weise Nahrung verschaffen: durch Ausgraben von Aas und Kadavern, durch den Verzehr von Leichen, d. h. durch Verhaltensformen, die den Hund überall in Mißkredit brachten.

1. Die Jagd

Zum Glück für den Hund gab es aber auch damals die Jagd und da seine jagdlichen Verdienste und Fähigkeiten nicht in Vergessenheit geraten waren, rückte er dem Menschen wieder etwas näher. Während der ersten Jahrhunderte des Mittelalters ging es jedoch vor allem ums Überleben und somit diente die Jagd fast ausschließlich der Nahrungsbeschaffung. Die Wichtigkeit, die man dabei dem Hund zumaß, läßt sich daran erkennen, daß bereits 490 der Merowingerkönig Chlodwig die Notwendigkeit erkannte, zum Schutz der Hunde einen Tötungserlaß für tollwutverdächtige Tiere zu erlassen. Knapp 250 Jahre später setzte man in Frankreich eine Geldstrafe von sechs Hellern für die Tötung eines Hundes «am Kopf einer Meute» fest; 789 wurde diese Buße auf 40 bis 50 Heller erhöht.

Schon bald zeigte sich die Kirche beunruhigt über die weltliche Jagdleidenschaft, und zumal über die Jagdleidenschaft des Klerus. So wurde dem geistlichen Stand der Besitz von Hunden regelrecht verboten. Karl der Große (768–814) sah sich sogar genötigt, seinen Würdenträgern zu untersagen, ihre Lieblingshunde mit zur Messe zu nehmen. Diese entzogen sich dem Verbot jedoch dadurch, daß sie dem Gottesdienst vom Vorplatz aus durch die offene Kirchentür beiwohnten.

Im 10. Jahrhundert gelang es den Mönchen des heiliggesprochenen Hubertus, die schwarzen St.-Hubertus-Hunde zu züchten, und schon bald erwarben sie sich das Privileg, alljährlich sechs Exemplare für teures Geld an den König von Frankreich verkaufen zu dürfen. Natürlich suchten sich nun auch die großen Feudalherren in den Besitz dieser in ihrem Mut, ihrer Witterung und ihrer Schnelligkeit unvergleichlichen Tiere zu setzen. Um eine Vorstellung von den Preisen zu geben, genügt es vielleicht zu erwähnen, daß im 11. Jahrhundert in England ein Windhund ebenso viel kostete wie ein Sklave.

Mit der Machtsteigerung der Feudalherren wurde die Jagd zum Herrschaftsprivileg und führte schnell zu übermäßigen Jagdansprüchen. Es wird zum Beispiel berichtet, daß im Jahre 1016 Knut der Große, König von Dänemark, Norwegen und England, das Dekret erließ, den Hunden seiner Untertanen im Umkreis von zehn Meilen der königlichen Wälder die Knie brechen zu lassen, damit sie keine Gefahr für das Wild darstellten. Von diesem Erlaß waren nur die kleinen, ungefährlichen Hunde ausgeschlossen. Als er noch Herzog der Normandie war, befahl der spätere englische König Wilhelm der Eroberer

Abb. 21   Wachsmut von Künzingen
(Manessische Handschrift, um 1300)

(1027–1087) seinen Untertanen, allen Hunden, die nicht zur herzoglichen Meute gehörten, drei Zehen zu amputieren, um ihre Schnelligkeit zu mindern.

Die Aufzählung solcher Beispiele könnte man noch beliebig fortsetzen, auch gäbe es vieles über die Gebote zu sagen, die den Klöstern und Abteien zur Versorgung des Jagdgefolges der Feudalherren auferlegt wurden. Das führte schließlich dazu, daß sich die Gastgeber wider Willen zur Wehr setzten, denn diese Aufenthalte zogen sich immer mehr in die Länge und die Zahl der zu Beherbergenden nahm ständig zu. In einigen Fällen wurde daher ein genauer Buchungsplan aufgestellt und die Zusammensetzung der Gesellschaften festgesetzt. 1418 zum Beispiel gab es in Bayern die Bestimmung, daß sich ein Herzog von nicht mehr als drei adeligen Bürgern, zehn Dienern, fünf Pferden und fünfundvierzig Hunden begleiten lassen dürfe.

Der große Aufwand der Jagd erforderte eine ungeheure Anzahl von Treibern, Mastern, Hundeführern und Vogelstellern, die alle ihren Herren sehr wichtig waren und außer einer guten Entlohnung und Geschenken auch andere Gunstbezeugungen erhielten wie Empfehlungsschreiben bei Reisen oder gar Freispruch, wenn sie in die Netze der Justiz gerieten.

Welche Art von Hunden nun für die Jagd als wertvoll galten, darüber geben schon die germanischen Volksrechte (5. bis 9. Jahrhundert) Auskunft, und da in allen späteren Quellen über Jahrhunderte hin immer wieder ähnliche Vorstellungen auftauchen, wollen wir sie hier kurz skizzieren.

Zwei Hauptgruppen lassen sich erkennen: die auf der Fährte jagenden, auch Leithunde und Spürhunde genannten «Seurier», also Hunde mit besonders gut ausgebildetem Gespür, und die nach dem Gesicht hetzenden Hunde, die besonders schnell sein mußten und vor allem in keltischen Regionen herangezüchtet worden waren. Daneben gab es Hunde, die bei der Jagd auf wehrhaftes Wild angesetzt wurden, die also besonders stark, mutig und zäh zu sein hatten. Im Hochmittelalter tritt zu diesen Hunden dann noch der Vogelhund hinzu, ein Hund, der mit hoher Nase suchte.

Die begehrtesten Hunde waren die mit tiefer Nase auf der Fährte des Haarwildes laut jagenden Spürhunde, die auch Brak-

*Abb. 22   Das Einhorn wird von den Jägern getötet
(Wandteppich, ca. 1500)*

ken oder Jagehunde genannt wurden. Ihre sorgfältige Zucht und
Aufzucht sah man als eine besonders wichtige Aufgabe an.
Heinrich Mynsinger beschreibt diese halbhohen, meist dicht
behaarten, rotgelben oder auch rein schwarzen bzw. weißen
Hunde in seinem Jagdbuch über «Falken, Pferde und Hunde»
von 1440/50 so: «Die oren sind Im lang vnd das Maul hanget vnd
die Naslöcher sind Im weit geschlitzt, der ober leffzt hanget Im
auch herab, vnd sein stymm ist hell und der swantz ist nit zu lang
vnd ist etwas krumb uf die rechten seitten, vnd er trätt In
übersich vnd sein arsloch ist hinden weitt» (90).

Dagegen mußten die ‹nach dem Gesicht hetzenden› Hunde,
meist Windhunde, die zur Hasen- oder Fuchsjagd dienten, höhere Läufe haben und leichter gebaut sein. Bei Mynsinger sind
sie folgendermaßen beschrieben: «... hat ain langen schlechten
kopf vnd die oren daran sind spitzig vnd hindersich gelegt vnd
sind clain vnd ettwas über den kopff erhöcht an den enden, da er
an den kopff stoßet. die prußte ist spitzig vnd stark vnd die rypp

sind lang vnd die seitten hinden nach den rippen vnd des pauchs sind dünn vnd der swantz ist nit dick noch zu lang vnd die pain sind höch vnd mer mager dann vaißt. vnd er günet vnd püllet selten oder nymer. wann sein art ist, das er hasset das pällen vnd das günen. das die hund tuond, die da hüten. vnd darumb pült er nit noch lauft nit an die främden lüt, als sunst die hund tuond» (91 f.).

Neben diesen beiden Hauptjagdhunden gab es noch die schweren, meist aus Kreuzungen gezüchteten Hunde, mit denen man auf starkes Wild jagte, sowie die Vogel- und Stöberhunde (Abb. 22).

Vom frühen bis zum späten Mittelalter hat sich in der Klassifizierung der Hunde wenig geändert, auch wenn sich ab dem 14. und 15. Jahrhundert im ganzen westlichen Bereich Europas die Zeugnisse auffällig verdichten. Hier sind es vor allem Jagdbücher, die unsere Kenntnisse wesentlich bereichern.

Besonders in Frankreich ist diese literarische Gattung reich belegt. In Verbindung mit den Miniaturen, mit denen diese Schriften oft ausgestattet sind, verschaffen sie uns eine beträchtliche Erweiterung unserer Kenntnisse über den Hund und die Beziehung des Menschen zu ihm. Besonders erwähnt sei hier nur das berühmteste dieser Jagdbücher, das Werk des Grafen Gaston de Foix, der sich Gaston Phoebus nannte: «Deduits de la Chasse des bestes sauvages...» von 1387. Zusammen mit einer Meute von 1600 Hunden, seiner Frau Agnes, dem Chronisten Froissart und seinem Gefolge von treuen Jägern setzte der Graf in die Tat um, was er in seinem Buch so eindrucksvoll beschreibt.

Der Reiz dieses Werkes besteht nicht zuletzt in den vielen herrlichen Illustrationen, die Hund und Jäger in allen wichtigen Betätigungsfeldern vorführen. Der Autor unterscheidet in seinem Buch sechs Hundegruppen: Die Alans gentils, mächtige Doggen, sind die besten aller Hunde. Ihnen folgen die Alans vautres, Saupacker vom Typ des Mastiffs: die Lévriers, Hasenfänger; die chiens courants, Bracken aller Schattierungen und die Chiens d'oiseaux, die Vogelhunde. Die Matins, die Hofhunde, die niedrigste Gruppe, werden nur der Vollständigkeit halber aufgezählt.

Abb. 23   Hundepflege
(Gaston Phoebus, Livre de la chasse, 1387)

Man findet bei Gaston Phoebus aber auch schon detaillierte
Ratschläge für die Hundehaltung, so lesen wir z. B., daß die
Hundehütte sich an einem sonnigen Platz befinden soll, mit
genügend Stroh versehen sein und täglich gereinigt werden
muß. Auch wird empfohlen, die Meute nach der Jagd in einem
warmen Raum unterzubringen. Die Hundenahrung soll aus
Brot und Fleisch bestehen, und in einem ungefähr 30 cm hohen
Holznapf darf nie Trinkwasser fehlen. Den Hund jeden Abend
zu waschen und zu bürsten, galt als selbstverständliche Regel.
Was Hundekrankheiten anbetrifft, reichten die Ratschläge allerdings nicht weit über kleine medizinische Behandlungen hinaus
(Abb. 23).

Die Anforderungen, die an solche Jagdhunde und die sie
begleitenden Jägerknechte gestellt wurden, waren enorm hoch.

Abb. 24   Jäger mit Jagdhunden
(Kartenspiel des 15. Jhs.)

Daß sie geleistet wurden, erfüllt uns heute mit Bewunderung und Staunen. Verglichen mit der damaligen Jagdkunst muß selbst die waidgerechteste Ausbildung der modernen Jäger und Hunde als relativ eng und begrenzt gelten.

Nach den alten französischen Quellen haben die Jagdherren darauf bestanden, daß der starke Hirsch, den sie nach dem Bericht der vorsuchenden Besuchsknechte zur Jagd bestimmt hatten, und nur dieser, «zu Stande» gejagt wurde. Die Aufgabe der Jäger war es, die Hunde so abzurichten, daß sie den an sie gestellten Forderungen genügten. Sie durften nur auf der einen ihnen gezeigten Fährte jagen und sie verfolgen, unbeirrt durch andere warme Fährten und durch – vor ihnen hochwerdendes und von ihnen gesehenes anderes Wild. Die etwa verlorene Fährte sollten sie durch Bogenschlagen wiederfinden und sich durch Hornsignale leiten lassen. Der gejagte Hirsch stand meistens nicht allein, sondern mit anderen Hirschen zusammen in einer «Mute». Unter diesen Hirschfährten, die auf dem schmalen Wechsel und auch bei der späteren Flucht sich fortgesetzt verwirrten, mußten zunächst der Leithund und der Besuchsknecht, nachher auch die Meutehunde, immer nur die eine Fährte ausarbeiten bzw. halten. Wenn die geschnallten Meutehunde jagten, folgte der Besuchsknecht mit dem Leithund am Riemen weiter der Fährte des gejagten Hirsches, um so fortgesetzt die Jagd zu kontrollieren. Die alten Meutehunde schwiegen still, wenn sie die Fährte verloren hatten, die jungen Hunde wurden auch auf falscher Fährte laut. Die Jäger mußten also auch ihre Hunde an der Stimme erkennen können.

So glatt wie es geschildert wurde, verlief die Jagd selten. Die alten Hirsche machten unzählige Widergänge, flüchteten die Straßen entlang, benutzten Wasserläufe und Seen, mischten sich unter anderes Wild. Die Leistungen der Jägerei konnten nur durch fortgesetzte Übung draußen im Wald, feine Beobachtung des Wildes und ein ununterbrochenes Zusammenarbeiten mit den Hunden erreicht werden. Der künftige Besuchsknecht trat mit sieben Jahren bereits in die Berufslaufbahn ein. Da er mit sonstigen Künsten, namentlich der Schulweisheit, kaum beschwert wurde, gehörte sein ganzes Leben der Jagd und den Hunden (Abb. 24).

Im Gegensatz zu den detaillierten Beschreibungen französischer Jagdschriftsteller berichten die deutschen Quellen weit weniger genau über die Ausbildung der Jäger und die Formen der Jagd. Nur Heinrich Mynsinger bildet, wie wir sahen, hier eine rühmliche Ausnahme, und aus seinem Werk läßt sich ablesen, daß die Ausbildungs-, Haltungs- und Pflegeformen der Hunde in Deutschland ganz ähnlich waren wie in Frankreich.

2. Zur symbolischen bzw. zeichenhaften Bedeutung des Hundes in der mittelalterlichen Tierinterpretation

Die Bedeutung, die der Hund für die Jagd besaß, hat sich in vielen Sprichwörtern niedergeschlagen. Es gibt eine Unzahl von Redewendungen, die den Hund auf diesen Lebensbereich beziehen. So heißt es von einem Menschen, der sich schlau allen Gefahren zu entziehen weiß, er sei ‹mit allen Hunden gehetzt›. Wer nicht auf sich aufmerksam machen will, sondern ein Interesse daran hat, im Verborgenen zu bleiben, möchte keine ‹schlafenden Hunde wecken›. Der Ausdruck ‹vor die Hunde gehen› könnte aus der Jägersprache hergeleitet sein und sich auf krankes, schwaches Wild beziehen, das leicht den Jagdhunden zum Opfer fällt, wenn nicht ganz allgemein die Geringschätzung des Hundes zur Bildung dieser Metapher geführt hat. Aus der unendlichen Fülle der Beispiele seien hier nur noch einige wenige herausgegriffen: «Alter Hund macht gute Jagd; den letzten beißen die Hunde; ein bellender Hund taugt nicht zur Jagd; es ist ein schlechter Hund, den man zur Jagd tragen muß» und «viele Hunde sind des Hasen Tod.»

Das Mittelalter hat die Jagd jedoch nicht nur real und den Hund nicht nur als wirklichen Jagdhund betrachtet, den man züchten, pflegen und wegen seiner Kostbarkeit gut behandeln mußte. Es hat die Jagd auch allegorisiert und damit mit einer geistigen bzw. geistlichen Bedeutung versehen. In diesem Sinne schreibt z. B. Hadamar von Laber um 1340 ein Minnegedicht in Form einer Allegorie: Am Leitseil den Hund ‹Herze› reitet ein

Jagdherr aus, um einem edlen Wild, der Minne, nachzujagen. Knechte führen die Hunde ‹Freude, Wille, Wonne, Trost, Beständigkeit, Treue, Harre› und viele andere mit. Nach vielen Gefährdungen und Rückschlägen gelingt es dem Jäger, das Wild zu stellen. Aber die Wölfe, die böse Gesellschaft, schlagen die Hunde in die Flucht. Und da der Jäger zögert, den Hund ‹Ende›, die Sinnlichkeit, auf das Wild zu hetzen, bleibt ihm zum Schluß nur die Hoffnung, daß die Hunde ‹Treue› und ‹Harre› ihn schließlich doch noch zu seinem Ziel führen.

Die symbolische bzw. zeichenhafte Bedeutung des Hundes, die im Mittelalter neben seiner realen Funktion als überaus wichtig galt, ergab sich aus der Tatsache, daß die Tiere im christlichen Bereich im bevorzugten Maße in das Licht einer geistlichen Sinnauslegung traten. Sie geht allgemein auf biblische Traditionen, im Besonderen aber auf den ‹Physiologus›, die Hauptschrift der christlichen Natursymbolik zurück, einer Schrift des vierten nachchristlichen Jahrhunderts, in der die Tiere zumeist auf Christi Heilstaten hin ausgelegt werden. Die Eigenschaften oder Verhaltensformen der Tiere werden hier in ein Analogieverhältnis gebracht zu Eigenschaften oder Verhaltensweisen der höheren Wesen, zu denen sie in Beziehung gesetzt werden; Zeichen und Bezeichnetes gehören also unterschiedlichen Ebenen an.

Der ‹Physiologus› hat neben der Bibel die wohl größte Verbreitung gefunden und die gesamten Tiervorstellungen des Abendlandes entscheidend mitgeprägt: wo immer im Mittelalter Tiere erscheinen, ob in den Bestiarien, den Tierbüchern jener Zeit, oder in der philosophischen oder geistlichen Tierauslegung, in Predigten oder in der Homiletik, in den Moral- oder Naturlehren, in literarischen Texten oder auf bildlichen Darstellungen, immer ist seit dem ‹Physiologus› mitzudenken, daß das Tier nicht nur einen literalen Sinn besitzt. Es meint also nicht nur, was es real ist, sondern dieser literale Sinn verschlüsselt den eigentlichen, den allegorischen Sinn; dem Interpreten kommt mithin die Aufgabe zu, den eigentlichen Sinn herauszufinden und zu verstehen.

Seltsamer- oder auch bezeichnenderweise findet sich im ‹Physiologus› kein eigener Abschnitt über den Hund. Das ist merkwürdig, da es sich damals schon um eines der wichtigsten und verbreitetsten Tiere gehandelt haben dürfte. Aber vielleicht fehlt der Hund gerade aus diesem Grund. Auf jeden Fall hat die Tatsache, daß der Hund im ‹Physiologus› übergangen wurde, dem Hundebild nicht die Konstanz und Festigkeit gegeben, die andere Tiere in der Auslegungstradition erhielten. Das allegorische Hundebild ist vielfältig und daher etwas schillernd.

Betrachten wir einige der zahllosen Auslegungen, in denen Dinge, die vom Hund gesagt werden, mit geistlichem Sinn gefüllt werden. In einem alttestamentarischen Weisheitsspruch (Prov. 26,11) heißt es vom Hund, daß er seinen eigenen Auswurf wieder auffrißt. Die allegorische Auslegungstradition versteht das so: der Hund bezeichnet dadurch denjenigen Menschen, der, kaum daß er seine Sünden aufgegeben hat, wieder rückfällig wird. Oder es heißt vom Hund, daß er mit seiner Zunge Wunden heilt; der allegorische Sinn: der Priester soll die Menschen mit Trost, nicht mit Schrecken heilen. Oder: ein eingeschlossener Hund winselt und möchte gerne heraus zu seinem Herrn; in der Schriftauslegung erhält das folgenden Sinn: die guten geistlichen Menschen rufen zu Gott und warten darauf, daß sie von dieser Welt scheiden können.

In einem alten englischen Bestiarium des 12. Jahrhunderts wird ein Hund abgebildet, der für den gespiegelten Kuchen in einem Teich den Kuchen, den er im Maul hält, fallen läßt und ins Wasser springt, womit jene törichten Menschen gemeint sind, die einen realen Besitz für etwas Unbekanntes eintauschen. Die zwei Hunde unten im Bild, die ihre Wunden lecken, um sie zu heilen, repräsentieren die Sünder, deren Sünden vergeben werden, wenn sie vor Gott in der Beichte offenbart werden (Abb. 25).

Überblickt man die vielen Auslegungsinhalte, so sieht man schnell, daß der Hund keineswegs einheitlich beurteilt bzw. bewertet wurde. Vielmehr lassen sich deutlich negative von positiven Sinngebungen unterscheiden. In den negativen wirkt eine Interpretationsgeschichte nach, die den Hund von jeher mit dem Schlechten und Gemeinen, dem Wertlosen und Unedlen, mit magischen Praktiken und Aberglauben, mit dämonologischen Vorstellungen und satanischen Phantasien in Verbindung brachte, wie sie seit der Antike vertraut sind: etwa im Bild des

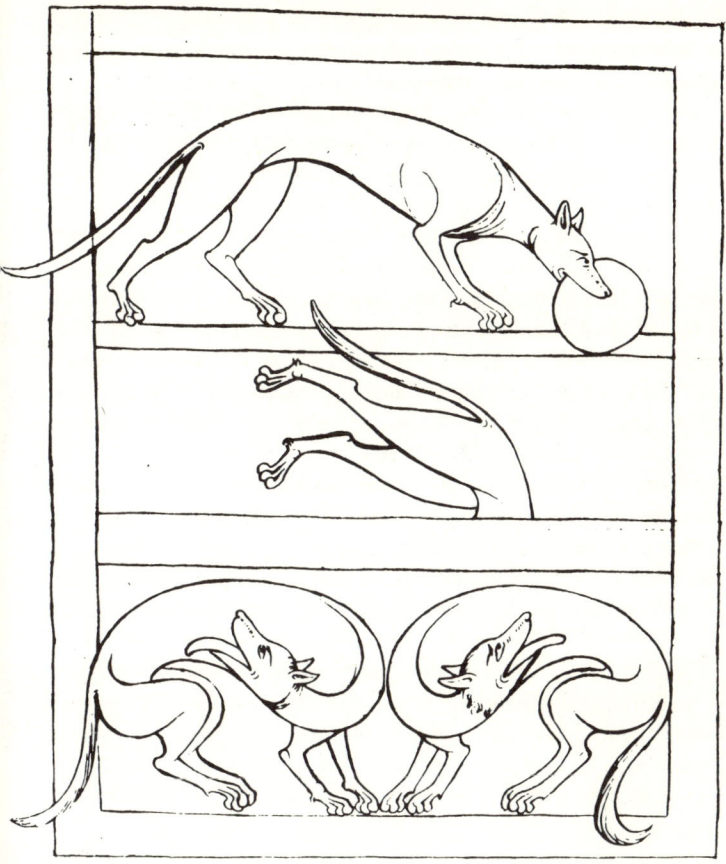

Abb. 25   Englisches Bestiarium des späten 12. Jhs.

dreiköpfigen Höllenhundes Kerberos, der im Mittelalter am profiliertesten wieder in Dantes «Göttliche Komödie» erscheint; oder in den oft bizarren und grotesken Skulpturen der Kirchen, in den Chimären des höllischen Abgrunds an den Dachstürzen der Kathedralen.

Im philosophischen Hauptwerk des Boethius, «Von der Trö-stung der Philosophie» (ca. 523 n. Chr.), das auf die geistige

Tradition des Abendlandes einen gewaltigen Einfluß gewann,
wird der Hund zum Vergleich einem von Lastern entstellten
Menschen an die Seite gestellt: «Wild und unruhig übt er seine
Zunge in Zänkereien; du magst ihn mit einem Hund vergleichen» (107). Daran konnte die monastische Literatur und zumal
die geistliche Rhetorik der Predigt anknüpfen, wenn sie in ihren
Jagdallegorien den Hund mit den Hauptsünden in Beziehung
setzte: noch bei dem Mystiker Tauler, also im 14. Jahrhundert,
verkörpern die größeren Hunde die sieben Hauptsünden, die
kleineren die geringeren Unvollkommenheiten. Als widergött-
liche dämonische Mächte erscheinen die Jagdhunde in einer
anonymen Jagdpredigt des 14. Jahrhunderts. Relikte des dunkel-
mythischen Hundebildes finden sich auch in der hagiographi-
schen Legende, dort wo der Hund, wie etwa in der Andreasle-
gende, als Teufel bzw. der Teufel im Hund erscheint.

Auch in vielen der bis heute noch geläufigen negativen
Sprichwörter mag diese Tradition der Auslegung nachwirken.
Wenn wir von jemanden sagen, er sei ‹auf den Hund gekommen›
oder ‹gehe vor die Hunde›, wenn wir vom ‹Hundeleben› sprechen oder vom ‹verhunzen›, wenn es im Mittelalter als unehren-
hafte Schandstrafe für Adlige galt, ‹Hunde zu tragen› – so spricht
dies alles dafür, daß der Hund auch als etwas Minderwertiges,
Unedles, Verächtliches angesehen werden konnte. Hier scheint
bereits jene Bewertung des Animalischen zum Ausdruck zu
kommen, die eine so entscheidende Komponente des späteren
Hundebildes darstellt, eine Bewertung, die beides enthält: An-
ziehendes wie Abstoßendes, Abwehr wie Faszination.

Neben diesem negativen Bild steht jedoch das positive, das
sogar, aufs Ganze gesehen, das dominante ist. Schon Isidor von
Sevilla (570–636), der bedeutsamste Vermittler antiken Gedan-
kenguts, der mit seinen ‹Etymologien› dem Mittelalter ein
Grundwerk der lateinischen Kultur hinterließ, rühmte den
Scharfsinn und das feine Unterscheidungsvermögen des Hundes, und auch dieses Urteil hat in der Folgezeit nachgewirkt.

Wachsamkeit, Furchtlosigkeit, Klugheit und Treue sind die
Tugenden, die dem Hund vor allem zugeschrieben werden und
die das positive Tierbild bestimmen. So wird der Hund als
wachsamer Wächter zum Bild für den Prediger, und in diesem

Abb. 26   Die Apostel in Hundegestalt
(Psalter von Besançon, um 1260)

Sinne sind in einem aus der Basler Diözese stammenden Psalter in Besancon (ca. 1260) die Apostel in Hundegestalt gemalt, wodurch sie als furchtlos-treue Diener ihres Herrn gekennzeichnet werden sollen (Abb. 26).

Abb. 27   Lazarus und die Hunde
(Romanische Malerei in der Kirche San Clemente de Tahull)

Das Bild des Hundes als eines Predigers, das sich auf Jesaja 56,10 zurückbeziehen läßt, scheint zum ersten Mal in der Pastoralregel des Kirchenvaters Gregor des Großen (Kap. IV) belegt zu sein. In der Parabel vom reichen Prasser und armen Lazarus (Luk. 16,21) lesen wir: «Es war aber ein Armer mit Namen Lazarus, der lag vor seiner Tür voller Schwären und begehrte, sich zu sättigen von dem, was von des Reichen Tische fiel; dazu kamen auch noch die Hunde und leckten ihm seine Schwären.» Nach Gregor dem Großen sind mit den Hunden, deren Zunge Wunden durch Belecken heilt, die Prediger gemeint. Auch die heiligen Lehrer berühren und heilen gleichsam mit ihrer Zunge Seelenwunden, wenn sie auf ein Sündenbekenntnis hin die Menschen mahnen (Abb. 27).

Daß auch einige Heilige mit einem Hund abgebildet werden, findet in dieser Deutungstradition seine Erklärung. So soll z. B. die Mutter Bernhards v. Clairvaux (1091–1153) vor seiner Geburt geträumt haben, sie trüge ein bellendes, weißes Hündchen in ihrem Schoß, was folgendermaßen gedeutet wurde: das Kind werde einmal ein treuer, wachsamer Hüter des Hauses Gottes, der Kirche, und ein machtvoller Prediger des Heils. Ein ähnlicher Traum ist von der Mutter des Dominikus überliefert: sie gebäre einen Hund mit einer brennenden Fackel im Maul, der die ganze Welt in Flammen setzen würde.

Der Kirchenvater Ambrosius hatte bereits im 4. Jahrhundert diese Auslegung vorbereitet, indem er von allen Christenmenschen die Wachsamkeit des Hundes gegenüber dem Herrn forderte. Den Hunden sei die Dienstfertigkeit und die ängstliche Wachsamkeit über die Wohlfahrt ihres Herrn gleichsam angeboren. Daher seien die Pflichtvergessenen, Nachlässigen und Feiglinge unter den Menschen gewissermaßen stumme Hunde, die nicht zu bellen verstünden. Wie der Hund für seinen Herrn zu bellen bereit sei, so müsse auch der Mensch seine Stimme für Christus erheben, wenn gefährliche Wölfe in die Höhle des Herrn einbrechen.

Daß der heilige Rochus, der Pfleger und Patron der Pestkranken, einen Hund bei sich hat, dürfte darauf zurückzuführen sein, daß die Legende erzählt, sein Hund habe ihn mit Brot ernährt. Vielleicht spielt aber hier auch die Lazarusgeschichte mit hinein.

Zwar hat der Hund, der dem armen Lazarus mitleidsvoll die Geschwüre leckte, für die mittelalterliche Allegorese kein fest umrissenes Bezugsmodell geschaffen; doch es gibt eine Reihe von Texten, die in diesem Hund und seinem Verhalten das Zeugnis heilenden Arztdienstes erblicken. So heißt es in der Naturkunde der Hildegard von Bingen (1098–1179), «die Wärme seiner Zunge bringe Wunden und Geschwüren Heilung, wenn er sie mit seiner warmen Zunge beleckt». Und Konrad von Megenberg (um 1309–1374) nennt in seinem ‹Buch der Natur›, der ersten Naturgeschichte in deutscher Sprache, die Zunge des Hundes ausdrücklich ‹ain ärzetinne›.

Noch auf eine letzte symbolische Ausdeutung ist kurz hinzuweisen. Wie der Löwe findet sich auch der Hund sehr häufig auf Wappenbildern und besonders auch auf Grabdenkmälern, meist zu Füßen des Verstorbenen (Abb. 28).

Allgemein ist dies verstanden worden als Inkarnation der Treue, möglicherweise läßt es sich aber auch konkreter interpretieren als Symbol der Macht, wofür man beachtliche Gründe beigebracht hat. Nach dieser Deutung repräsentiert der Löwe die Hochgerichtsbarkeit, der Hund dagegen die niedere. Hund wie Löwe kommen demnach nur dem Adel zu. Beide Tierbilder sind verbunden mit gewissen durch Belehnung, Vererbung oder Verkauf übertragbaren Rechten, beide beziehen sich also in dieser Ausdeutung auf gerichtliche Macht.

So darf man sagen, daß das Hundebild, zum mindesten in der gelehrten Allegorie und in den zahlreichen Tierbüchern im allgemeinen doch immer wieder auf wenige enge Schemata reduziert erscheint: negativ ist er der schändliche, Todsünden repräsentierende, oft dämonische, furchterregende, verächtliche Fresser seines eigenen Auswurfs; positiv dagegen sieht man in dem wachsamen, treuen, mitleidigen Tier den Wächter, den Prediger, den Lehrer, den Arzt, das Symbol gerichtlicher Macht.

Wie unterschiedlich der Hund in seiner allegorischen Bedeutung im Bild eingesetzt wurde, verdeutlicht auch das Nebenein-

Abb. 28   St. Jodok in Landshut, Grabstein des Peter von Altenhaus
(Anf. 16. Jh.)

Abb. 29   Jan van Eyck, Die Brautleute Arnolfini (1434)

ander zweier Bilder des 15. Jahrhunderts. Im Jahr 1434 malt Jan
van Eyck die Brautleute Arnolfini und stellt zwischen sie, als
Sinnbild der ehelichen Treue, einen kleinen Griffon, dessen
Blick im Gegensatz zu dem der beiden Vermählten direkt auf
den Betrachter gerichtet ist (Abb. 29).

Auf einem Bild des eine Generation später lebenden Hans Memling (1434–1494) erscheint ein ähnlicher Hund neben der Allegorie der Eitelkeit, die als nackte Frau mit einem Spiegel dargestellt wird, bei der das Hündchen vielleicht dazu dient, gerade ihre Luxuria und ihr oberflächlich-äußerliches Leben hervorzuheben (Abb. 30).

Ein jüngerer Zeitgenosse Memlings, Hieronymus Bosch, der zwischen 1480–1516 gemalt hat, greift, an der Schwelle zur Neuzeit, noch einmal die Vielfalt der allegorischen Ausdeutungstradition auf. Bei ihm finden sich alle nur erdenklichen Hundearten: gutmütige, naive Hunde bei den «Heiligen drei Königen» und der «Anbetung der Hirten»; reizbare Geschöpfe bei der «Trägheit», einem Teil des «Garten der Lüste»; apathische Hunde bei den Darstellungen des «verlorenen Sohnes»; diabolische Tiere bei den «Versuchungen des heiligen Antonius» oder aufmerksame und gelehrige Tiere wie das Hündchen mit dem Schellengeschirr, der Narrenkappe und dem Questenschwanz auf dem Bild vom Gaukler. Immer scheinen sie zum Darstellungssinn der jeweiligen Episode etwas Wichtiges beizutragen, unterstreichend, pointierend oder auch im kontrapunktischen Gegensinn. Dennoch bleibt ihre Bedeutung im Einzelnen unklar, bizarr, kryptisch. Es kommt einem vor, als habe der Maler noch einmal alle Varianten der Deutungstradition ausgenutzt, ohne den Schlüssel für deren Erkenntnis mitzuliefern (Abb. 31).

Nun könnte die allegorische Auslegungstradition leicht dazu veranlassen, daß man übersieht, daß es auch im Mittelalter bereits persönliche Beziehungen zwischen Mensch und Hund gab. Schon bei der Darstellung des Jagdbereiches zeigte sich, welchen Wert der Hund für den Menschen besaß. Besonders war es aber die Literatur, die immer wieder engere Bindungsmöglichkeiten beschrieb. So wird z. B. in dem Fragment des lateinischen Ritterromans ‹Ruodlieb› (um 1050) dem Hund durchaus schon ein besonderer, fast liebevoller Platz eingeräumt: Investigator (Aufspürer) und prae-cursor (Vorläufer) heißt er, bicolor (gescheckt) ist er, trägt ein goldenes Halsband und darf beim Empfang am Hof mit dabei sein. Persönlichere Züge nimmt auch schon das Hundebild an, das Hildegard von

Bingen (1098–1179) entwirft: «Der Hund ist recht warm und hat in seiner Natur und seinen Gewohnheiten etwas vom Menschen, liebt ihn, hält sich gern bei ihm auf und ist ihm treu. Der Teufel haßt den Hund und schreckt vor ihm zurück wegen der Treue, die er zum Menschen empfindet.

Der Hund erkennt Feindseligkeit, Zorn und Unredlichkeit am Menschen und knurrt oft deswegen. Und wenn er weiß, daß in einem Hause Feindseligkeit oder Zorn herrscht, knirscht er mit den Zähnen und murrt.»

Vorbereitet wurde diese persönlichere Zuwendung zum Tier bereits lange zuvor durch die philosophisch-theologische Diskussion des Mittelalters. Schon Johannes Eriugena (9. Jahrhundert) sprach den Tieren, deren Bewegungen von den älteren Kirchenvätern nur als uneigenständig im Rahmen der menschlichen Gottesorientierung verstanden wurden, eine unvergängliche Seele zu, weil ihre Regungen und Eigenschaften darauf schließen ließen, daß sie in ihren Handlungen unmittelbar von Gott abhängig seien und somit auch an seiner Ewigkeit Teil hätten.

Der Hund des Odysseus, so sagte Eriugena, erkannte nach zwanzig Jahren seinen Herrn wieder, was auf eine besondere Kraft der Seele deute. Adelard von Bath (12. Jahrhundert) hat diese Auffassung später noch weiter entwickelt und mit Gründen untermauert. «Für die Philosophen ist es völlig gewiß. Tiere haben Seelen» (zit. n. Nitschke, 247). Und er belegt diese Behauptung durch das Beispiel des Hundes, der nicht nur wahrnimmt, sondern aus dem Wahrgenommenen auch Schlüsse zieht. So läuft er schnell davon, wenn er etwas erblickt, von dem er fürchtet, dieses möge ihm schaden. Also kann er aufgrund des Wahrgenommenen ein Urteil fällen; und das setzt eine Kraft in ihm voraus. Diese Kraft kann aber nur die Seele sein. Ein Hund wird z. B., nachdem er eine Stimme gehört hat, freiwillig seine gerade begonnene Handlungsweise aufgeben und das ausführen, was die Stimme dem Hund befahl. Also muß der Hund die Stimme verstanden haben. Verstehen kann aber ein Tier nur, wenn es über eine Seele verfügt.

Thomas von Aquin hat im 13. Jahrhundert dieser Auffassung widersprochen und damit eher die gängige Lehrmeinung for-

Abb. 30   Hans Memling (1430–1494),
Die Eitelkeit

Abb. 31   Hieronymus Bosch (1450–1516),
Die Versuchung des Heiligen Antonius

muliert. Entscheidend sei, daß das Ziel der Tierseele sich vom
Ziel der menschlichen Seele unterscheide. Die Seele des Tieres
strebe danach, als lebendiger Körper bestehen zu bleiben, die
menschliche Seele dagegen wünsche, in die unkörperliche
Ewigkeit zu gelangen.

Solcher rigorosen theologischen Argumentation hat sich der
Volksglauben aber immer widersetzt und hat die Vorstellung
vom eigenen Hundehimmel entwickelt, der anscheinend als vor
dem eigentlichen Himmel liegend gedacht wird und dem treuen
Hund als Lohn winkt. In seiner ‹Narrenbeschwörung› greift
Thomas Murner (um 1475–1537) diese Vorstellung auf, wenn er
zu dem Hund Weckerlein sagt:

> «Darum, liebs Weckerlin, lide dich,
> Du kommst in der Hund Himmelrich;
> Zu tot geschlagen und geschunden,
> Den Lohn die Welt gibt allen Hunden» (234).

Und auch Luther pflichtete dem bei, als er von seinen Schülern
gefragt wurde, ob die Hunde auch in den Himmel kommen: «Ja
freilich, denn Gott wird einen neuen Himmel und ein neues
Erdreich schaffen, auch neue Pelverlein (‹Belferlein›) und Hündlein mit goldener Haut» (zit. n. Meyer, 117).

Am Ende des Kapitels soll eine Reihe von Texten das bisher
Gesagte noch einmal belegen und zugleich zeigen, wie im
Einzelnen sich bereits überraschende Ausblicke und Neuorientierungen ergeben. Nach H. v. Bingen folgt ein Text aus Got-
frieds von Straßburg ‹Tristan›, in dem das Luxushündlein neben
dem jagdtüchtigen Bracken erscheint. In Freidanks ‹Bescheidenheit›, einer Sammlung von Lebensregeln aus dem 13. Jahrhundert, dient die eher negative Hundedarstellung zur Verdeutlichung allgemeiner Lehrsätze. Ähnlich verfahren auch die Fabeln
von Steinhövel und Luther, in denen der Hund exemplarisch
erscheint für bestimmte Verhaltensweisen, die dem Menschen
am Beispiel der Tiergesellschaft anempfohlen werden oder vor
denen er gewarnt werden soll. Der folgende Text von Konrad
von Megenberg aus dem ‹Buch der Natur› verdeutlicht das
seltsame Ineinander von Beobachtung und Aberglaube, das die
Naturdarstellung des Mittelalters beherrscht. Texte wie der aufs

Praktische gerichtete Jagdtraktat des Heinrich Mynsinger verfahren schon viel nüchterner, wenngleich auch hier der Ein-
bruch von traditionellen, nicht der empirischen Beobachtung
sich verdankenden Meinungen jederzeit möglich bleibt. Das gilt
grundsätzlich auch für den Text von Hildegard von Bingen, der
aber schon eine frische, lebendige Beziehung zum Hund erahnen
läßt. Erst im Brief des Renaissancepoeten Petrarca wird ein
Hundebild entwickelt, das ganz persönlich zu sein scheint und
das sich doch immer wieder in gelehrten Anspielungen auf die
Tradition der Antike bezieht.

Texte

Über den Hund

De Cane. Der Hund ist recht warm und hat in seinem Wesen und seinen
Gewohnheiten etwas vom Menschen und deshalb fühlt und kennt er den
Menschen und liebt ihn und hält sich gern bei ihm auf und ist ihm treu. Der
Teufel haßt den Hund und schreckt vor ihm zurück wegen der Treue, die er
zum Menschen empfindet.

Der Hund erkennt Feindseligkeit, Zorn und Unredlichkeit am Menschen
und knurrt oft deswegen. Und wenn er weiß, daß in einem Hause Feindseligkeit oder Zorn herrscht, knirscht er, mit den Zähnen und murrt. Auch
wenn ein Mensch einen Verrat plant, knurrt er ihn an, und «zanckelt» . . .

Auch Freude und Trauer des Menschen fühlt er vorher. Wenn Freudiges
bevorsteht, bewegt er fröhlich den Schwanz, wenn Trauriges bevorsteht,
heult er traurig.

Die Wärme seiner Zunge bringt Wunden und Geschwüren Heilung,
wenn er sie mit seiner warmen Zunge leckt. Schuhe aus seinem Fell
schwächen wegen dessen Unreinheit, denn es ist oft durch den unreinen
Schweiß des Fleisches getränkt. Sein Fleisch ist für den Menschen nicht zu
benutzen. Seine Leber und seine Eingeweide sind giftig. Etwas, wovon der
Hund gegessen hat, soll der Mensch nicht mehr genießen, weil er sonst von
dem Gift des Hundes etwas, das der Hund in die Überreste speit, mit
aufnähme.

(Übersetzt nach: Hildegard von Bingen, Alle Werke. Patrol. Lat. 197, Sp. 1327f.)

Der Hund Petitcriu

Eines Tages ergab es sich, daß Tristan in trübsinnigen Gedanken bei Gilan
saß und, ohne daß er es merkte, aufseufzte. Nun, das bemerkte Gilan. Er
befahl, man solle sein Hündchen Petitcriu bringen, seine Herzensfreude aus

Avalon und das Labsal seiner Augen. Was er befahl, wurde getan. Ein vornehmes, kostbares Purpurtuch, das fremdartig und merkwürdig war und in der Größe zum Tisch paßte, wurde vor ihm auf den Tisch gebreitet und ein Hündchen draufgesetzt. Das war bezaubernd, so hörte ich erzählen, und dem Herzog aus dem Feenreich Avalon von einer Göttin geschickt worden, und zwar aus Zuneigung und Liebe. Es war in zweifacher Hinsicht mit Kunstfertigkeit ausgestattet, nämlich in der Farbe und in seiner Zauberkraft, so daß eine Zunge niemals so beredt und ein Herz nie so klug sein könnte, daß es seine Schönheit und sein Wesen hätte beschreiben und erzählen können. Seine Farben gingen auf so fremdartige Weise ineinander über, daß niemand richtig erkennen konnte, welche Farbe es denn nun eigentlich hatte. Wenn man seine Brust ansah, schimmerte sein Fell so verschiedenartig, daß niemand etwas anderes behaupten konnte, als daß es weiß wie Schnee sei, an den Lenden grüner als Klee, die eine Seite röter als Scharlach, die andere gelber als Safran. An der Unterseite schien es tiefblau, oben waren die Farben so wunderschön vermischt, daß sich keine von ihnen hervordrängte. Es war nicht grün, nicht rot, nicht weiß, nicht schwarz, nicht gelb, nicht blau, und doch ein wenig von alledem, ich meine richtig purpurglänzend. Wenn man dieses merkwürdige Geschöpf aus Avalon gegen den Strich der Haare betrachtete, so war wohl keiner verständig genug, seine Farbe richtig zu erkennen. Sie war so verschiedenartig und so völlig unbestimmt, als ob da gar keine Farbe war. Um seinen Hals hatte es ein Kettchen aus Gold. An dem hing eine Glocke... Tristan sah und hörte das seltsame Wunder an. Den Hund und das Glöckchen besah und betrachtete er, nahm jedes für sich wahr, den Hund und sein seltsames Fell, die Glocke und ihren lieblichen Klang. Über beides staunte er sehr, aber er hielt dabei doch das Wunder dieses Hündchens für viel erstaunlicher als das des süßen Glockenklangs, der in seine Ohren hineintönte und ihm alle Trauer nahm. Es erschien ihm wunderbar, daß seine Augen bei klarem Blick doch getäuscht wurden durch alle diese Farben und daß er keine genau erkennen konnte, so sorgfältig er sie auch anschaute. Sanft griff er hin und streichelte es mit den Händen. Als er es berührte, meinte Tristan, er fühle feine Seide, so weich war es überall. Aber es knurrte und bellte nicht, zeigte auch keinen Ärger, wie sehr man auch mit ihm scherzte. Wie man von ihm erzählt, aß und trank es nicht. Als es fortgetragen worden war, war Tristans Schmerz und Klage wieder so frisch wie zuvor...   (*Trist. 15 795 ff.*)

(Tristan erhält Petitcriu und schickt ihn zu seiner Geliebten Isolde.)
    Sie ließ nun aus kostbaren Stoffen, aus Geschmeide und aus Gold ein wunderschönes Häuslein anfertigen, wie man es sich schöner nicht hätte wünschen können. Und darin wurde für das Tier eine prächtige Seidendecke ausgebreitet, auf der es wohnte. Tag und Nacht, ob in Gesellschaft oder allein, immer war es unter Isoldes Augen. Wo immer sie war, wohin sie immer ritt, sie gewöhnte sich an, es nie aus dem Blick zu verlieren. Immer führte oder trug man es mit, wo sie es anschauen konnte...
                              (Trist. 16341 ff.)

Der Hund Hiudan

(Als Tristan und Isolde vom Hof verbannt werden, bereiten sie ihr Leben
fern von der höfischen Gesellschaft vor:)

Tristan nahm zwanzig Mark von Isoldes Gold für sich und Isolde,
gleichsam als Notgroschen und für die Nahrung. Überdies brachte man
ihm, was er sich für die Reise gewünscht hatte, seine Harfe und sein Schwert,
seine Armbrust für die Jagd und sein Horn. Außerdem hatte er sich einen
von seinen Jagdhunden ausgesucht, der besonders schön und klein war und
Hiudan hieß. Den nahm er an seine Hand. Sein Gefolge befahl er der Obhut
Gottes und ließ sie wieder heimfahren zu seinem Vater Rual. Nur seinen
Freund Kurwenal behielt er bei sich. Ihm gab er seine Harfe. Die Armbrust
nahm er dann selbst, das Horn und den Hund ebenfalls, Hiudan, nicht
Petitcriu. So ritten sie zu dritt vom Hofe fort.   (*Trist. 16642 ff.*)

(*Aus: Gotfried von Straßburg, Tristan. Übersetzt nach dem mittelhochdeutschen
Text*)

Das Wesen der Hunde

Wie man die Hunde auch ziehe, bitte,
Sie behalten immer Hundesitte.
Einen Rindsschenkel nähm ein Hund
Für roten Goldes tausend Pfund.
Ginge er auch zur Kirch ein ganzes Jahr,
Er bliebe ein Hund doch immerdar.
Schön tun soll man fremdem Hund,
Daß er nicht knurre zu aller Stund.
Mancher Hund mag friedlich sich gebaren:
Sein Beißen bringt den Leuten doch Gefahren.
Ein Hund pflegt kein Heu zu fressen,
Und greint doch, sieht ers Lämmer essen.
Daß an *Einem* Beine zwei Hunde nagen
Ohne Knurren, das hörte ich niemals sagen.
Zwischen Hunden und den Katzen
War Beißen stets und Kratzen.

(*Aus: Freidanks Bescheidenheit. Neu übersetzt nach K. Simrock. Stuttgart 1867.*)

Hirsch und Hunde

Der heilige David sagt im Psalter: «Wie den Hirsch dürstet nach dem Born
des Wassers, so, Herr, dürstet meine Seele nach dir, Gott!» Wenn der Hirsch
von den Hunden stark durch die Wälder und Berge gejagt wird, so wird von
der großen Hitze in ihm ein großer Durst und ein Begehren nach Wasser
erzeugt, viel mehr als bei anderen Tieren. Wie nun der Hirsch von den

Hunden gejagt wird, so wird der anhebende Mensch von den Versuchungen gejagt. Wenn er sich gerade erst abwendet von der Welt, und besonders von seinen starken, großen, groben Sünden, wird der Mensch stark gehetzt. Das sind die sieben Hauptsünden, die jagen ihm nach mit großen, heftigen Anfechtungen, viel mehr, als da er noch ganz in der Welt stand, denn da kam die Versuchung wohl überraschend über ihn, aber nun wird er ihr Jagen gewahr. So sagt Salomon: «Mein Sohn, wenn du beginnst Gott zu dienen, dann bereite sogleich dein Herz gegen die Versuchung». Je stärker und heftiger nun dies Jagen ist, desto größer soll auch der Durst sein, den wir nach Gott haben, und die Hitze und das Begehren. Nun geschieht es zuweilen, daß einer der Hunde den Hirsch erreicht und ihm mit den Zähnen an den Bauch fährt; kann dann der Hirsch den Hund nicht loswerden, so schleift er ihn nach bis zu einem Baum und schlägt ihn dann wohl hart da herum und bricht ihm den Kopf und wird ihn so los. So soll es der Mensch auch machen. Kann er seine Hunde, seine Versuchungen, nicht überwinden, so soll er mit großer Eile an den Baum des Kreuzes und Leidens unseres Herrn Jesu Christi laufen, und da schlägt er seinem Hunde, das ist seiner Versuchung, den Kopf entzwei; das heißt, er überwindet da alle Anfechtung und wird ganz frei von ihr.

Wenn nun der Hirsch sich der großen Hunde erwehrt hat, so kommen die kleinen Hündlein und laufen den Hirsch von unten an und fassen ihn hie und da, und davor hütet sich der Hirsch nicht allzusehr, und doch setzen sie ihm so zu, daß er davon verenden muß. So geschieht es auch dem Menschen. Hat er sich der großen Sünden erwehrt und sie überwunden, so kommen dann die kleinen Hündlein, vor denen er sich nicht hütet, das sind die Gespielen oder Kleinodien oder die Gesellschaft oder Kurzweil und der Menschen Freundlichkeit. Die reißen ihm hie und da Stücklein aus, sie ziehen ihm sein Herz und seine Inwendigkeit auseinander, daß er notwendig verderben muß an allem göttlichen Leben, an aller Gnade und Andacht, an allem göttlichen Ernst, Empfinden Gottes und heiliger Andacht. Das ist ihm oft viel schädlicher als die großen Versuchungen, denn vor denen hütet er sich und hält sie für Unrecht, auf die kleinen achtet er aber nicht. Wie nun alle Dinge, die man nicht erkennt, viel schädlicher sind als die, welche man kennt, so ist es auch mit diesen Lebensumständen, auf die man nicht achten will, wie Gespielschaft oder Tücher, Kleider und Kleinodien.

(Aus: Johann Tauler, Predigten. Übertragen von Leopold Naumann. Leipzig 1923, S. 50 f.)

Vom Hunde

Jacobus sagt, die Hunde seien zu allen Dingen gelehrige Tiere, und wenn sie auch gern schlafen, so behüten sie ihres Herrn Haus doch wachsam. Sie haben ihren Herrn so lieb, daß sie oft seinetwegen sterben. Von allen unvernünftigen Tieren kennt der Hund allein, wie Solinus bemerkt, seinen eigenen Namen. Jakobus gibt auch an, daß einige Hunde im Stande sind, die Diebe zu wittern und sie voll Haß aus anderen Leuten herauszusuchen.

Wenn auch einige Hunde gern am Tische ihres Herrn liegen, so haben sie sich, wie Jakobus sagt, dabei doch so, daß sie ein Auge auf die milde Hand ihres Herrn und das andere auf seine Haustüre werfen. Wenn die Hunde jemand grimmig anlaufen und er fällt auf die Erde, so wird ihre Wut besänftigt. Die Hunde werfen blinde Junge, diese bleiben zwölf Tage, zuweilen auch drei Wochen lang, blind. Die Hündin trägt vierzig Tage [...]

Wenn die Hunde krank sind, so fressen sie ein Kraut, das die Zunge stark reizt. Dadurch verlieren sie dann mit Würgen die schädliche Flüssigkeit aus dem Magen und werden so gesund. Das Alter der Hunde erkennt man nach Aristoteles nur aus dem Gebiß, denn die Zähne junger Hunde sind scharf und weiß, die der alten stumpf und schwarz. Einige behaupten, die Hunde könnten fern von Menschen nicht aushalten, und würden wütend, wenn sie zu den Häusern der Menschen keinen Zutritt mehr haben. Die Zunge des Hundes heilt seine eigenen wie auch fremde Wunden mit Lecken, und ist deshalb seine Ärztin. Die männlichen Hunde fügen der Hündin nicht gern Böses zu. [...]

Eine böse Angewohnheit haben die Hunde: sie verunreinigen und benetzen die schönsten Orte und Gewänder. Schuhe von Hundsfell an den Füßen sind gut gegen die Gicht, wenn aber die Hunde sie wittern, so benetzen sie sie. Gibt man einem anderen, kranken Tiere Hundeblut, so wird es gesund. Um zu erkennen, ob ein Biß von einem wutkranken Hunde herrührt oder nicht, verfährt man so: Man macht aus einer gut gebackenen Nuß ein Pflaster, legt es einen Tag und eine Nacht auf die Wunde und gibt es dann einem hungrigen Hahn oder einer Henne zu fressen. Trinken sie darauf, so rührt der Biß nicht von einem tollen Hunde her, trinkt der Hahn oder die Henne aber nicht, so war der Hund wutkrank, und der Hahn oder die Henne stirbt. Doch können sie noch einen Tag und eine Nacht nachher leben. Ferner: Wenn man ein Stück Brot in das Blut einer, von einem tollen Hund gebissenen Wunde drückt, so frißt kein gesunder Hund davon. Es ist auch eine wunderbare Sache und kommt oft vor, daß ein von einem wütenden Hunde gebissener Mann die jungen Hunde wie ein Hund leckt und wie ein Hund bellt. Alexander lehrt, wie man wutkranke Menschen heilen soll und rät, man solle die Wunde ein Jahr lang offen halten und sie nicht vernarben oder überhäuten lassen.

(Aus: Konrad von Megenberg, Das Buch der Natur, übersetzt von Hugo Schulz. Greifswald 1897, S. 102f.)

Von den Hunden

Das erste kapitel, das da sagt, was eigenschaft und art die hunde gemeinhin an sich haben.

Um nun in dem vierten und in dem letzten teil dieses buches etwas von den hunden zu sagen, so muß man wissen, daß die hunde unter allen anderen tieren die eigenschaft haben, daß sie ohne den menschen nicht sein können und daß sie den menschen auch so liebhaben, daß sie sein haus und seine wohnung bewachen und um seinetwillen auch sterben, sie laufen auch überaus willig mit ihren herren auf die jagd und an die beize und sonst anderswo hin, wo immer es ihren herren gefällt. Das tun sie zumal dann, wenn man sie lockt und sie mit ihrem eigenen namen anruft. Sie haben es auch von natur an sich, daß sie, wenn sie selbst krank sind, gras essen und andere kräuter ... So ist ihre zunge von natur so heilend, daß sie, wenn sie damit wunden belecken, diese damit heilen. Und wenn sie die wunden mit der zunge nicht erreichen können, so machen sie mit der zunge die füße feucht und bestreichen die wunden und machen sie damit heil. Weiter muß man wissen, daß die hunde sich von natur sehr stark ihrer gestalt nach unterscheiden, in bezug auf größe und in bezug auf rang ... Und wie unter den edeln hunden manche klein sind wie die vogelhunde und die beizhunde und manche größer als die jagdhunde und leithunde und manche sogar noch größer als die windhunde, ebenso ist es auch bei den unedlen hunden, manche sind klein, manche von mittlerer größe und manche sehr groß. Insofern aber die unedlen hunde nicht viel mit dem adel zu tun haben, will ich hier allein von den edlen hunden handeln. Und dabei ist nun zu beachten, daß die hunde nicht allein von natur, sondern auch vom lande und von der gegend, in denen sie geboren werden und aufwachsen, der gestalt nach, der größe und dem rang nach sehr unterschiedlich sind, und dadurch kommt es auch, daß die windhunde und die andern edlen hunde in dem einen lande edler und besser sind als in dem andern. Und soviel teilt das land und die gegend der beschaffenheit des hundes mit, daß manche kenner schreiben, im lande albanien befänden sich so starke hunde, daß sie einen löwen oder einen elefanten überwinden können und daß sie wölfe und bären gar nicht beachten ... Und weiter muß man wissen, daß im allgemeinen alle hunde blind geboren werden und bis zum neunten Tag blind bleiben, und unter den jungen welpen, die also noch nicht sehen können, ist der der alleredelste, der am letzten anfängt zu sehen, oder der, den die hundemutter als ersten zum nest und zum bett trägt.

(Bearb. nach: H. Mynsinger, Von den Falken, Pferden und Hunden. Hrsg. v. K. D. Hassler (Bibl. des Litt. Vereins Bd. 71). Stuttgart 1863, S. 89f.)

Vom Hunde im Wasser

Es lief ein Hund durch einen Wasserstrom und hatte ein Stück Fleisch im Maule. Als er aber das Spiegelbild vom Fleisch im Wasser siehet, wähnet er, es wäre auch Fleisch und schnappet gierig danach. Da er aber das Maul auftät, entfiel ihm das Stück Fleisch, und das Wasser führet's weg. Also verlor er beide, das Fleisch und das Spiegelbild.

Man soll sich begnügen lassen an dem, das Gott gibt. Wer das Wenige verschmäht, dem wird das Größere nicht zuteil. Wer zuviel haben will, der behält zuletzt nichts. Mancher verliert das Gewisse über dem Ungewissen.

(Bearb. nach: Luthers Fabeln. Neubearbeitet von E. Thiele. Halle 1911, S. 4)

Petrarcas Hund

Jedwedes Ding erliegt der Zeit; nur das,
Was du mir schenkst, gewinnt an Wert und Nutzen
Im Zeitenlauf. – Ein Hund, an Königspracht
Und Königsmahl gewöhnt, auf Purpurdecken
Nach Prinzenart gewöhnt zu ruhn, der kam
Aus Spanien in dein Haus. Der Heimat Sitte
Vergaß er schnell, und mehr als Spaniens Schlösser
Behagt ihm bald das reiche Römerhaus
Mit guter Kost und langem Schlaf; er fand
Im neuen Haushalt alles nach Begehr,
Und froh genoß er deines Daches Frieden.
Als scheidend ich den Abschiedsgruß dir sprach,
Gabst du zum Trost mir diesen Weggenossen.
Zwar spürt' er wohl, daß von dem höchsten Platze
Er tief hinabstieg; aber willig bot,
Wenn auch betrübt, er seinen Hals der Kette,
Bescheiden folgend dem bescheidnen Herrn.
   Nun hat er längst die alte Pracht vergessen,
Springt fröhlich durch das Gras, durchschwimmt den Fluß,
Schnappt nach den Wellen, tummelt sich im Nassen
Und teilt mein Mahl und meiner Muße Freuden.
Das hohe Schloß, die reichbesetzte Tafel
Entbehrt er gern, denn mehr Genüsse schafft
Ihm Brot und Wasser und mein kleines Haus.
Wie gut ihm das bekommt! Wie glänzt die Haut,
Die reingewaschne! Seine Stirn ist frei,
Sein Blick ist klar, von Wohlbefinden leuchtend.
Den Nacken trägt er höher jetzt als sonst,
Und kräftig ragt der breitgebaute Rücken.
Er sieht mit Stolz das reichgeschmückte Halsband,
Mit Hochgefühl den breiten, roten Gürtel,
Aus dem die weißen Säulen glänzend strahlen.
Daran erkennt er stolzbewußt, daß einst
Er dir gehörte! – Meine Wiese meidet
Des Nachbars frecher Hirt, und seine Herde
Hält er respektvoll fern. Ein strenger Hüter
Bewacht mein Tor; das lästig dreiste Volk
Scheut meine Schwelle, die es sonst bestürmte.
So leb' ich frei, mein eigner Herr. Zur Seite
Hab' ich beständig ihn, und wenn erschöpft
In stiller Kammer ich die Glieder strecke
Und Schlaf mir auf die müden Augen sinkt,
So hält er draußen Wache. Schlaf ich länger,
Als sich's gebührt, so macht er Lärm, erinnert,

Laut scheltend, daß die Sonne schon erwacht,
Und kratzt die Tür mit ungeduld'gem Fuß.
Tret' ich heraus, ruft er mir freudig Beifall,
Läuft mir voran den wohlbekannten Weg,
Schaut oft zurück. Hab' ich an Baches Rand
Mich weich gebettet, Träumen nachzuhängen,
Macht er die Runde, mustert jeden Zugang.
Zur Erde streckt er dann die weiße Brust,
Weist mir den Rücken, fremdem Volk die Zähne!
    Am klaren Quell weiß ich ein stilles Plätzchen,
Umringt von Fels und Flut, nur Vögel finden
Den Zugang; oft mit bangem Herzen eilt' ich
Zum lieben Ort. Da macht er Halt, besetzt
Den Weg und sperrt den Fels mit starkem Leibe.
Dort meldet jedes Nah'n er leise an,
Stürmt dann hervor, wenn ich's nicht hindre, – sorgsam
Bewacht er so des Dichters stilles Sinnen.
    Je nach Geheiß zeigt er sich wild und zahm,
Bös gegen Fremde, artig gegen Freunde,
Die schmeichelnd er mit frohem Wedeln grüßt,
Die Ohren senkend. Doch wer ihn erblickt,
Wie er den Weg, quer hingestreckt, versperrt,
Der macht sich zitternd fort. Der arme Landmann,
Der um verschlungnen Rechtsfall, um der Wirtschaft
Verlegenheit, auch um der Töchter Mitgift
Mich zu befragen liebte, – schien ich doch
Ein zweiter Appius und Acilius ihm –
Er stört nicht mehr des Dichtersitzes Frieden,
Sorgt selbst für seine Sache. Meinen Wunsch,
Der mir des Lebens höchstes Glück erscheint,
Mit mir allein zu sein, seh' ich erfüllt,
Und tausend Freuden dank' ich deiner Gabe! –
    Er tanzt im Tal, am Bachesrand sich müde,
Den hellen Sang der Kinder äfft er nach,
Treibt unaufhörlich Possen. Doch die Gänse,
Die durch die Pfütze watscheln, nimmt voll Grimm
Er stets auf Korn. Er jagt sie längs dem Ufer
Auf hohe Klippen; flieht ins tiefe Wasser
Ein arg verfolgter Vogel, stürmt er nach,
Schleppt aus des Baches Mitte ihn ans Land.
Durch seine Beute meine Kost zu bessern.
Doch spaßt er nur, weil ihn die Wasserjagd
Ergötzt, – und zürnt er auch ein wenig, ist's,
Weil ihm das Schnattern auf die Nerven fällt!
Er ist ja wie ein Lamm; kein junges Tier,
Kein Schäfchen, kein verirrtes Zicklein wird

Er jemals necken; ja, ich sah ihn stutzen,
Als jäh ein Hase seinen Weg gekreuzt.
Doch kot'ge Säue, krafterfüllte Rinder
Packt mutig er mit scharfem Zahn ans Ohr. –
So war der Hund geartet, den aus Indien
Einst Alexander als Geschenk erhielt.
Das war ein Königshund und darum stolz.
Er schnappte nicht nach so gemeinem Wild,
Wie Hirsche, Bären, Eber sind; er sparte
Nur für die höchste Jagdlust seine Kraft.
Drum ward er arg verkannt von seinem Herrn,
Der hitzig, wie er war, das edle Tier,
Das bessres Los verdiente, töten ließ.
Man schickt ein andres Tier. Das war geübt,
Die grimmen Löwen, ries'ge Elefanten
Zu werfen, daß vom Fall die Erde dröhnte.
Das wirkte. Jetzt ersah der junge König,
Wie's um die Hunde stand; es tat ihm leid,
Daß er geirrt und übereilt den Kämpfer
Erschlagen, weil ein würd'ger Gegner fehlte. –
Des meinen edle Art kenn' ich genau:
Ein säugend Lämmchen reizt ihn ohne Schaden;
Jedoch die Löwin, ja die Tigerin,
Der man ihr Junges nahm, erschreckt ihn nicht!
Mich deucht, du warst dabei, wie im Palast
Des höchsten Kirchenherrn er sich betrug.
Er tobte plötzlich, lärmte, bellte wütend
Und stürmte grimmig vor, das Haar gesträubt,
Zum Angriff auf den Löwen, den im Käfig
Man dort ihm zeigte. Ja, es fiel mir schwer
Ihn wegzubringen; wie betrübt er war,
Zeigt' er durch tiefes, langes Heulen an.
   Doch nun genug! Zum Schluß noch meld' ich eins:
Wenn er von deinen Leuten wen erblickt,
Aus Zufall oder wenn sie Botschaft bringen,
– Denn ob auch fern, bleibst du den Deinen nah –
Dann faßt ihn Sehnsucht nach des Schlosses Hallen,
Dann sind das Tal, die Fluren ihm verhaßt,
Dann sehnt er sich das alte Glück herbei,
Und ließ' ihm freie Wahl das Schicksal, ja!
Er eilte freudig auf Colonnas Burg! –

*(Aus: Franz Petrarcas Poetische Briefe. Hrsg. v. F. Friedersdorff. Halle 1903,
S. 198 ff.)*

V.

Die beginnende Neuzeit

Die beginnende Neuzeit hat den Hund immer mehr aus den Bindungen langer Auslegungstraditionen herausgelöst, in einem Prozeß, der vornehmlich in Gang gesetzt und vorangetrieben wurde durch den Fortschritt der empirischen Naturerkenntnis und die dadurch bewirkte Auflösung des mittelalterlichen Bedeutungs- und Sinngefüges. Freilich, diese Auflösung erfolgte, wenn auch kontinuierlich, so doch nur sehr langsam. Die alten, herkömmlichen Wertungen und Vorurteile, traditionellen Setzungen und Diskussionen wirkten, oft unterschwellig, lange noch nach. So haben z. B. die Renaissance und das Barockzeitalter die mittelalterliche Allegorie zu einem gigantischen sinnbildlichen Zeichensystem, der Emblematik, weiterentwickelt, die in alle menschlichen Darstellungsbereiche hineingewirkt hat. In ihr erscheinen auch die Tiere noch oder wieder in gedeuteter Form. Bilder, etwa aus der Jagd, werden durch eine Bildüberschrift und einen Text unter dem Bild interpretiert; das vordergründige Geschehen erhält einen hintergründigen, tieferen Sinn (Abb. 32 und 33).

Ein Hund, der einen Hasen jagt, wird z. B. Sinnbild für das heilsuchende Verhalten des Menschen; der Jagdhund, der einen Hasen erlegt hat, wird etwa verstanden als «gloria finis», als Sinnbild für das richtige Streben nach Ruhm und Ehre; an dem Hund, der den Mond anbellt, kann der Mensch erkennen, wie unsinnig es ist, eine von vornherein erfolglose Anstrengung zu unternehmen. Ein anderer Hund wird abgebildet als Wächter einer Schafherde und wird als solcher zum Mahnbild für den Fürsten, sich «mit ernst» seines Volkes anzunehmen. Ein anderer Hund liegt an der Kette und vermag nur den zu beißen, der sich ihm nähert; genauso kann Satan dem Menschen nur gefährlich werden, wenn dieser zu ihm hingeht.

Solcher sinnstiftenden Allegorisierung stellte sich jedoch im-

Dieser sucht mit den Füßen die Beute,
jener sein Heil

Jeder Mensch sucht, was ihm gefällt, mag es zum Nachteil eines
Dritten sein oder nicht. Ehe er, wie der flinke Windhund den
Hasen, es nicht erreicht hat, gibt er sich nicht zufrieden. Daher gehe
ein jeder mit Geschick vor und prüfe, was er dabei zuerst tue. Und
sollte ihn jemand dabei täuschen wollen, versuche er, ihn nicht
weniger hinters Licht zu führen.

Abb. 32   Aus dem Emblembuch des Don Sebastian de Couarrubias
(Madrid 1610. Übers. nach Henkel/Schöne)

mer stärker die Konkretheit der Naturerkenntnis und die aufs
Praktische gerichtete Beobachtung des Einzeltieres entgegen.
Bedingt durch den Fortschritt der wissenschaftlichen Erkenntnis im Bereich der Natur und der empirischen Erfassung einzelner Naturphänomene hielten sich Wissenschaftler, Forscher und
vor allem auch Künstler immer weniger an die tradierten Muster
und waren bemüht, eigene, individuelle Erfahrungen und Sicht-
weisen festzuhalten.

Ruhm als Ziel

Immer wirst du ehrenvoll handeln, solange
der Ruhm deinen Taten das Ziel setzt.
Dann wirst du Anerkennung erjagen genauso
wie dieser Hund den Hasen

Abb. 33   Aus dem Emblembuch des Joachim Camerarius
Nürnberg 1595

1. Die Auflösung der
hierarchischen Seinsordnung und ihre Auswirkung
auf das Mensch-Tier-Verhältnis

Es ist an dieser Stelle nötig, daran zu erinnern, daß sich, in der spätmittelalterlichen Welt bereits lange vorbereitet, um die Wende des 15. zum 16. Jahrhunderts allmählich ein Umbruch vollzieht, der alle Lebensbereiche nachhaltig verändert. Die durch eine weit zurückreichende Tradition geheiligte Verbindung von Glauben und Wissen löst sich auf, das Individuum befreit sich aus den alten, hergebrachten theologisch-scholastischen Denk- und Handlungszwängen. Die durch das kirchliche Lehrgebäude vorgeordnete und dem Individuum immer schon vorgegebene Welterklärung wird im Namen neuer Entwicklungen und Erfahrungen zunehmend in Frage gestellt, ja zurückgewiesen: in der Wissenschaft setzt sich mehr und mehr ein neues, vom individuellen Phänomen ausgehendes, auf empirische Beobachtung zielendes Denken durch. Erfindungen wie der Buchdruck, das Schießpulver oder der Kompaß ermöglichen es dem Menschen, bisher unbekannte reale und geistige Erfahrungshorizonte zu erschließen und zu durchmessen, Entdeckungen ungeahnter geographischer Räume zu machen, die alten Lebensverhältnisse zu revolutionieren.

Die neue mechanistische, quantitativ messende Naturwissenschaft erweist die Erde als Stern unter Sternen und stößt das traditionelle, der biblischen Schöpfungsgeschichte entsprechende und daher von der Kirche verteidigte erdzentrierte Weltmodell um. Im Rekurs auf die Antike entdeckt sich der Mensch als sittlich autonomes, sich selbst und nicht mehr einer theologischen Zielbestimmung verpflichtetes Individuum. Die Reformation löst dieses Individuum durch das Prinzip der religiösen Selbstverantwortung vor Gott mehr und mehr aus den bis dahin bestehenden kirchlich-theologischen Bindungen. Immer mehr Menschen drängen aus ihrer angestammten land- und naturalwissenschaftlichen Ordnung mit ihren naturgegebenen Abläufen und Lebensformen heraus und suchen sich stattdessen in Städten einzubürgern, in denen ein florierender Handel und ein eruptiver Aufschwung der frühkapitalistischen Produktionsweise ihnen größere, eigendynamische Handlungsfreiheit und Selbstbestimmung zu garantieren scheinen.

Der hier umrißhaft skizzierte Umbruch hat nun nicht nur die soziokulturelle Welt des Menschen nachhaltig verändert, sondern hat auch dessen Verhältnis zur Natur und damit auch zum Tier in einer fundamentalen Weise neu geformt.

Im Mittelalter waren, wie wir sahen, Mensch und Tier eingebunden in einen durch Gottes Schöpfungstat geschaffenen, großen Sinnzusammenhang. Zwischen den Kreaturen bestand noch kein grundsätzlicher, sondern nur ein gradueller Unterschied. So stand das Tier zwar in der Seinsordnung unter dem Menschen, wurde aber wie dieser als Geschöpf Gottes betrachtet und als solches geachtet. Mit dem Einsetzen der Neuzeit veränderte sich dieses Bild entscheidend, zwischen Mensch und Tier trat ein unermeßlicher Abstand. Durch die Trennung von vernünftiger Seele auf der einen und reiner Körperlichkeit auf der anderen Seite, verlor das Tier seinen sicheren Platz innerhalb der hierarchischen Seinsordnung und wurde nunmehr dem menschlichen Forschungsdrang überantwortet. Auf reine Körperlichkeit reduziert, wurde es mehr und mehr zum Objekt wissenschaftlicher Betrachtung im Dienste des Menschen.

Keiner hat so früh die Konsequenzen vorausgedacht, die sich aus einer solchen Haltung der Natur bzw. dem Tier gegenüber ergaben wie Francis Bacon (1561–1626) in seiner utopischen Schrift ‹Nova Atlantis›. Anknüpfend an die bei Platon erwähnte sagenhafte Insel, entwirft Bacon hier das Bild einer zukünftigen Gesellschaft, die durch Wissenschaftler regiert wird, deren Aufgabe es ist, den wissenschaftlichen Fortschritt der ganzen Welt zu sammeln und für alle Menschen nutzbar zu machen. Sein erklärtes Ziel ist die systematische Naturbeherrschung durch den Menschen, die durch zweckentsprechend angeordnete Experimente allgemeine Folgerungen und Formulierungen ermöglicht, die dann ihrerseits durch erneute Experimente nachprüfbar sind. Wie zeitgenössische Horrorvisionen aus Film und Fernsehen muten uns die ausführlichen Beschreibungen der Eingriffe in den tierischen Organismus an, die nach Bacon dazu dienen, neue Naturen, artifizielle Geschöpfe mit eigenem Generationsvermögen zu schaffen: «Wir haben auch Parkanlagen und Gehege, in denen wir alle möglichen vierfüßigen Tiere und Vögel halten; wir halten sie nicht nur, um sie anzuschauen oder weil sie selten sind, sondern auch, um sie zu sezieren und anatomisch zu untersuchen, damit wir dadurch soweit wie möglich eine Aufklärung über den menschlichen Körper erhalten. Hierbei erzielen wir zahlreiche merkwürdige Erfolge: die Erhaltung des Lebens trotz Verlustes oder Entfernung verschiedener von euch als lebenswichtig angesehene Organe, Wiederbelebung mancher Wesen, die scheinbar tot sind, und ähnliches. Wir erproben auch an ihnen alle Gifte und andere innerlich und äußerlich wirkende Heilmittel, um den menschlichen Körper widerstandsfähiger zu machen. Auf künstliche Weise machen wir die einen Tiere größer und schlanker, als sie es ihrer Natur nach sind; auf der anderen Seite aber hindern wir andere Tiere an ihrem natürlichen Wachstum. Die einen machen wir fruchtbarer und zeugungsfähiger, als es ihrer Natur entspricht, die andern dagegen unfruchtbar und zeugungsunfähig. Auch in bezug auf Farbe, Gestalt und Lebhaftigkeit verändern wir sie auf viele Arten. Wir finden Mittel, um verschiedene Tierarten zu kreuzen und zu paaren, die neue Arten erzeugen und nicht unfruchtbar sind, wie man gewöhnlich glaubt. Wir züchten mehrere Arten von Schlangen, Würmern, Fliegen und Fischen aus verwesenden Stoffen, von denen sich einige zu vollkommenen Arten entwikkeln – wie es vierfüßige Tiere oder Vögel sind –, ein Geschlecht besitzen und sich fortpflanzen. Wir lassen uns nun bei dieser Tätigkeit nicht vom Zufall leiten, vielmehr wissen wir von vornherein, welches Verfahren anzuwenden ist, um jene Lebewesen erzeugen zu können» (92 f.).

Der Mensch, indem er die Gesetze der Natur durchschaut, wirft sich jetzt selbst zum Schöpfer auf und das von ihm Erschaffene unterscheidet sich nicht mehr prinzipiell vom natürlich Seienden. Im Gegensatz zum Mittelalter, wo Mensch und Tier als Geschöpfe Gottes gleichgeordnet sind, tritt der Mensch jetzt selbstherrlich aus dem vorgegebenen Ordnungsschema heraus und erniedrigt Natur und Tier zu bloßen, den Erkenntnisinteressen und Nutzzwecken dienlichen Experimentierobjekten.

2. Vermittler zwischen Natur und Kultur oder die Sonderstellung des Hundes

Es ist interessant zu sehen, daß eigentlich nur der Hund die nachmittelalterliche Wendung, durch die das Tier der Objektwelt zugeschlagen wurde, mühelos und unbeschadet überstanden hat. In den vielfältigen Darstellungsformen, die er in der menschlichen Geschichte erhielt und erhält – als Gehilfe im Bereich der Jagd, als Hüter der Herden, als Standesattribut für die Selbstdarstellung des Adels, als Beschützer der Kinder, als

Tröster der Einsamkeit –, hat er unter den Tieren schon immer eine Sonderstellung eingenommen, und er hat diese auch dann noch bewahrt, als die später von Descartes auf die Spitze getriebene Opposition von Mensch und Tier mehr und mehr deren Verhältnis zu bestimmen begann. Wie wir im folgenden an Bildern und Texten zeigen werden, ist der Hund in die für die Neuzeit bezeichnende Gegensätzlichkeit, in der das Tier in die Distanz des Objektes tritt, anfänglich noch nicht hineingezogen worden. Immer noch ein Stück Natur und doch schon sehr menschlich, bleibt er bzw. wird er, selbstverständlicher als jedes andere Tier, Teil des menschlichen Lebens und dient in seiner domestizierten Natur offenbar dazu, die Angst des Menschen vor dem unberechenbar Wilden zu beschwichtigen.

Bereits im Mythos-Kapitel hat sich gezeigt, daß der Mensch den Hund als Teil einer immer auch magisch empfundenen Tierwelt in sein vorrationales Dasein zu integrieren suchte. Diese Integration wurde aber auf eine Weise vorgenommen, die sich von der der anderen Tiere unterschied, da er aus einem ursprünglich wilden Tier, dem Wolf, schon sehr früh zum Hund «humanisiert» wurde. Er wurde durch den Menschen, dem er sich anscheinend gelehrig und willig überantwortete, wirklich zu einem anderen Tier, das auf eine unvergleichliche Weise die Zwischenstellung zwischen ungebrochen wilder Natur und zivilisierter Lebenswelt repräsentiert.

Wie die breit überlieferten Geschichten vom Hundestammvater zeigen, muß der Mythos an vielen Stellen die Herkunft des gesamten menschlichen Geschlechtes auf diese Zwischenstellung zurückgeführt haben. Offenbar suchte man durch solche mythischen Bilder die Schwierigkeit der eigenen Genese zu bewältigen, die darin bestand, daß der Mensch sich unbewußt noch durchaus als Glied der wilden Natur erlebte, als er sich bereits davon zu lösen begann.

Die Möglichkeit, die später in den meisten Religionen und demzufolge auch im Mittelalter bestand, die Herkunft des Menschen als Schöpfungsakt eines persönlichen Gottes zu begreifen, konnte noch nicht gedacht werden, weil die menschlichen Lebensformen noch zu stark in die ursprünglichen Naturzusammenhänge eingebunden waren. Erst mit der zunehmenden Zivi-

lisierung und Vergeistigung änderten sich auch die Vorstellungen, in denen der Mensch seine grundsätzliche Frage nach
Herkunft und Selbstverständnis zu beantworten vermochte.
Der Mensch verknüpfte sich genetisch noch mit dem, was er als
artverwandt oder zumindest ähnlich ansah, während er die
Götter- und Dämonenwelt noch als eine von ihm durch eine
unüberbrückbare Kluft geschiedene Gegenwelt begriff.

Im hierarchischen Schöpfungsmodell des Mittelalters, in dem
alle von Gott geschaffenen Lebewesen wie auf einer Stufenleiter
dem göttlichen Ursprung und Zielpunkt aller Geschichte zu-
bzw. untergeordnet wurden, wurde die tierische Gegennatur als
solche gleichsam ausgelöscht. Hier wurden die Tiere entsprechend einer ihnen abgewinnbaren Sinnhaftigkeit in das hierarchische Schema einbezogen, d. h. nicht ihre Naturhaftigkeit,
sondern ihr Anteil an einer auf Gott ausgerichteten Geistigkeit
spielte nun die entscheidende Rolle: sie wurden primär als
Sinnbilder verstanden, was vergeistigte und profanierte Nach-
wirkungen früherer Tierkulte nicht ausschloß: So lassen selbst
genuin christliche Symbolisierungen wie Christus als Lamm,
der Heilige Geist als Taube noch archaische Muster durchschei-
nen.

In ihren symbolischen Deutungsfunktionen waren die Tiere,
worauf wir oben ausführlich eingegangen sind, ihrem Wert nach
allenfalls hierarchisch, aber nicht qualitativ unterschieden. In der
frühen Neuzeit beobachteten wir, daß der Hund deutlich von
den anderen Tieren abgehoben wird. Der Mensch nimmt ihn
sozusagen mit, als er sich aus dem natürlichen Zusammenhang
mit den anderen Geschöpfen herausbegibt und für sich eine
Sonderstellung beansprucht. In keiner Darstellungsform hat
sich dies so anschaulich niedergeschlagen wie in den Bildern der
Zeit.

Auf einem Kupferstich hat Bartholomäus Spranger 1585
Adam und Eva dargestellt. Die beiden sind nackt, die Schlange
ringelt sich am Baum, Eva greift nach dem Apfel, während
Adam ihr ruhig gegenübersteht. Auf dem Stich sind mehrere
Tiere abgebildet, die meisten im Hintergrund, vorn rechts
schnuppert eine Art Igel am Boden. Sicherlich repräsentieren
diese Tiere die intakte Natur, spiegeln sie die paradiesischen

Abb. 34   Hendrik Goltzius nach Bartholomäus Spranger,
Adam und Eva (Kupferstich, 1585)

Verhältnisse, die durch den gerade sich ereignenden Sündenfall
verspielt werden (Abb. 34).

Das einzige Tier, das in eine deutliche Beziehung zum Menschen gesetzt wird, ist der Hund. Er bildet, zwischen ihren
Füßen sitzend, mit ihnen ein Dreieck. So erscheint er ihnen

beigesellt als Schicksalsgenosse. Alle anderen Tiere sind unter sich, nur er ist bei den Menschen und wird ihnen, im Guten wie im Bösen, auf ihrem Schicksalsweg folgen. Als ein Stück unverdorbener Natur wird er sie jedoch auch immer an das verlorene Paradies und ihre frühere Bestimmung, Geschöpf unter Geschöpfen zu sein, erinnern. So nimmt er quasi eine Zwischenstellung zwischen Natur und Mensch ein und ist der willkommene Vermittler zwischen den immer stärker auseinandertretenden Bereichen.

Unsere These, daß dem Hund tatsächlich eine Sonderstellung unter den Tieren eingeräumt wird, soll hier an einigen ausgewählten Bildern der europäischen Malerei verdeutlicht werden, wobei allerdings zu bedauern bleibt, daß die auch quantitativ zunehmende Einbeziehung des Hundes in die Bildwelt, die mit der qualitativen Veränderung einhergeht, hier nicht ausführlich dokumentiert werden kann.

Beginnen wir mit einem Bild von Israhel van Meckenem (um 1440–1503), das einen ‹Orgelspieler und seine Frau› zeigt. Unter der Orgel sitzt ein Hund und hört aufmerksam zu. Zusammen mit der Frau, die gedankenverloren der Musik lauscht und nebenher den Blasebalg bedient, und dem Mann, der ganz seinem Spiel hingegeben scheint, bildet das Tier, wie es das rechte Pfötchen fast zitternd ein wenig anhebt und anwinkelt, in seiner rührenden Teilnahme deutlich eine Beziehung, obwohl jeder der drei in seinem aufmerksamen Hören auch ganz bei sich ist. Aber ließe sich, außer dem Hund, ein anderes Tier vorstellen, das diesen Part in der Gemeinschaft mit dem Menschen übernehmen könnte? Jedes denkbare Tier wäre in seiner Tiernatur zu fremd und zu fern, um diese Rolle spielen und derart eigenständig in den inneren Raum menschlicher Intimität einbezogen werden zu können (Abb. 35).

Etwa zur gleichen Zeit (zwischen 1502 und 1507) malte der italienische Renaissancemaler Vittore Carpaccio (1457–1526) in Venedig die Scuola di S. Giorgio aus und fügte in die Bilderfolge eine Darstellung der Klause des Heiligen Augustin ein. Der Heilige sitzt in einem klar gegliederten klösterlichen Raum an seinem Schreibtisch, nachdenklich blickt er aus dem Fenster, umgeben von vielen, aufgeschlagen herumliegenden Büchern.

Abb. 35   Israhel van Meckenem d. J.
(um 1440–1503),
Der Orgelspieler und seine Frau

Abb. 36   *Vittore Carpaccio, St. Augustin im Gehäuse*
(zw. 1502 und 1507)

Das einzige lebende Wesen in diesem Idyll ist ein kleiner Hund,
der in einiger Entfernung von seinem Herrn auf dem Fußboden
sitzt und gespannt auf ihn blickt. Beide sind sehr deutlich
aufeinander bezogen und es ist vor allem der Hund, der in dieses
Bild dadurch eine Spannung bringt, daß er, so klein er ist,
wirklich als selbständiges Gegenüber konzipiert ist. Sein Bild
und seine Haltung verraten die Wachsamkeit, Intelligenz, Prä-
senz, Treue, Zuneigung eines vertrauten, verständigen Partners,
der die großen Denkbewegungen seines Herrn aufmerksam
verfolgt (Abb. 36).

   In die Außenwelt, in die vielfach belebte Natur führt uns das
etwa   gleichzeitig   entstandene   Bild   Piero di Cosimos
(1462–1515), auf dem der in Ovids «Metamorphosen» beschriebene Tod der Prokris dargestellt ist. Im Vordergrund liegt die
Sterbende, ein satyrhafter Mann beugt sich über sie, zu ihren
Füßen sitzt trauernd ein Hund. Es mag sein, daß dabei noch die
antike Vorstellung mitspielt, der Hund versinnbildliche die
Schwermut, worauf auch Dürer und Cranach, die Zeitgenossen
Piero di Cosimos, in ihren Melancholie-Darstellungen anzu-

spielen scheinen; es mag auch sein, daß die noch im Mittelalter geläufige Auffassung hier ihren bildhaften Ausdruck findet, der Hund sei wie der Melancholiker besonders anfällig für Krankheiten der Milz und fühle daher Kummer und Melancholie. Der abgebildete Hund bietet auf jeden Fall ein bewegendes Bild der Trauer. Während im Mittel- und Hintergrund andere Tiere gleichgültig ihren Beschäftigungen nachgehen, ist der Hund das einzige Tier, das sich teilnehmend der Gruppe der Menschen zugesellt. Ausdrucksvoll ist er neben den beiden Menschen postiert und übernimmt mit seinem höchst melancholischen Blick und seiner trauernden Haltung in der Dreiergruppe einen völlig gleichberechtigten Part (Abb. 37).

Die tiefgreifenden Wandlungen, die die Wende zur Neuzeit bestimmten, haben in der Kunst nachhaltige Veränderungen hervorgerufen. Es entwickelte sich ein neuer Stil, die Renaissance-Kunst, Ausdruck eines neuen Verständnisses vom Menschen. Dieses grundlegend neue Menschen- und Lebensbild, das sich seit dem 14. Jahrhundert von Italien ausgehend in Europa entwickelte, gründete sich auf die Entdeckung des Eigenwerts der Persönlichkeit und die Bejahung des irdischen Daseins. In der Rückbesinnung auf die Antike entwickelten die Humanisten die neuen Ideale: Autonomie des Ichs, freie Entfaltung der Persönlichkeit, Harmonie von Körper und Geist. Repräsentationsbedürfnis und der Wunsch, das neue Selbstbewußtsein zu dokumentieren, sind die Kennzeichen der Kunst dieser Zeit.

Abb. 37   Piero di Cosimo (1462–1521), Tod der Prokris

Abb. 38   Lucas Cranach der Ältere,
Bildnis Herzog Heinrichs des Frommen und Bildnis der
Herzogin Katharina von Mecklenburg (1514)

Dieses neue Selbstwertgefühl des Menschen überträgt sich, so zeigt sich jedenfalls an den Bildern, auch auf seinen treuen Begleiter, den Hund, der wie selbstverständlich den Ausdruck von Macht, Kraft, Mut, Schönheit und Zärtlichkeit durch seine Allgegenwärtigkeit noch unterstreicht. Und so ist es auch nicht weiter verwunderlich, daß Lucas Cranach der Ältere dem stolz dreinblickenden Herzog Heinrich dem Frommen, der bereits die Hand am Schwert hält, um eventuelle Angreifer abzuwehren, einen ebenso furchteinflößenden Hund zur Seite stellt, der jederzeit bereit wäre, es seinem Herrn gleichzutun und sich tollkühn in die Schlacht zu stürzen (Abb. 38).

In Tizians Gemälde «Karl V.» haben wir es mit einem ähnlichen Phänomen zu tun. Beide, Herr wie Hund, strahlen gleichermaßen Stolz, Würde, Kraft und Schönheit aus und werden somit zu ebenbürtigen Partnern. Nicht die leiseste Unterwürfigkeit des Tieres gegenüber dem Menschen ist zu erkennen, noch scheint sie notwendig, um die Würde des Menschen zu unterstreichen. Mensch und Tier verbindet vielmehr ein enges partnerschaftliches Band, so daß der Hund in die Rolle eines Vertrauten, eines Freundes des Menschen rückt, quasi als Mittler zwischen Natur und Kultur (Abb. 40).

Betrachtet man das Bildnis des ‹Federico Gonzaga›, so erkennt man sehr schnell, daß das ihm zur Seite gestellte Hündchen nichts mit den verschüchterten Schoßhündchen späterer Jahrhunderte gemein hat. Auch hier bilden Herr und Hund eine Einheit, sind zärtlich aufeinander bezogen. Ruhig und gelassen begegnet der Herr der erwartungsvollen Liebkosung des Hundes, die, so im Bild festgehalten, Zeugnis von dem Selbstbewußtsein des Mannes gibt, der es sich erlaubt, einem Tier Liebe, Zuneigung und Verständnis entgegenzubringen, ohne seinem Ansehen oder seiner Männlichkeit dadurch zu schaden, ebensowenig wie der Hund durch seine Zutraulichkeit und Anschmiegsamkeit zum unterwürfigen Schoßhund degradiert wird (Abb. 39).

Dies gilt auch für den putzigen Begleiter zu Füßen der Herzogin Katharina von Mecklenburg, den Lucas Cranach der Ältere deutlich als Gegenfigur zum oben erwähnten Hund ihres Gemahls konzipiert hat (vergl. Abb. 38). Beide, Dame wie Hund, schauen gleichermaßen würdevoll und selbstbewußt den Betrachter an. Es besteht kein Zweifel daran, daß sie zusammengehören, aber dennoch verkörpern sie Unabhängigkeit. Ähnlich dem Begleiter Heinrichs des Frommen, der den Mut und die Tapferkeit seines Herrn auf der Ebene des Kreatürlichen widerspiegelt, repräsentiert dieses Hündchen Schönheit, Intelligenz und Anstand und wird somit zum gleichberechtigten Partner und Freund, dessen hauptsächlicher Daseinszweck es zu sein scheint, dem Menschen die Rückbindung an die Natur zu ermöglichen.

Abb. 39   Tizian, Federico II. Gonzaga (um 1525)

Die Reihe solcher Bilder ließe sich beliebig fortsetzen. Auf allen erscheint der Hund als Partner des Menschen, und das ist umso bemerkenswerter, als es sich um eine Zeit handelt, in der der Mensch sich mehr und mehr der Natur bemächtigt, sie ihrer Rätsel beraubt und sich zu ihrem Beherrscher erklärt. Was können die Gründe dafür sein, die es dem Hund ermöglichten, näher an den Menschen heranzurücken, während die übrige Kreatur immer weiter in den Hintergrund gedrängt wurde?

Abb. 40   Tizian, Karl V. (1533)

Wir glauben, daß die Erklärung dieses Phänomens zu einem wesentlichen Teil auch in der menschlichen Triebstruktur zu suchen ist. Je mehr der Mensch in der Lage ist, die äußere Natur zu bezwingen, umso mehr gerät er in Konflikt mit seinen eigenen kreatürlichen Bedürfnissen und natürlichen Trieben, die ihn bei seinem Vormarsch auf dem Wege rationaler Weltbewältigung, wie er meint, nur behindern. Also müssen diese Bedürfnisse, die ihn selbst als Natur bzw. Kreatur ausweisen, verleugnet bzw. verdrängt werden. Dieser auf der unbewußten Ebene stattfindende Vorgang der Verdrängung von allem Natürlichen und Kreatürlichen ist seinerseits Ausdruck grenzenloser Angst vor einem Rückfall auf die Stufe des Animalischen, des Vorrationalen, über das der Mensch gerade erst seine Herrschaft zu gewinnen sucht. Da aber Verdrängung nicht gleich Bewältigung ist, muß diesem abgespaltenen Teil des menschlichen Ichs auf andere Weise Genugtuung widerfahren. Und wie einst in mythischer Vorzeit der Hund dem Menschen als Erklärungsmodell diente, sich die eigene Herkunft begreiflich zu machen, ähnlich auch jetzt. Wieder bietet er sich – dieses Mal also dem rational orientierten Menschen der Zeit – als Brücke an: über das von ihm domestizierte und somit seiner Wildheit beraubte Tier vermag er sich dem abgespaltenen Teil seines Ichs auf eine für ihn ungefährliche Weise wieder anzunähern, um so auf dem Umweg über das Tier die aufgegebene Ganzheit punktuell wiederherzustellen.

Wir möchten an dieser Stelle noch ein Bild heranziehen, das uns in seiner Rätselhaftigkeit sehr beschäftigt hat und sich, wie wir meinen, lesen läßt als bildnerischer Kommentar zu dem, was wir in diesem Kapitel ausgeführt haben.

Es handelt sich um eine seltsame Allegorie, die Tizian zugeschrieben wird. Auf ihr verbindet sich nach der Darstellung der Kunsthistoriker «Prudentia», die Tugend der umsichtigen Klugheit, die traditionellerweise ikonographisch durch drei menschliche Köpfe dargestellt wird, mit «Consilium», dem lebenspraktischen und urteilskräftigen Guten Rat, der in einer weit zurückreichenden Bildtradition immer wieder durch drei Tierköpfe: Wolf, Löwe und Hund abgebildet erscheint (Abb. 41).

Abb. 41   Tizian, Allegorie der Klugheit
(zwischen 1560 und 1570)

Jede der beiden Bildkonfigurationen läßt sich, worauf schon Panofsky und später Wind hingewiesen haben, aus ihrer geschichtlichen Genese heraus deuten. Die drei menschlichen Köpfe – das nach links gewandte Profil des Greises, das Frontalporträt des Mannes im mittleren Alter und das nach rechts gerichtete Profil eines bartlosen Jünglings – kennzeichnen, wie auch die ihnen beigeordnete Inschrift besagt, die drei Stadien des menschlichen Lebens, symbolisieren damit die drei Modi der Zeit – Vergangenheit, Gegenwart und Zukunft – und ordnen ihnen die drei psychischen Fähigkeiten zu, aus denen sich die Tugend der Prudentia zusammensetzt: Gedächtnis, das sich an die Vergangenheit erinnert; Intelligenz, die über die Gegenwart urteilt und Voraussicht, die die Zukunft antizipiert. In der Mittelalter- und Renaissancekunst taucht diese dreiförmige Klugheit in vielen bildlichen Darstellungen wieder und wieder auf.

Die Tradition der drei Tierköpfe reicht weit zurück, bis in die dunkle Sphäre der ägyptischen bzw. pseudoägyptischen Mysterien-Religionen hellenistischer Zeit. Einer der bedeutendsten Götter dieser dunklen Epoche war der jupiterhaft thronende majestätische Serapis, der stets von einem Monster begleitet war, das auf den Schultern die drei Köpfe von Wolf, Löwe und Hund trug. In den ‹Saturnalia› des Macrobius (Anfang 5. Jhd. n. Chr.) wurde dieser Gefährte des Serapis nicht nur als Symbol der Zeit interpretiert, sondern auch mit der Dreiteilung von Gedächtnis, Intelligenz und Vorausschau verbunden, somit der oben beschriebenen menschlichen Konfiguration der drei Köpfe eine tierhafte zur Seite gestellt.

Die Form, in der der Begleiter des ägyptisch-hellenistischen Gottes in der Folgezeit in ikonographischen Darstellungen auftaucht, ist unterschiedlich, immer jedoch erscheint er von nun an als selbständige Figur, losgelöst von seiner göttlichen Bezugsgestalt; immer erscheint er als ein Wesen, das, über die Bedeutungsebene der Zeittriade vermittelt, so etwas wie praktische Klugheit symbolisiert, weiterhin jedoch im Wesentlichen seine monsterhafte Gestalt behält und damit der animalischen Sphäre zugewiesen bleibt.

Panofsky verweist auf Pierio Valerianos ‹Hieroglyphica› von 1556, in denen einerseits der Sonnengott mit den drei Tierköpfen abgebildet ist, andererseits die Prudentia; denn Klugheit erforsche, so Pierios Erklärung, «nicht nur die Gegenwart, sondern reflektiere auch über die Vergangenheit und Zukunft, sie wie in einem Spiegel erforschend und dabei den Arzt nachahmend, der ... alles weiß, was ist, was war und was sein wird» (Panofsky, 177). Seit dieser Zeit ist nach Panofsky der tierische Dreifachkopf als unabhängiges Symbol für ‹Zeit› oder ‹Klugheit› etabliert. Und es schien ihm daher auch nur eine Frage der Zeit, wann ein Künstler, wie es Tizian dann tat, von der Möglichkeit Gebrauch machte, die eine Vorstellung mit der anderen zu kombinieren.

Freilich, auch für Panofsky stellt diese Überlagerung ein Problem dar. «Was konnte den größten aller Maler veranlaßt haben, zwei heterogene Motive zu kombinieren, die offensichtlich das Gleiche sagen, und so die Komplikation durch etwas zu verkomplizieren, das nicht nur auf eine Konzession an die modische Laune einer ägyptisch inspirierten Emblematik hinauszulaufen scheint, sondern ebenso auf einen Rückfall in Scholastizismus und, schlimmer noch, auf Resonanz? Mit anderen Worten: Was war die Absicht von Tizians Gemälde?» (Panofsky, 181).

Seine Antwort: Das Gemälde, an dessen Echtheit Panofsky übrigens gegenüber allen Zweifeln an der Verfasserschaft Tizians festhielt, stellt nach seiner Auffassung ein bewegendes menschliches Dokument dar, in dem der greise Maler die «drei damals gerade mit der Idee der Klugheit verknüpften Tierköpfe mit dem Porträt seiner selbst, seines offensichtlichen und seines mutmaßlichen Erben kombinierte» (183).

Die Frage, die Panofsky aufgeworfen hatte, ist damit jedoch keinesfalls beantwortet. Denn, selbst oder auch gerade wenn die familiäre Deutung richtig wäre, bliebe immer noch zu erklären, weshalb der Maler als deren Sockel die drei Tierköpfe wählte, weshalb er der menschlichen Alters- oder Zeittrinität die animalische Tiertrinität als Untergrund gab.

Edgar Wind hat mit seinem Hinweis auf Platon unseres Erachtens der Deutung die entscheidende Richtung gewiesen. Er hebt mit Recht darauf ab, daß die beiden Triaden nicht einfach nur eine plumpe Wiederholung desselben Bedeutungsgehalts sind. Ein solcher bildhafter Pleonasmus wäre der malerischen Qualität dieses Bildes, sei es nun von Tizian selbst oder von einem anderen gleichfalls hervorragenden Maler der Epoche, keinesfalls angemessen. Die beiden Reihen, die menschlichen wie die tierischen Köpfe, sind zwar verbunden durch dasselbe ikonographische Thema der Klugheit und der Zeit, aber das untere hebt sich dadurch von der oberen geistigen Reihe ab, daß es ihr in großer Anschaulichkeit die tierische Ebene als wichtige Referenzebene unterlagert: «In Timaios 72 A unterscheidet Platon zwei Arten menschlichen Vorhersehens, eine geistige und eine animalische, die ihren Sitz im Kopf bzw. in der Leber haben, sich gegenseitig wie in einem Spiegel reflektieren und dabei künftiges, vergangenes oder gegenwärtiges Glück oder Unglück bestimmen, eine Unterscheidung, die durchaus das monströse Übereinander von anthropomorpher und theriomorpher Trinität der Tizian zugeschriebenen Serapis-Allegorie angeregt haben mag» (Wind, 302).

Vergleicht man die zitierte Plato-Stelle genauer, so zeigt sich: Plato setzt an dieser Stelle dem vernünftigen oberen Teil der menschlichen Natur den triebhaften, nach Speise und Trank begierigen Teil gegenüber und lokalisiert ihn in der Gegend des Nabels und der Leber. Die Götter, so heißt es dort, «fesselten an diese Stelle den so beschaffenen Teil wie ein wildes Tier». Und weiter: «Die Götter, welche uns gestalteten, veredelten ... auch den mangelhafteren Teil unserer selbst und wiesen, damit er irgendwie mit der Wahrheit in Berührung komme, der Seherkraft an dieser Stelle ihren Sitz an. Daß nämlich Gott dem menschlichen Unverstande die Seherkraft verlieh, dafür dient zu einem ausreichenden Belege, daß niemand mit Überlegung die gottbegeisterte und wahrhafte Seherkraft übt, sondern entweder, indem der Schlaf die Kraft seines Nachdenkens fesselt, oder vermöge eines Fiebers oder einer durch Verzückung erzeugten Umwandlung. Vielmehr kommt es dem Verständigen zu, die Aussagen seiner Sehergabe und göttlichen Begeisterung im Wachen oder im Schlafe sich in das Gedächtnis zurückzurufen und wohl zu erwägen und alle gehabten Erscheinungen durch Nachdenken genauer zu unterscheiden, in welcher Weise und wem das ein Bevorstehendes oder Vergangenes oder Gegenwärtiges, Gutes oder Übles, vorbedeute» (Platon, 192 f.).

Von diesem Text her erhält das Bild seinen Sinn: zwar erhebt sich über dem – durch die Tiere symbolisierten, dunklen, nächtigen, dem Schlaf und dem Fieber verbundenen – Triebhaften und Animalischen, das die naturhafte Klugheit der Sehergabe hervorbringt, die menschliche Vernunft, symbolisiert durch die menschlichen Köpfe, aber eins ist doch unablösbar und notwendig mit dem anderen verbunden. Beides zusammen ist erst das Ganze. Allegorie der Prudentia – der Titel des Bildes, meint dann eben im Rekurs auf das platonische Ganzheitsmodell, welches Vernunft und Trieb als wesentliche Teile des Menschen umfaßt: daß Vernunft und die im Tierisch-Triebhaften angesiedelte Sehergabe zusammen erst das Ganze der menschlichen Prudentia ausmachen. Dem Maler des Bildes ist dieser antike Zusammenhang, über welche Quellen auch immer, offenbar noch deutlich.

Und ein Zweites: Das Bild läßt sich, so verstanden, nicht nur in der Vertikale, sondern auch in der Horizontalen lesen, und da wird nicht ohne Grund der Hund dem jugendlichen Gesicht zugeordnet. Während das alte Gesicht völlig im Schatten liegt, das frontale mittlere wie auch das Löwenhaupt darunter ganz vom Dunkel umrandet erscheint, ist dies das hellste, dem Licht zugewandte. Der ihm zugeordnete Hund aber markiert, als das am wenigsten wilde der drei Tiere, auch hier wieder die Stelle, an der animalische Natur und menschliche Vernunftnatur einander begegnen. Zugleich läßt sich das Bild, gerade in seiner Referenz auf die Zeitfolge auch lesen als ein Kommentar zum Renaissancegedanken. Aufbruch zu Neuem, Zukunftserwartung, Sehnsucht nach dem neuen Menschen: Dies alles wäre auf der tierischen Ebene dem Hund zugeordnet, der von nun an der Wegbegleiter und Aufbruchsgefährte des Menschen sein wird.

Freilich, eine solche Allegorie, auf der der Maler etwas Entscheidendes über seine Zeit, und im besonderen über das Verhältnis zur tierischen Natur des Menschen und damit zum Tier überhaupt festgehalten hat, bildet durchaus die Ausnahme. Und man wird auch fragen müssen, wie bewußt ihm der Zusammenhang, den er durch die Signifikanz und Anschaulichkeit der neuen Konfiguration alter Traditionsgehalte stiftete, selbst war oder sein konnte.

3. Die Anekdote:
Spiegelbild einer wechselseitigen, innigen Zuneigung

In ihrem täglichen Leben war den Zeitgenossen, wenn sie den Hund vor allen anderen Tieren durch ihre Zuwendung auszeichneten, ein solcher Zusammenhang, der über die philosophische

Tradition hergestellt werden kann, sicherlich nicht bewußt. Ihr Verhältnis zum Tier schlug sich zweifellos nicht in den Formen allegorischer Sinndeutung nieder, sondern vor allem in Geschichten, die sie mit den Tieren erlebten und die verglichen mit solchen sinnbefrachteten Bildern, eher harmlos wirken. Und doch spiegelt sich gerade in ihnen die Besonderheit dieses Verhältnisses, d. h. die für diese Zeit spezifische Form einer wechselseitigen, auf Anhänglichkeit und gegenseitiger Achtung beruhenden Zuneigung. Allerdings ist unsere Kenntnis dadurch eingegrenzt, daß diese Geschichten uns meist nur mit dem aristokratischen Hund und seinem Herrn bekannt machen, da nur diese Wechselbeziehung als darstellungs- und überlieferungswürdig galt. Und es sind vor allem die Vertreter der Hocharistokratie, Könige und Fürsten, von denen erzählt wird, daß sie, über alle Zweckbeziehungen hinaus, ein geradezu inniges Verhältnis zum Hund ausbildeten.

Dabei hatten die Herrscher jedoch ihre Vorlieben und favorisierten jeweils die eine oder andere Hunderasse, wobei solche Begünstigung zuweilen eine lang zurückreichende genealogische Vorgeschichte hatte.

So wurde zum Beispiel unter König Wilhelm III. (1689 bis 1702) der Mops der Hund der englischen Herrscher, er trat also an die Stelle der von Karl II. und Karl III. so geschätzten Zwergspaniels, die Jahrhunderte lang die Lieblingshunde der englischen Aristokratie waren. Diese Vorliebe der Oranier für Möpse rührt angeblich von Wilhelm dem Schweiger (1533 bis 1584) her. Er soll in der Nacht des 11. September 1572 von einem Mops gerettet worden sein, als die Spanier überraschend das holländische Lager angriffen. Ein Zeitgenosse schreibt darüber: «Ich hörte den Prinzen oft sagen, wäre nicht der Hund gewesen, wäre ich gefangengenommen worden. Der nächtliche Überfall ging so lautlos vor sich, daß unsere Wachen keinen Alarm gaben. Doch mein Hund fing an zu wimmern und sprang mir schließlich ins Gesicht und weckte mich so, bevor überhaupt einer meiner Männer kam. Und deshalb hielt der Prinz bis zu seinem Todestag dieser Rasse die Treue» (zit. n. Klever, 101).

Ein Hundenarr war auch König Heinrich III. von Frankreich, der schon bei seinem Einzug in Paris 1574 durch die vielen

Hündchen, Affen und Papageien in seinem Troß Aufsehen und
Ärgernis erregte. Allein für den Unterhalt seiner Lyoner Zwerg-
hündchen gab er jährlich 100000 Goldgulden aus. Seine besonderen Lieblinge Bilim, Mimi und Titi trug er ständig in Körbchen mit sich herum, die mit Goldketten an seinem Gürtel und
um seinen Hals befestigt waren. Selbst bei Audienzen und in der
Kirche legte er die Körbchen nicht ab, und die größte Freude
empfand er, wenn er mit seinen Hunden allein sein konnte. Die
drei Hunde lagen des Nachts auch in seinem Bett und bewachten
ihn sorgfältig und treu. Als am 1. August 1589 ein junger Mönch
aus dem Orden der Jakobiner um eine Audienz beim König bat
und man ihn zu ihm führte, begann Bilim wütend zu bellen. Da
der König das sonst von dem friedfertigen Tier nicht gewohnt
war, ließ er es ins Nachbarzimmer bringen. Der Hund wollte
und wollte sich nicht beruhigen; er hatte, wie man später sah,
allen Grund; denn sein Herr wurde nebenan von dem Mönch
ermordet.

Die französischen Könige, gleich welcher Herrscherhäuser,
waren alle große Jäger und zugleich große Hundefreunde. Die
Farbe ihrer Meuten war zuerst schwarz, dann durch die Hunde,
die der heilige Ludwig aus dem Orient mitbrachte, grau und
später, unter Ludwig XI., weiß. Sein Nachfolger Ludwig XII.,
der voller Besorgnis war, daß die Großen seines Reiches von
ihren Hunderassen aufgefressen würden, züchtete selbst eine
neue Jaghundrasse, die den Namen ‹Greffier› bekam, aus dem
später ‹Griffon› wurde.

Die Biographie des berühmtesten Hundes dieser Art hat
Ludwig XII. (1498–1515) selbst geschrieben: «Relais, herstam-
mend von der Rasse derjenigen Hunde, welche dem Herzog von
Burgund zur Jagd dienten, war im Alter von einem Jahr Ludwig,
dem Herzog von Orleans geschenkt worden ... Ganz Frankreich sollte Schauplatz der Leistungen dieses stolzen Tieres
werden. In allen Provinzen und in allen Wäldern wurde er der
Schrecken des Wildes, welches seiner Verfolgung reichlich sich
darbot. Befreit von der Koppel, welche die Hunde unter einem
Joch festhält und welche seines Mutes für unwürdig erachtet
wurde, lief er wie ein General an der Spitze der übrigen, indem er
ihnen immer den rechten Weg zeigte und sie zurückführte, wenn

sie sich verirrt hatten … Man sprach nur von ihm, er wurde von jedermann geliebt, besonders vom König, der ihm die Ehre erwies, sein Biograph zu werden, um die Abkömmlinge eines so braven Hundes zu begeistern, ebenso gut und womöglich noch besser zu werden. Er stand im dreizehnten Lebensjahr, als er, am Tage seines Todes, in Anwesenheit des Königs und der Hofleute einen Zehnender anfiel und bezwang» (zit. n. Klever, 102 f.).

Eine hübsche Geschichte wird auch vom Hund des Grafen von Witshire erzählt: «Der englische König Heinrich VIII. (1509–1547) wollte sich von seiner Gemahlin Katharina scheiden lassen, doch der Papst wollte diese Scheidung nicht anerkennen. Ehe er jedoch ganz mit Rom brach, wollte er noch verhandeln. So schickte er den Grafen Witshire los, der ein so großer Hundenarr war, daß er seinen vierbeinigen Liebling sogar mit zur Papstaudienz nahm. Der Hund liebte seinen Herrn sehr, und als Klemens seinen Fuß ausstreckte, damit der Gesandte ihn küssen konnte, verstand das wachsame Tier diese Bewegung falsch und biß das Oberhaupt der Christenheit in die Ferse. Die Audienz wurde abgebrochen, und kurze Zeit später machte Heinrich seine Drohung wahr. Er gründete eine Staatskirche und heiratete noch fünf weitere Frauen. Der Hund hatte also dadurch, daß er eine Bewegung des Papstes Klemens mißverstanden hatte, die englische Kirchenspaltung mitverursacht» (zit. n. Klever, 105).

4. Empirisches Interesse und veterinär-medizinische Schriften

Die frühe Neuzeit gibt dem Verhältnis von Mensch und Hund eine ganz neue Dynamik. Das hat sich uns auf vielen Gebieten gezeigt und könnte noch an vielen weiteren Stellen aufgewiesen werden. Wir wollen uns zum Abschluß des Kapitels auf zwei uns wesentlich scheinende Punkte beschränken, durch die der bisher ausgemessene Gesichtskreis noch etwas erweitert werden kann: zum einen die genauere empirische Wahrnehmung, die den Hund als individuelles Tier deutlicher ins Auge fassen läßt; zum

Abb. 42   Giovannino de Grassi (gest. 1398),
Der Tod des Ebers (Skizzenbuch)

anderen die umfassende Kenntniserweiterung im Rahmen der veterinärmedizinischen Schriften.

Im Mittelalter besaß der Hund wie alle anderen Kreaturen innerhalb der Schöpfungshierarchie Gottes seine angestammte Stelle und hatte dementsprechend teil an der Sinnstruktur des Universums. Aber daneben wurde er, besonders im lebenspraktischen Rahmen der Jagd, durchaus auch als wirkliches Gebrauchstier betrachtet. Als solches wurde er bereits im Spätmittelalter im Bereich der Jagddarstellungen genauer und konkreter abgebildet, d. h. nicht mehr in jener stilisierten Form, in der die allegorisierten mittelalterlichen Hunde in der Regel präsentiert wurden. So ist zum Beispiel im Stundenbuch «Très riches Heures» zu Beginn des 15. Jahrhunderts oder in den etwa gleichzeitigen Skizzen des Mailänders Giovannino di Grassi aus dem «Musterbuch von Bergamo» bereits ein ungewöhnlich hohes Maß an Exaktheit erreicht. Bei der Darstellung der Hundemeute etwa, die sich gierig auf das gerade zu Tode gehetzte Wildschwein stürzt, hat der Künstler sein ganzes Interesse auf das Verhalten der Tiere gerichtet und sie in der Ungezügeltheit ihrer Bewegungen so genau abgebildet, daß man gleichsam ihre Körperlichkeit zu spüren meint (Abb. 42).

In der frühen Neuzeit haben die Künstler diesen Standard aufgenommen und in der zeichnerischen Präzision noch übertroffen. Die Tatsache, daß in dieser Zeit die Fähigkeit und die Bereitschaft zur Wahrnehmung der individuellen Gestalt immer mehr wuchsen, ist auch der Darstellung der Tiere und zumal der des Hundes sehr zugute gekommen. Deutlich werden jetzt die einzelnen Hundearten nach ihrem spezifischen Aussehen – Gestalt, Fell, Mimik, Bewegung – herausmodelliert. So hat etwa Dürer einzelne Hunde in seinen Zeichnungen mit bewundernswerter Schärfe und Exaktheit porträtiert.

Daß der Hund in dieser Zeit in seiner individuellen Wesensart wirklich wahrgenommen wurde, zeigt sich auch noch in einem anderen Bereich. Hatte die Antike, wie wir im ersten Kapitel gezeigt haben, in ausführlichen Hundebüchern bereits sehr detaillierte Vorstellungen von Hundehaltung, Aufzucht und Pflege niedergelegt, so war dieses Wissen, wenn es überhaupt noch tradiert wurde, im Mittelalter allenfalls in mündlicher Form verfügbar. Dafür, daß in der frühen Neuzeit das Interesse am Hund konkretere Formen annimmt, spricht das Indiz, daß im 16. Jahrhundert mehr und mehr veterinärmedizinische Texte zu erscheinen beginnen, ja die Veterinärmedizin über lange Zeit das Hauptmotiv für kynophile Publikationen blieb: Hatte z. B. der Traktat, den der Franziskanermönch Glanville im 13. Jahrhundert über tiermedizinische Fragen schrieb, in seiner originalen handschriftlichen Version nur beschränkte Verbreitung gefunden, wurde er im Jahr 1500 dank der inzwischen erfundenen Buchdruckerkunst in 17 Sprachen übersetzt und erlebte eine geradezu unglaubliche Auflagenzahl. 1492 verfaßte Guillaume Tardif im Auftrag des französischen Königs Karl VIII. ein «Buch über die Jagdhunde», das vornehmlich den Krankheiten dieser Hunde gewidmet war. Dem gleichen Ziel diente eine Schrift von Jacques des Fouilloux mit dem Titel ‹Venaria›, die 1561 auf deutsch, wenig später auch auf italienisch herauskam. Eine ebenfalls nur zu veterinärmedizinischem Gebrauch bestimmte Abhandlung von George Turbeville, die 1590 in England erschien, behandelte «Auswahl, Pflege und Krankheiten des Hundes».

Diese Bücher verfolgen klare handfeste Zwecke. So werden z. B. jetzt zum ersten Mal die Hundearten entsprechend ihren spezifischen Fähigkeiten und ihren physiologischen Beschaffenheiten den unterschiedlichen Arten und Phasen der Jagd zugeordnet. Darüberhinaus hatten diese zweckgerichteten Darstellungen zur Voraussetzung wie zur Folge, daß sich eine größere Vertrautheit mit dem Hund entwickelte, wie es sie in diesem Ausmaß bis dahin nicht gab, und sich die Kenntnisse über den Hund im allgemeinen wie auch im besonderen beträchtlich vergrößerten.

Aus dem Kreis der Texte, die entsprechend der Anlage des Buches das jeweilige Kapitel abrunden und beschließen, sollen an dieser Stelle nur zwei ausgewählt werden. Zum einen ein Ausschnitt aus dem Fabelgespräch zweier Hunde, mit dem Cervantes (1547–1616) seine ‹Exemplarischen Novellen› von 1613 beschließt. Zwei Hunde, Berganza und Cipion, unterhalten sich über Menschen, die in den vorausgehenden ‹Exemplarischen Novellen› bereits beschrieben sind. In der Perspektive der beiden Hunde, die von Herr zu Herr gewandert sind und ihre bitteren Erfahrungen gemacht haben, werden jene bald schonungslos-satirisch, bald naiv-ironisch in ihrer Eitelkeit, ihren Gaunereien, ihren Torheiten und Liederlichkeiten dem Gelächter preisgegeben. Zugleich aber tritt auch der Dichter dadurch in eine selbstironische Distanz zum eigenen Werk. Die Perspektive der Hunde ist ganz offensichtlich gewählt, weil bei diesem Tier eben jene Mischung von Vertrautheit und Fremdheit, von Nähe und Distanziertheit, von Zuneigung und Selbständigkeit vorausgesetzt werden kann, die keinem anderen Tiere in so hohem Maße zukommt.

Im zweiten Text, einem Auftritt aus der Komödie ‹Die beiden Edelleute aus Verona› von William Shakespeare (1564–1616), räsoniert der Diener Lanz über das Verhältnis zu seinem Hund. Dieser wird als ebenso unabhängig wie undankbar, ebenso vergeßlich wie unbelehrbar beschrieben. Kein Kultivierungsversuch kann seine tierische Natur auslöschen. Immer wieder muß Lanz für ihn einspringen, wenn er sich verfehlt. Und er tut es mit einem Maß an Aufopferung, die wie ein ironischer Kommentar auf die dem Hund in dieser Zeit neu zugeschriebene Rolle wirkt. Der Mensch sucht den Hund zu sich hinaufzuziehen, seine ungebändigte Triebnatur zu zivilisieren, er tut es aus

Zuneigung zum Tier, das aber zum Kummer seines Herrn
immer wieder in die selbstidentische Unkultiviertheit zurück-
fällt, um deren vordergründige Aufhebung es seinem Herrn
gerade geht, die es ihm aber gleichzeitig auch ermöglicht, sich
von dessen Triebhaftigkeit abzusetzen. Daß damit auch zugleich
ein ironischer Kommentar gegeben wird zur Liebesromanze der
Hauptgeschichte dieser Komödie, sei nur nebenher vermerkt.

Texte

Zwiegespräch der Hunde

Cipion. – Ich verzeihe dir. Komm aber zum Schluß, denn ich glaube, der Tag
dürfte nicht mehr fern sein.

Berganza. – In jedem der vier Betten also, die am Ende dieses Saales
stehen, lagen hintereinander ein Alchimist, ein Dichter, ein Mathematiker
und einer von den Leuten, die man Projektisten nennt.

Cipion. – Ich entsinne mich, diese guten Leute gesehen zu haben.

Berganza. – Einmal nun, als während einer Siesta im vergangenen
Sommer die Fenster geschlossen waren und ich der Kühle wegen unter dem
Bett eines der vier lag, begann der Dichter, sich bitterlich über sein Los zu
beklagen. Als der Mathematiker ihn fragte, weshalb er so klage, erwiderte
der Dichter, es geschehe seines Mißgeschicks wegen. «Wie sollte ich nicht
Ursache haben, mich zu beklagen?» fuhr er fort. «Ich habe die Vorschrift
befolgt, die Horaz uns in seiner Poetik gibt, nach der man ein Werk nicht
eher veröffentlichen soll, ehe nicht zehn Jahre seit seiner Abfassung verflos-
sen seien. Nun habe ich ein Werk, das mich zwanzig Jahre Arbeit gekostet
hat und das zwölf Jahre abgelagert ist, ein Poem, das groß ist im Stoff,
bewundernswert und neu in der Erfindung, edel im Versmaß, unterhaltsam
in den Episoden, rühmenswert in der Gliederung, da doch der Anfang der
Mitte und dem Schluß entspricht, also, kurz gesagt, ein Werk solcher Art,
daß es im Ganzen ein erhabenes, tönendes, heldisches, unterhaltsames und
gehaltvolles Dichtwerk darstellt, und ich bei alledem doch keinen hohen
Herrn finde, dem ich es widmen könnte. Einen hohen Herrn, sage ich, der
verständig, freigebig und großzügig wäre. Jämmerliche Zeit, herabgekom-
menes Jahrhundert!» «Wovon handelt das Buch?» fragte der Alchimist.
Erwiderte der Dichter: «Es handelt von dem, was der Erzbischof Turpin
vom König Artus von England zu berichten vergaß, mit einem weiteren
Nachtrag zur ‹Geschichte von der Aufsuchung des heiligen Prahl›, und das
alles in Elfsilbnern, zum Teil in Oktaven und zum Teil im Freivers, alle
jedoch vorvorsilbig betont, das heißt, alle Wörter sind vorvorsilbig betonte
Hauptwörter; kein einziges Zeitwort ist zugelassen.» «Ich», sagte der Alchi-

mist, «verstehe wenig von der Dichtkunst, und so kann ich das Unglück, über das Euer Gnaden sich beklagt, nicht so recht mitempfinden, doch selbst wenn es ganz furchtbar wäre, käme es dem meinen nicht gleich, denn einzig und allein, weil es mir an Instrumenten fehlt, weil es mir fehlt an einem Fürsten, der mich unterstützt und mir die Requisiten gibt, die die Wissenschaft der Alchimie verlangt, schwimme ich jetzt nicht in Gold und verfüge nicht über Reichtümer, die größer sind als die eines Midas, eines Crassus oder eines Krösus.» «Haben Euer Gnaden, Herr Alchimist», fiel hier der Mathematiker ein, «schon einmal den Versuch gemacht, andere Metalle in Silber zu verwandeln?» «Bis jetzt», erwiderte der Alchimist, «habe ich noch kein Silber herausgeholt, allein ich weiß, daß dies möglich ist, und ich brauche keine zwei Monate mehr, um den Stein der Weisen zu finden, mit dem man Silber und Gold sogar aus Steinen machen kann.» «Ihr, meine Herren», fiel hier der Mathematiker ein, «habt Euch nicht zu Unrecht über Euer Unglück beklagt, doch schließlich hat der eine ein Buch zu widmen und der andere hat die Möglichkeit, kurz über lang den Stein der Weisen zu finden, allein, was soll ich von meinem Unglück sagen, das so einzigartig ist, daß es sich mit keinem andern vergleichen läßt? Zweiundzwanzig Jahre bin ich hinter dem festen Punkt im Raum her; hier lasse ich ihn fahren und dort nehme ich ihn, und wenn es mir scheint, ich hätte ihn gefunden und er könnte mir nun unter keinen Umständen mehr entgehen, so bin ich, wenn ich nur ein klein wenig unachtsam bin, so weit von ihm entfernt, daß ich nur noch zu staunen vermag. Ebenso geht es mir mit der Quadratur des Kreises, deren Entdeckung ich so überaus nahegekommen bin, daß ich es einfach nicht verstehen kann, weshalb ich sie noch nicht in der Tasche habe. Solcherart ist meine Qual mit der des Tantalus vergleichbar, der, nahe an der Frucht, doch vor Hunger vergeht und, ganz am Wasser, doch verdurstet. Es gibt Augenblicke, da ich glaube, die Wahrheit gefunden zu haben, und in wenigen Minuten bin ich von ihr wiederum so weit entfernt, daß ich von neuem den Berg hinansteigen muß, den ich eben hinabgegangen bin, mit der Last meiner Mühe auf den Schultern gleich einem anderen Sisyphus.» Bis hierher hatte der Projektemacher geschwiegen; nun brach er sein Schweigen und sagte: «Vier klägliche Leute, so kläglich, daß sie selbst dem Großtürken keine Schande mehr machen könnten, hat die Armut hier in diesem Spital zusammengeführt. Doch ich verachte alle Berufe und Tätigkeiten, die jenen, welche sie ausüben, weder Heimstatt noch Nahrung sichern. Ich, meine Herren, bin ein Projektemacher und habe Seiner Majestät zu verschiedenen Zeiten die unterschiedlichsten Projekte, alle zu seinem Vorteil und nicht zum Nachteil des Reiches, unterbreitet, und jetzt habe ich eine Denkschrift verfaßt, in der ich Seine Majestät untertänigst bitte, mir eine Person zu nennen, der ich ein neues Projekt unterbreiten darf, mit dem die volle Gesundung unserer Finanzen erreicht werden kann. Allein nach dem, was mir mit den anderen Denkschriften zugestoßen ist, fürchte ich, daß auch diese wieder gänzlich mit Schweigen übergangen werden wird. Damit mich aber Eure Gnaden nicht für einen dummen Schwätzer oder einen Narren halten, will ich Euch, obgleich damit mein Projekt öffentlich bekannt wird, sagen, worin es besteht. Es muß in den Cortes gefordert werden, daß alle Untertanen Seiner Majestät im Alter von vierzehn bis sechzig Jahren verpflichtet werden, einmal im Monat bei Wasser und Brot zu fasten und dies an einem bestimmten öffentlich kundzumachenden Tag. Aller Aufwand jedoch, der sonst an diesem Tag an Obst, Fleisch und Fisch, Wein, Eiern und Gemüse getrieben würde, soll in Geld berechnet und an Seine Majestät unter dem Eid, daß kein Hellerlein daran fehle, abgeführt werden. Auf diese Weise wird der Staat nach zwanzig Jahren seiner Schulden frei und ledig sein. Denn man kann, wie ich es getan habe, damit rechnen, daß es in Spanien gut an die drei Millionen Menschen im genannten Alter gibt, die Kranken, die Älteren und die Jüngeren nicht gerechnet, und man kann annehmen, daß jeder im Durchschnitt nicht weniger als anderthalb Realen täglich ausgibt, ja, ich rechne nur einen Real, denn weniger kann einer nicht ausgeben, wenn er auch nur Johannisbrot äße. Nun, wie scheint es Euer Gnaden, so mir nichts dir nichts, drei Millionen Realen Monat für Monat einzunehmen? Und dies wäre für die Faster eher ein Nutzen als ein Schaden, da sie mit ihrem Fasten dem Himmel gefällig wären, ihrem König einen Dienst erwiesen, und manchem könnte das Fasten nur gut tun. Dies ist das einfache, klare Projekt, und man könnte die Abgabe nach Pfarrsprengeln einheben, ohne etwas für Kommissäre ausgeben zu müssen, die den Staat ohnehin nur zugrunde richten.» Alle lachten über den Vorschlag des Projektemachers; auch er lachte über seinen Unsinn; ich aber war über ihre Reden ebenso verwundert wie darüber, daß die meisten Leute dieser Art in den Spitälern sterben.

Cipion. – Du hast recht, Berganza. Denk nach, ob dir noch etwas zu sagen bleibt.

Berganza. – Nur noch zwei Dinge, mit denen ich meinen Bericht zu Ende bringen will, scheint mir doch, als käme schon der Tag herauf. Als mein Oberer eines Nachts in das Haus des Korregidors dieser Stadt ging, eines angesehenen Edelmanns und frommen Christen, fanden wir ihn allein, und mir schien die Gelegenheit günstig, ihm einige Bemerkungen sagen zu können, die ich von einem greisen Kranken dieses Hospitals gehört habe, der darüber sprach, wie man dem so offensichtlichen Übel der käuflichen Mädchen abhelfen könnte, die, weil sie nicht dienen wollen, von Stufe zu Stufe herabsinken und so gefährlich werden, daß sie jeden Sommer die Spitäler mit den Unglücklichen füllen, die sich mit ihnen abgeben: eine unerträgliche Landplage, die rasch wirksame Abhilfe fordert. Ich hob also die Stimme, um ihm dies zu sagen, weil ich mir einbildete, reden zu können, und statt vernünftige Gründe vorzubringen, bellte ich so wütend, daß der Korregidor, ärgerlich, nach seinen Bedienten rief, damit sie mich aus dem Saal hinausprügelten. Einer der Lakaien, der auf die Stimme seines Herrn herbeigeeilt kam, obgleich ich wünschte, er wäre taub gewesen, ergriff ein kupfernes Kühlgefäß, das ihm gerade zur Hand war, und schlug es mir solcherart an die Rippen, daß ich heute noch Spuren jenes Schlages an mir trage.

Cipion. – Und deshalb beklagst du dich, Berganza?

Berganza. – Wie sollte ich mich nicht beklagen, wenn der Schlag, wie ich gesagt, mich heute noch schmerzt und mir überdies scheinen will, daß meine gute Absicht keine so harte Strafe verdient hat?

Cipion. – Schau, Berganza, niemand soll seine Nase in Dinge stecken, die ihn nichts angehen, noch darf er ein Amt auf sich nehmen, das ihm in keiner Weise zukommt. Bedenke überdies, daß der Rat des Armen, so gut er auch sein mag, nie angenommen wurde, noch der unscheinbare Arme es sich anmaßen soll, die Großen und vor allem jene zu beraten, die glauben, ohnehin alles zu wissen. Die Weisheit des Armen liegt im Schatten, sind doch die Not und das Elend die Schatten und die Wolken, die sie verdüstern, und sollte diese Weisheit sich einmal kundtun, so wird man nicht verfehlen, sie als Dummheit zu betrachten und zu mißachten.

Berganza. – Du hast recht, und durch eigenen Schaden gewitzigt, werde ich von nun an deinem Rat folgen. In einer anderen Nacht bin ich gleicherweise in das Haus einer angesehenen Dame gekommen, die ein Schoßhündchen – so nennt man ein solches Tier – in den Armen hielt, ein Hündchen so klein, daß es leicht in ihrem Schoß verschwunden wäre. Als das Schoßhündchen mich erblickte, sprang es aus den Armen seiner Herrin, ging zornig bellend auf mich los und so wütend, daß es sich nicht eher zufrieden gab, ehe es mich nicht in ein Bein gebissen. Ich sah das Hündchen mit grimmigen und achtunggebietenden Blicken an und sagte bei mir selbst: «Wenn ich Euch, elendes Viehzeug, auf der Straße begegnete, dann würde ich mich entweder nicht im geringsten um Euch bekümmern oder Euch mit meinen Zähnen in Stücke zerfetzen.» Dabei dachte ich, daß selbst Feiglinge und solche, die sonst wenig Streitlust zeigen, kühn und unverschämt werden, sobald sie sich unter dem Schutz eines Mächtigen wissen, und sich erfrechen, jene anzugreifen, die mehr wert sind als sie.

Cipion. – Ein Beispiel und einen Beweis für diese Wahrheit liefern uns einige Leute, die im Schatten ihrer Herren sich erkühnen, unverschämt zu werden; wenn der Baum, der sie trägt, stirbt oder durch ein widriges Geschick gefällt wird, dann zeigt und offenbart sich der Unwert jener Leute, liegt doch ihr Glanz und ihr Feingehalt nur im Lichte, das von ihren Herren und Gönnern auf sie ausstrahlt. Tugend und gesunder Menschenverstand sind jedoch überall ein und dasselbe, ob sie nun nackt oder bekleidet, allein oder in Begleitung zu finden sind. Es ist wahr, daß sie von den Menschen mißachtet werden können, doch nie in dem, was sie in Wahrheit an Ansehen verdienen und wert sind. Und damit wollen wir unser Gespräch beenden, denn das Licht, das durch die Ritzen jener Läden dringt, zeigt uns, daß es schon Tag ist; die kommende Nacht wird, sofern uns diese große Gnade nicht verlorengegangen ist, mir gehören, damit ich dir mein Leben erzählen kann.

Berganza. – So sei es, und denk daran, dich wieder hier einzufinden.

(Aus: Miguel de Cervantes Saavedra, Exemplarische Novellen. Hrsg. und neu übersetzt v. Anton M. Rothbauer. Stuttgart 1963, S. 68 off.)

Lanz tritt auf mit seinem Hunde

Lanz: Wenn eines Menschen Angehöriger sich recht hündisch gegen ihn beträgt, seht ihr, das muß einen kränken; einer, den ich vom frühsten aufgezogen habe; einer, den ich vom Ersäufen gerettet, da drei oder vier seiner blinden Brüder daran mußten! – ich habe ihn abgerichtet – gerade wie wenn einer sich recht ausdrücklich vornimmt: «So möchte ich einen Hund abgerichtet haben!» Ich war abgeschickt, ihn Fräulein Silvia zum Geschenk von meinem Herrn zu überbringen, und kaum bin ich in den Speisesaal getreten, so läuft er mir hin zu ihrem Teller und stiehlt ihr einen Kapaunenschenkel! O, es ist ein böses Ding, wenn sich ein Köter nicht in jeder Gesellschaft zu benehmen weiß! Ich wollte, daß einer, der, sozusagen, es auf sich genommen hat, ein wahrer Hund zu sein, daß er dann, sozusagen, auch ein Hund in allen Dingen wäre! Wenn ich nicht mehr Verstand gehabt hätte, als er, und den Fehler auf mich genommen, den er beging, so glaube ich wahrhaftig, er wäre dafür gehängt! So wahr ich lebe, sie hätten ihn dafür hingerichtet! Urteilt selbst: da schiebt er sich ein in die Gesellschaft von drei oder vier wohlgebornen Hunden unter des Herzogs Tafel; da steckt er kaum (solltet ihrs glauben!) so lange, daß ein Mensch drei Schluck tun könnte, so riecht ihn auch schon der ganze Saal! «Hinaus mit dem Hunde!» sagt einer; «was für ein Köter ist das?» sagt ein andrer; «peitscht ihn hinaus!» ruft der dritte; «hängt ihn auf!» sagt der Herzog. Ich, der ich gleich den Geruch wiederkannte, wußte, daß es Krabb war, und gehe denn so zu dem Kerl hin, der die Hunde peitscht. «Freund», sage ich, «Ihr seid willens, den Hund zu peitschen?» – «Ja, wahrhaftig, das bin ich!» sagt er. «So tut Ihr ihm himmelschreiend Unrecht», antworte ich; «ich tat das Ding, was Ihr wohl wißt.» Der macht auch weiter keine Umstände und peitscht mich zum Saal hinaus. Wie viele Herren würden das für ihre Diener tun? Ja, ich kanns beschwören, ich habe im Stock gesessen für die Würste, die er gestohlen hat, sonst wäre es ihm ans Leben gegangen; ich habe am Pranger gestanden für Gänse, die er gewürgt hat, sonst hätten sie ihn dafür hingerichtet; das hast du nun schon vergessen! – Nein, ich denke noch an den Streich, den du mir spieltest, als ich mich von Fräulein Silvia beurlaubte; hieß ich dich nicht immer auf mich achtgeben und es so machen wie ich? Wann hast du gesehn, daß ich mein Bein aufhob und an einer Dame Reifrock mein Wasser abschlug? Hast du solche Streiche von mir gesehn?

(Aus: Shakespeares Werke. In deutscher Sprache durch Schlegel/Tieck. Bd. VII. Hamburg, o. J., S. 216f.)

VI.

Die Neuzeit

1. Das goldene Zeitalter der Jagd

Wir haben inzwischen einen Bereich etwas aus den Augen verloren, in dem der Hund seit frühester Zeit recht eigentlich der Hauptgehilfe des Menschen gewesen ist: Die Jagd. Dabei hat gerade das 16. Jahrhundert jene Entwicklung vorbereitet und vorangetrieben, die im 17. und 18. Jahrhundert kulminierte und dem Jagdwesen eine weder vorher noch später erreichte Blütezeit brachte. So jedenfalls dürfte es sich für den Jagdliebhaber darstellen und sicherlich auch für die fürstlichen Jäger der damaligen Zeit. Für andere Beteiligte wird es dagegen eine Zeit besonderer Schrecknisse gewesen sein, eine Zeit qualvoller Unterdrückung, eine Zeit, deren Ambivalenz vielleicht am prägnantesten in der Formel von Campe umrissen ist: «Das goldene Zeitalter nach Leidenschaft und Leiden» (zit. nach Hobusch, 100).

Im Jagdwesen der Epoche zuvor hatte sich ein gesellschaftlicher Zustand gespiegelt, den man vielleicht am treffendsten bezeichnen kann mit dem Begriff der ‹feudalen Anarchie›. Zwar gab es immer wieder Gebietsherren, Könige und Fürsten, die das Alleinrecht auf Jagd durch rigorose Anweisungen an sich zu ziehen und zu ordnen versuchten. Aber solche Verordnungen ließen sich, da die staatlich-rechtlichen Voraussetzungen für deren Durchsetzbarkeit noch fehlten, sehr begrenzt und sehr kurzfristig nur verwirklichen.

Seit dem 16. Jahrhundert dagegen veränderte sich das Bild. Wie wir an den Jagdordnungen ablesen können, wurde die Jagd von dieser Zeit an immer stärker nach ökonomischen Prinzipien durchorganisiert. In besonderen Jagdregalien wurden die Hoheitsrechte der Regenten juristisch gefestigt. Nach diesen neuen Interpretationen hatte allein der Landesherr für alles Sorge zu tragen, «was das Wohl des Staates ... im Hinblick auf die wilden Tiere und Jagd erforderte» (Hobusch, 100). Dementsprechend erließ der Fürst spezielle Jagdordnungen, setzte nach seinem Willen die Jagdzeiten und die entsprechenden Strafen für die Übertretungen fest. Weiteste Jagdgebiete, die jetzt zum ersten Mal unter eine geordnete und flächendeckende einheitliche Rechtsprechung kamen, wurden durchaus schon zentralisiert, da der Landesherr sich das Recht vorbehielt, überall dort allein das Jagdrecht auszuüben, «wo nicht Privatpersonen die Jagdgerechtigkeiten seit unvordenklichen Zeiten besaßen oder durch landesherrliche Beleihung erhalten hatten».

Das fürstliche Interesse an der Jagd war übrigens nicht zuletzt dadurch bestimmt, daß das wertvolle Wildbret, besonders in den immer wieder auftretenden Not- und Dürrezeiten, für die Reproduktion der Hofhaltung benötigt wurde; darüberhinaus nutzte der Hof zu einem nicht geringen Teil die Erträge der Jagd, um durch Verkauf von Wildfleisch das fürstliche Einkommen zu vergrößern.

Die Zentralisierung des Jagdwesens brachte es mit sich, daß der institutionelle und personelle Rahmen der Hofhaltung ungeheuer erweitert werden mußte. Da die Wälder forst- und jagdwirtschaftlich systematisch genutzt werden sollten, war es z. B. nötig, eigens für diese Aufgabe neue Berufe zu schaffen: seit dieser Zeit gab es fest installierte Jagd- und Forstbeamte mit genau festgelegten Ausbildungsgängen. Auch die Haltung der Jagdhunde, die in großer Zahl für die Riesenjagden gebraucht wurden, erforderte speziell ausgebildetes Personal. «Im Jahr 1592 hielt man im Zwinger des Herzogs Heinrich von Braunschweig über 600 Rüden für die Sauhatz; der Herzog von Zweibrücken in der Pfalz verfügte über mehr als 1000 Jagdhunde. Für jeweils 20 Hunde war ein Jägerbursche zuständig» (Hobusch, 102). Die Ausbildung war hart, denn den Hunden wurde ein hoher Wert beigemessen. Faulheit oder mangelhafte Sorgfalt bei der Pflege der Tiere wurden von den Vorgesetzten mit der Hetzpeitsche geahndet.

Sicherlich kann man sich heute kaum mehr einen richtigen Begriff machen von dem Aufwand, den Kosten und den Arbeitsleistungen, die durch die aufwendigen Jagdvergnügungen entstanden, auch nicht von der Härte und Unerbittlichkeit, mit denen die Dienstleistungen für die strikte Aufrechterhaltung des dafür nötigen Apparats von den Untertanen erzwungen wurden. Es fehlen die Dokumente, die uns berichten könnten von den Leiden derer, die die Hauptlast zu tragen hatten. Unter den auferlegten Jagd- und Spanndiensten, den harten Jagdfronden, den durch die Pferde und Hundemeuten verwüsteten Feldern, den enormen Wegschäden und wieder verloren gegangenen Jagdrechten stöhnten die Bauern und leibeigenen Untertanen. Da der Hof die Unzahl von Hunden, die für die aufwendigen Jagden erforderlich waren, weder aufziehen noch halten konnte und wollte, wurde diese Aufgabe auf die dafür infrage kommenden Untertanen verteilt. Schon zur Zeit der Bauernkriege 1525 heißt es in den Süd-Westdeutschen Artikeln der Stühlinger Bauern: «Auch müssen wir Jagdhunde aufziehen, solange das den Amtsleuten gefällt, was uns nicht allein an unserer Nahrung beeinträchtigt, sondern auch Schaden bringt an unseren jungen Hühnern und anderem Geflügel. Wir bitten dahin zu erkennen, daß wir dieselbigen Jagdhunde aufzuziehen und zu halten nicht verpflichtet sind, sondern davon frei sein wollen» (zit. nach Hobusch, 117).

Auflehnung gegen die Auflagen oder gar Jagd auf eigene Faust wurden mit härtesten Strafen belegt. 1621 schreibt der Eisenacher Generalsuperintendent Nicolaus Rebhan, daß der Erzbischof von Salzburg im 16. Jahrhundert einen Mann, der einen Hirsch gewildert hatte, auf barbarische Weise abgeurteilt habe: Er sollte in die Haut dieses Hirsches eingenäht und dann mit Hunden gehetzt werden; wenn es ihm dabei gelänge, so der Rechtsspruch, den Verfolgern zu entkommen, so sollte er frei sein. Auf offenem Marktplatz wurde nun in Gegenwart des Erzbischofs eine Jagd abgehalten, wobei der arme Mensch von den Hunden, die ihn für ein Wildtier ansahen, zerfleischt und zerrissen wurde.

Die gleißnerische Kehrseite solcher Erbarmungslosigkeit und Brutalität waren die mit großem Pomp und ungeheurem Aufwand an Menschen und Tieren durchgeführten, zu Riesenfesten ausgeweiteten repräsentativen Jagden, wie sie vor allem dann im 17. und 18. Jahrhundert stattfanden. Es war dies die hohe Zeit der höfischen Jagden: in Deutschland gab es vor allem die sogenannte deutsche Jagd (Hauptjagen), in Frankreich die Parforcejagd und in England, seit dem Beginn des 18. Jahrhunderts, das Foxhunting.

Das deutsche Jagen, eine Hetz- und Schießjagd, bei der das Wild buchstäblich zusammengeschossen wurde, war vor allem deshalb entwickelt worden, weil die alte Form der Jagd den fürstlichen Jägern auf die Dauer als zu gefährlich und risikoreich erschien. Im Mittelalter war die Schießjagd für den Herrenjäger verpönt gewesen. Unablässiges Verfolgen des Wildes mit sorgsam ausgebildeten edlen Hunden galt als einzig waidmännische Art. Es war noch ein echter Wettkampf zwischen der Schnelligkeit und Kraft des Wildes und der Hartnäckigkeit und Kunstfertigkeit seiner Verfolgung durch Mensch und Hund, doch dabei entstand, wie der Jagdschriftsteller Fleming 1719 schreibt, manches Unglück, wenn die großen Herren zu Pferd mit flüchtigen Hunden das angeschossene Wild verfolgten. «Deshalb sann man auf eine bessere Erfindung und auf eine für die Herrschaft vergnügtere, sicherere und lustigere Manier, so nämlich die wilden Tiere auf einem Platz, den Hetzgarten, zu bringen, wo selbst die Herrschaft ihrer mit Lust erwartet, dieselben sich vorzeigen lassen, und in der Herankunft und dem Vorbeilaufen mit herrlicher Vergnügung zu schießen» (zit. n. Hobusch, 128).

Nach vorher genau ausgearbeiteten Plänen wurde das Wild eines großen Jagdgebietes in einer kleinen, zuvor durch Netze und Stoffbahnen umgebenen Strecke zusammengetrieben. Dabei war der Aufwand nicht selten ungeheuer. 1730 wirkten z. B. bei einer preußischen Hofjagd mehr als 600 Forstbeamte und über 4000 Treiber mit, die umspannte Strecke umfaßte 110 km, das Bespannungsmaterial wurde auf ungefähr 100 mehrspännigen Wagen herangeschafft (Abb. 43).

Die Aufgabe, die den Hunden bei solchen Jagden zukam, war gegenüber den differenzierten Spürleistungen und Disziplingeboten der früheren Zeit wesentlich einfacher. Man brauchte jetzt zwar immer noch den alten fährtenspürenden Leithund, der von allen Jagdschriftstellern weiterhin als der wertvollste Hund betrachtet wurde; aber mit der Verbreitung der Schießjagd wurden Hunde wichtiger, die entweder vielseitiger verwendbar

Abb. 43 *«Darstellung eines ‹lauff-Schießens›*
im Saugarten von Moritzburg» am 12. 1. 1656

waren oder die andere Spezialitäten beherrschen mußten als
gerade das feine Aufspüren der Fährte. Zwar halfen sie vor der
Jagd beim Aufspüren und Feststellen des Wildbestandes, bei der
eigentlichen Jagd aber dienten sie nur noch als Hetzhunde und
trieben den fürstlichen Jägern, die hinter ihren Leitschirmen
sicher und bequem standen, die Hirsche zum Abschuß zu. «Die
kunstvolle Jagd mit spürenden Hunden, die sich in Frankreich zu
hoher Blüte entfaltete, kam in Deutschland immer mehr aus der
Mode. Es entwickelte sich bei uns das Teutsche Jagen, das
Zusammentreiben des Wildes in eingeschlossenen Räumen und
Vortreiben gegen die Schützen. Dazu bedurfte es keiner fährten-
reiner Hunde mehr. Die Fährten des hin und her flüchtenden
Wildes kreuzten sich und verschlangen sich so oft, daß selbst der
beste Hund versagen mußte. Die spürenden Hunde hatten nur
noch Treiberdienste zu leisten» (Röhrig, 116).
   Der Gebrauch der Feuerwaffen und das heimtückische be-
queme Niederschießen des von Treibern in begrenzte Bahnen
eingetriebenen Wildes aus dem Hinterhalt fand zwar nicht den

Beifall der alten waidgerechten Jägerei, die sich bis ins 18. Jahrhundert noch hielt, begann sich aber mehr und mehr in der
Jagdwelt durchzusetzen.

Die zweite Form der höfischen Jagd, die französische Parforce-Jagd, geht bis weit ins Mittelalter zurück. Ihr Name führt
auf die französische Wendung «prendre à force des chiens»
zurück, die besagt: «Jagen, fangen mit Hilfe von Hunden». Bei
der Parforce-Jagd wird ein Tier mit Hilfe von Hunden so lange
gehetzt, bis es, ohne angeschossen oder verletzt zu sein, entkräf-
tet zusammenbricht.

Die Jagd vollzog sich nach festgelegten Regeln. Zunächst
wurde durch die Besuchsknechte und ihre die Fährten spürenden Leithunde genau die Anzahl und Beschaffenheit der Revier-
hirsche festgestellt und durch den Oberpiqueur dem Jagdherrn
gemeldet, der den geeignetsten Hirsch auswählte. Auf ein Signal
hin nahm die Hundemeute, angeführt durch Jäger und Reiter,
die Verfolgung dieses Hirsches auf und hatte die Aufgabe, den
gesamten Jagdzug auf der Fährte zu halten. Nicht selten aber
mußte die Meute, weil die richtige Fährte verloren ging, mit der
Parforce-Peitsche angehalten und neu auf die Fährte gesetzt
werden. Die Hetzjagd dauerte, je nach der Stärke und Klugheit
des Hirsches, zwei bis sechs Stunden. Der völlig erschöpfte und
zu Tode geängstigte Hirsch nahm, eingekesselt von der Meute,
zumeist noch den Kampf gegen die Hunde auf, wurde aber in
der Regel, bevor er größeren Schaden unter den wertvollen
Hunden anrichten konnte, vom Jagdherrn mit der blanken
Waffe abgefangen, wobei zumeist dem Hirsch, um ihn ungefährlich zu machen, von hinten mit dem Waidmesser zuvor die
Hinterläufe durchschlagen wurden (Abb. 44).

Mit dem Tod des Hirsches war die eigentliche Jagd vorbei, die
Hunde erhielten nun ihre Belohnung. Kopf, Herz, Schulterblät-
ter, Lunge und Leber kamen dem Leithund als Curee zu, anderes
Eingeweide erhielt die Hundemeute; meist hängte einer der
Hundeknechte es auf eine lange hölzerne Gabel und ging damit
zur Seite, blies ein Signal und rief dadurch die Hunde zu sich
heran. Das Fleisch hing aber so hoch, daß die Hunde es im
Sprung nicht erreichen konnten und es daher heftig anbellten.
Wenn sich die Gesellschaft lange genug an diesem Schauspiel

Abb. 44   Johann Elias Ridinger (1698–1769):
«Die Par Force Jagd eines Hirsches und wie er erlegt wird»

belustigt hatte, senkte der Knecht die Gabel, und die Eingeweide
wurden den Hunden zum Fraß vorgeworfen.

Die Parforcejagd erreichte, jedenfalls was ihre Üppigkeit,
ihren Prunk, ihren Umfang betraf, ihren Höhepunkt im 17. und
18. Jahrhundert unter Ludwig XIV. und Ludwig XV. Durch die
fürstliche Imitation Frankreichs kam sie auch in Deutschland in
Mode, konnte sich aber, obwohl sie an einigen Höfen sehr
exzessiv betrieben wurde, aufs Ganze gesehen gegen die beschriebene deutsche Entwicklung nicht mehr recht durchsetzen.
Da die Hundekultivierung in Deutschland vernachlässigt worden war – die deutschen Jagdschriftsteller des 18. Jahrhunderts
kennen Jagdhunde zumeist nur noch zum Vortreiben des Wildes
oder um große und kleine Tiere aus dem Dickicht zu jagen –
fehlten, als die Parforcejagd übernommen wurde, den fürstlichen Jägern Meuten guter Hunde.

Für eine mittlere Jagd waren immerhin etwa 300 Hunde samt
dem entsprechenden Personal nötig, und es kamen auch nicht
beliebige Hunde in Frage; es sollten vielmehr, entsprechend dem
Standard, den man in dieser Zeit der französischen Hegemonie
in Europa imitierte, ganz besonders schöne, etwa gleich große,

gleich gebaute und gleichfarbene Hunde in einer Meute zusammengefaßt sein. Ein schöner Parforcehund, so heißt es 1712 bei einem Jagdschriftsteller, muß hoch gebaut sein, «einen schönen breiten Kopf mit einem Hübel, gute helle Augen, eine etwas eingedrückte Nase mit weichen Nasenlöchern, ein gut gespaltenes Maul, hängende Lefzen und Ohren und keine Gänsefüße haben, sondern gerade wie ein Fuchs auf den Füßen stehen, dabei eine lange Rute besitzen und von hellem und dickem Laute sein» (zit. nach Röhrig, 117). Sehr häufig mußten solche Hunde von weither beschafft werden und galten deshalb auch für die Fürsten als wertvoller Besitz. Immer wieder hören wir, daß freundschaftlich verbundene Höfe edle Hunde als Geschenke untereinander austauschten.

Gegen das französische Imitationsgehabe der Höfe, vor allem aber gegen die ungeheure Kostspieligkeit und bald auch gegen die barbarische Grausamkeit der Parforcejagd wurde seitens des deutschen Bürgertums heftig protestiert, wobei allerdings die schärfsten Protestschreiben und Flugblätter meist anonym blieben, weil sich die Verfasser sonst der Strafverfolgung ausgesetzt hätten. Zu den bemerkenswertesten Flugblättern, die im 18. Jahrhundert entstanden, gehört das anonyme, aber wohl von Matthias Claudius verfaßte «Schreiben eines parforcegejagten Hirsches an den Fürsten, der ihn parforcegejagt hatte»: «Durchlauchtigster Fürst, gnädigster Fürst und Herr! Ich habe heute die Gnade gehabt, von Euer wohlgeborenen Hochfürstlichen Durchlaucht parforce gejagt zu werden; bitte aber unterthänigst, daß Sie gnädigst geruhen, mich künftig damit zu verschonen. Euer wohlgeborene hochfürstliche Durchlaucht sollte nur einmal parforce gejagt sein, so würden Sie meine Bitte nicht unbillig finden. Ich liege hier und mag meinen Kopf nicht aufheben, und das Blut läuft mir aus Maul und Nüstern. Wie können Ihre Durchlaucht es doch übers Herz bringen, ein armes unschuldiges Tier, das sich von Gras und Kräutern ernährt, zu Tode zu jagen? Lassen Sie mich lieber totschießen, so bin ich kurz und gut davon. Noch einmal, es kann sein, daß Euer Wohlgeborene Durchlaucht ein Vergnügen an Parforcejagden haben; wenn Sie aber wüßten, wie mir das Herz schlägt, Sie tätens gewiß nicht wieder.

Der ich die Ehre habe zu sein mit Gut und Blut bis in den Tod, usw. usw. usw.» (zit. nach Hobusch, 149).

Die Parforcejagd hatte sich, nach französischem Vorbild, auch auf andere Länder ausgedehnt. So folgte man ebenfalls in England der Mode, zum mindesten bis zum Ende des 17. Jahrhunderts. Als sich aber im 18. Jahrhundert England und Frankreich zu entzweien begannen, suchte man sich auch im Jagdwesen vom französischen Nachbarn zu emanzipieren. Nachdem sich die Gartenarchitektur durch die Einführung neuer, freierer, offenerer, natürlicherer Parklandschaften vom regelmäßigen, artifiziellen französischen Landschaftstyp abgewendet hatte, entwickelte man auch eine neue Form der Jagd: Foxhunting. Seit etwa 1750 ist die Fuchsjagd, eine Reitjagd, bei der man zu Pferd mit der Hundemeute dem flüchtenden Fuchs oder Hasen nachjagt, in England und Schottland die Jagdform der herrschenden Klasse.

Wie die Parforcejagd vollzieht sich auch das Foxhunting nach festem Ritual. Etwa 80 Reiter in roten Röcken und weiten Reithosen sowie eine Meute von ungefähr 60 auserlesenen Hunden versammeln sich zur Jagd um den Master. Der Houndsman lenkt mit der Peitsche die ungeduldige Meute, in der außerdem zwei Hundeführer reiten, die die Hunde beaufsichtigen. Am Abend vor der Jagd hat der Earthstopper, ein kundiger Fährtensucher, den Fuchsbau mit Dornen und Steinen verschlossen, so daß der Fuchs sich nicht in seinen Bau zurückziehen kann. Dem flüchtigen Fuchs setzen Reiter und Hundemeute nach, die Hetzjagd dauert oft bis zu 5 Stunden, bis das erschöpfte Tier sich stellt und nach aussichtslosem Kampf von den Hunden zerrissen wird.

Die Hunde, die für das Foxhunting benötigt werden, mußten schnell, ausdauernd und intelligent sein. Sie wurden in renommierten Zuchtställen aufgezogen und ausgebildet und von den sportlichen Jägern als Jagdpartner mit großer Aufmerksamkeit und Achtung behandelt. Von den Hündinnen sprach man als «Ladies». Es waren meist mittelgroße, kräftige, zähe und ausdauernde Meutehunde mit tiefabgesetzten Behängen, etwa 55 bis 60 cm groß, von einheitlicher weißer, schwarzer oder brauner Färbung.

Deutsches Hauptjagen, französische Parforcejagd und englisches Foxhunting – in der Prunkentfaltung dieser höfischen Jagden kommt eine Form der Legitimationsgewinnung zum Ausdruck, in der traditionelle und charismatische Autorität sich ergänzen. Durch Zeremoniell und Etikette wird das Verhalten aller Hofangehörigen, einschließlich des Monarchen, funktional geprägt, normiert, entindividualisiert und in eine universale, übergreifende formale Gesamtordnung eingefügt. In Kriegszeiten ist es vor allem das Heer, in dem der absolutistische Herrscher sich vor einer uniformen, entindividualisierten und durchstrukturierten Masse als alleinverfügender Souverän erfahren und darstellen kann. In Friedenszeiten dienen höfische Vergnügungen wie die Jagd zu einer solchen fürstlichen Selbstentfaltung. Hier, in den geordneten Ritualen und vorgegebenen Strukturen, den immer wieder neu wiederholten Abläufen und aggressiven Praktiken präsentierte sich der hierarchische Hof wie in einem Spiegel. Ob in der deutschen Jagd die Meute der Hunde dem Herrscher den Hirsch zutreibt oder ob sie in der Parforcejagd den abgehetzten Hirsch schließlich stellen oder im englischen Foxhunting am Ende den Fuchs zerreißen, immer ist der Sieg vorgegeben. Der höfische Souverän vermag am Ende über den Feind zu triumphieren. Ein mächtiger Apparat, in dem die Hunde eine entscheidende Funktion besitzen, bringt den Gegner zur Strecke. Der Widerstand wird gebrochen. Und es sind gerade die Hunde, deren sich der Mensch bedient, um den Gegner, das Tier, das Wilde, das Andersartige zu erlegen, so wie sich die höfische Hierarchie seiner Höflinge und zumal seiner bürgerlichen Beamten bedient, um allen Formen individueller Eigenmächtigkeit entgegenzuwirken.

In der höfischen Jagd, bei der riesige Hundemeuten gebraucht werden, erscheint der Hund entindividualisiert, als ein funktionales Gebrauchstier, das wie ein nützliches Gerät hervorgeholt und wieder weggeschlossen wird. Ohne ihn wäre die Form der monarchischen Selbstdarstellung, die die höfische Jagd ihrem Wesen nach war, kaum denkbar. Als Treib- und Hetzhund erfüllte der gelehrige Schüler des Menschen die erwünschten Aufgaben und glich somit die menschlichen Defizite an Schnelligkeit, Dauerhaftigkeit und Spürfähigkeit aus. Im Rahmen einer gigantischen Inszenierung der Massen setzte der Mensch das eine Tier gegen das andere mit planerischem Kalkül funktional ein.

Da war es nur folgerichtig, daß die Hunde, die ihre Funktion ausschließlich im Kontext der Jagdzeremonie besaßen, außerhalb der Jagd nicht etwa frei, sondern in eigens zu diesem Zweck konstruierten Zwingern gehalten wurden. So ließ Ludwig XIV., auch um den unzähligen Hunden, die im Gefolge seiner Adeligen nach Versailles kamen, den Zugang verbieten zu können, gewaltige Zwinger im Wert von 200000 Gulden bauen. Von Friedrich dem Großen wissen wir, daß der Großteil seiner etwa achtzig Hunde in Potsdam in einem Zwinger kaserniert war und nur zu Jagdanlässen freigelassen wurde.

2. Dekor und Ersatz:
zur ambivalenten Stellung des Hundes
im höfischen Bereich

Bedenkt man die zentrale Bedeutung, die der Jagd im höfischen Kontext zukam, so erscheint es folgerichtig und verständlich, daß sie auch in der höfischen Kunst der Zeit eine beherrschende Rolle spielte. Das hängt rein äußerlich mit der Tatsache zusammen, daß die höfische Repräsentationskunst die Tier- und Jagddarstellungen als willkommene Sujets aufgriff für die Ausgestaltung jener Räumlichkeiten, in denen die fürstliche Selbstdarstellung ihren eindrucksvoll-pomphaften Ausdruck fand. In prunkvoller dekorativer Ausstattung wurden figurenreiche Jagdgeschehen, oft in antikem, mythologischem Gewande entworfen, pathetisch-theatralische Massenszenen von üppiger Farbigkeit, in deren Mittelpunkt zumeist der Fürst als Bezwinger und als Beherrscher der animalischen Kräfte der Natur inmitten der Meute seiner Hunde erschien.

Neben diesen riesigen Repräsentationsbildern für die Schlösser, in denen sich der fürstliche Auftraggeber selbst feierte, gab es, freilich seltener, bereits Darstellungen, auf denen Hunde, meist berühmte und bemerkenswerte Exemplare der Gattung,

Abb. 45   Alexander Desportes (1661–1743):
Die Lieblingshunde Ludwigs XIV.

ohne den pomphaften Repräsentationsrahmen der Jagd porträtiert wurden.

So beauftragte der Sonnenkönig Ludwig XIV., trotz seiner grundsätzlich reservierten Haltung Hunden gegenüber, seinen Hofmaler Alexandre-François Desportes (1661–1743) nicht nur mit der Anfertigung eines eigenen Porträts – auf dem der König übrigens mit einem Bracken und einem Windspiel dargestellt ist –, sondern auch mit der Porträtierung von drei Hunden, seinen Favoriten bei der Jagd. Dieser Auftrag machte Desportes zum ersten Hundespezialisten in der Malerei. Er erfüllte seine Aufgabe mit so großer Sorgfalt, daß seine Bilder in der berühmten ›Encyclopédie‹ von Diderot und d'Alembert zur Unterstützung einer streng wissenschaftlichen Abhandlung über die Rassen und Verhaltensweisen der Hunde herangezogen wurden (Abb. 45).

Interessant ist es, daß auch Desportes selbst sich als Jäger porträtiert hat und dabei den imperialen Gestus voll übernimmt.

Abb. 46   Alexander Desportes (1661–1743),
Selbstporträt mit Hunden

Wir sehen ihn, der hoheitsvolle Blick geht über den Betrachter
hinweg ins Weite, die Flinte ist wie ein Zepter nach außen
gestreckt, die Hunde blicken bewundernd zu ihm auf. Wichtig
ist es hier, die räumliche Anordnung des Bildes zu beachten.
Über dem Hund thront der Mensch, unter ihm liegen die mit
Hilfe des Hundes zur Strecke gebrachten Tiere. Der Hund ist
ganz und gar dem Menschen zugewendet. Zugleich ist er da-

durch aber auch dem Tierreich entfremdet, dem er seiner Natur nach doch zuzuordnen ist. Jäger ist er nicht mehr als gleichrangiger Partner des Menschen; er ist vielmehr ein Stück Dekoration geworden und hat sein Lebensrecht nur noch dadurch, daß er für den Menschen benutzbar geworden ist, nämlich im gemeinsamen Kampf gegen andere Tiere (Abb. 46).

Auf Desportes folgte als Jagdmaler des Königs Jean-Baptiste Oudry (1686–1755), der den Auftrag erhielt, weitere Favoriten der königlichen Meuten zu porträtieren, um die Kartons für eine Gobelin-Serie herzustellen. Im Louvre sind diese Entwürfe aufbewahrt, auf denen Oudry rasende Hunde im wilden Kampf mit Wölfen und anderen Tieren dargestellt hat. Auch die Maler Vanloo und Lancret widmeten sich ähnlichen Darstellungen von aristokratischen Meutehunden. Ein anderer offizieller Maler Ludwigs XIV., Charles Le Brun, porträtierte zwar keine Jagdhunde, doch erscheinen auf seinen riesigen Gemälden mythologischer Themen Hunde von ungeheurer Größe: Molosser mit kurzen Ohren und riesigen Kiefern, die sich auf Eber stürzen. In der Kolossalität und der animalischen Kraft der Hunde findet der furchteinflößende Herrschaftsanspruch des Absolutismus seinen adäquaten Ausdruck.

Doch der Hund ist für den Herrscher auch und sogar in besonderem Maße als Einzeltier wichtig. Er ist der treue Begleiter, der in der unmittelbaren Nähe des Herrn verweilt, ihn mit seiner Anhänglichkeit und Wärme umgibt und ihm damit offensichtlich wohltut. Wer wie der Fürst an der Spitze steht, ist notwendigerweise einsam, weil er umgeben ist von Menschen, die ehrgeizig nach der Macht trachten, intrigant sind, unverläßlich, schmeichlerisch, heuchlerisch, unterwürfig. So bedarf der Fürst eines Freundes, der unbestechlich und treu, verläßlich und urteilssicher ist, den er jedoch nicht mehr unter den Menschen findet; nur das Tier vermag ihm jene Treue, Zärtlichkeit und Instinktsicherheit zu schenken, derer der einsame Herrscher bedarf.

In der zuletzt genannten Weise ist es gerade der Fürst, der so den größten individuellen Nutzungsanspruch an den Hund stellt, indem er ihn quasi als Menschenersatz zu sich heranzieht. Man braucht nur an Friedrich den Großen zu erinnern und die unzähligen Anekdoten, die von ihm erzählt werden.

Seine Lieblingshunde, von denen «Biche» und «Alkmene» in die Geschichte eingegangen sind, wurden von einem besonderen Kammerlakaien gepflegt und gefüttert. Er behandelte diese Hunde so ehrfurchtsvoll, daß er sie nur mit «Sie» und «Mademoiselle» anredete. Ihre Ernährung bestand aus verschiedenen Arten von Braten, Kuchen, Buttersemmeln, Milch und Wasser, soviel sie nur haben wollten. Eine zärtliche Zuneigung verband den König mit seinen auserwählten Lieblingen. Sie begleiteten ihn überall hin; auf seinen Spazierritten waren sie ebenso dabei wie bei den Manövern oder Kriegszügen. In einer sechsspännigen Kutsche wurden sie bei besonderen Gelegenheiten gefahren, die Tiere auf dem Vordersitz, der begleitende Lakai auf dem Rücksitz. Die Tiere durften sich eigentlich alles erlauben, sprangen auf Tische und Stühle, beschmutzten oder beschädigten, was sie wollten. Die Bediensteten, die zu ihrer Verfügung standen, hatten Order, sie gewähren zu lassen.

Der jeweilige Lieblingshund hatte seinen Platz im Arbeitszimmer des Königs an seiner Seite auf einem eigens mit Kissen bedeckten Platz. Er wurde vom König eigenhändig gefüttert und schlief nachts im königlichen Bett. Als der König einmal zu lange arbeitete, soll ihm der Lieblingshund die Feder aus der Hand genommen haben, um ihn daran zu erinnern, daß es Zeit sei, ins Bett zu gehen. Der König, so wird berichtet, soll gelacht und sich gefügt haben.

Ob der König eine eigene Begräbnisstätte für seine Hunde anlegen ließ, ob er seinen Hund Biche nach einer Zeit der Trennung mit Tränen der Rührung begrüßte, ob er sich zärtlich beim Pagen nach dem Befinden der Tiere erkundigte, immer zeigt sich, mit welcher Achtung und aufrichtigen Zuneigung der Herrscher die Tiere, mehr als sonst Menschen, in sein Leben einbezog.

Daß solche Tierliebe zusammenhing mit der besonderen Lebenssituation des Monarchen, können zwei instruktive Anekdoten belegen. Die eine zeigt die ganze Einsamkeit des königlichen Menschen: «Als Friedrich im Siebenjährigen Krieg Ende des Jahres 1760 in Leipzig im Winterquartier lag, trat eines Abends der Marquis d'Argens ins Zimmer. Der König hockte auf dem Boden, vor sich eine Schüssel mit Frikassee, von dem die Hunde fraßen. Friedrich hatte ein Stöckchen in der Hand und hielt damit Ordnung unter den Tieren. D'Argens betrachtete die Szene und rief: ‹Wie werden sich jetzt die fünf europäischen Großmächte, die sich gegen den Marquis de Brandenbourg verschworen haben, den Kopf zerbrechen, was Er wohl tut. Vielleicht glauben sie, daß Er einen gefährlichen Schlachtplan für den nächsten Feldzug schmiedet – oder Geld dafür sammelt; vielleicht glauben sie, Er brüte Pläne aus, die Gegner zu entzweien oder neue Verbündete zu suchen: Er aber sitzt seelenruhig in seinem Zimmer auf dem Boden und füttert die Hunde!›» (zit. n. Hofmann, 270 f.).

Die andere Anekdote zeigt, worin der Herrscher die Überlegenheit des Tieres über den Menschen erblickt: «Bei anderer Gelegenheit, als der König etwas mit einem Gast besprach, sprang der Lieblingshund auf einen dabeistehenden Tisch und rückte dem Mann die Perücke von der rechten auf die linke Seite. Dieser geriet ins Stottern, der König jagte das Tier fort. Der Vortragende hob erneut an zu sprechen, aber wieder kam der Hund und zog an der Perücke. Völlig verwirrt stand der Mann, der sich natürlich seinen Unmut nicht anmerken lassen durfte. Friedrich jedoch lachte und meinte: ‹Sieht Er wohl, Er hat Unrecht; mein Hund weiß es sogar, und er erinnert Ihn daran, die Wahrheit zu reden.›» (ebd.)

Diese letztere Anekdote hat eine interessante, allerdings sehr viel frühere Parallele in einer Geschichte, die vom Prinzen Condé (1621–1686), dem Feldherrn Ludwigs XIV., erzählt wird. Auf dem Schlachtfeld von Fleurus, so heißt es, habe der Prinz eine Dogge adoptiert, deren Herr gefallen war. Der Hund hing sehr an ihm, und der Prinz ließ sich überall hin von ihm begleiten. Selbst im Kriegsrat lag der Hund auf dem Sessel und hörte aufmerksam zu. Wenn dann die Generäle ihre Ansichten vorgetragen hatten, sagte der Prinz: «Nun wollen wir einmal hören, wem ein alter Veteran und Kriegsteilnehmer recht gibt?» Dann fragte er den Hund, welchem Plan er zustimme. Der sprang vom Stuhl und gab irgendeinem der Generäle die Pfote (zit. nach Klever, 103 f.).

Der anonyme Meutehund, wie er im Funktionszusammenhang der Jagd erscheint, und der namentliche Liebling, wie ihn die Fürsten-Anekdote präsentiert, scheinen weit voneinander entfernt zu sein. Der eine wird nach vorgegebener, rationaler Kalkulation in einem ritualisierten Vorgang zur Erreichung eines ganz bestimmten Zweckes eingesetzt; der andere aber scheint immer noch, wie der Hund zu Beginn der Neuzeit, ein selbständiger und mit Respekt behandelter Partner zu sein. Und doch erweist sich eine solche Auffassung bei näherer Betrachtung als problematisch. Denn der Hund der Anekdote bewahrt nur scheinbar seine Autonomie, in Wahrheit wird auch er benutzt und für ganz bestimmte Zwecke eingesetzt: Durch seine Herkunft und Genese als treuer, anhänglicher und bequemer Begleiter des Menschen ist er das geeignete Wesen, das emotionale Defizit auszufüllen, das die Überakzentuierung des Verstandes mit sich brachte. Wie wir im folgenden sehen werden, gilt dies nicht nur für den einsamen Herrscher, dessen Selbstdarstellungssystem Bedürfnisse nach kreatürlicher Nähe unerfüllt ließ, sondern griff mehr und mehr auch auf andere Schichten über.

3. Auf dem Weg zum seelenlosen Nutzobjekt

Mit dem Beginn der Neuzeit veränderte sich, wie wir sahen, das Verhältnis des Menschen zur Natur und damit auch zum Tier in fundamentaler Weise. Die Tiere wurden nicht länger als Geschöpfe Gottes, ähnlich dem Menschen, sondern als seelenlose Nutzobjekte angesehen. Einzige Ausnahme bildete der Hund, dem es gelang, dank seiner domestizierten Natur, eine Sonderstellung für sich zu behaupten. Daß auch er dieses Privileg im 17. bzw. 18. Jahrhundert einbüßte und zum Ersatzobjekt wurde, soll in dem nun folgenden Teil an einigen Bildern demonstriert werden.

Greifen wir zu diesem Zweck nochmals auf zwei Bilder des 16. Jahrhunderts zurück, dem wir dann später, zur weiteren Verdeutlichung unserer These, ein Bild des 17. Jahrhunderts gegenüberstellen wollen. Betrachten wir zunächst ein Gemälde aus der Schule von Fontainebleau, auf dem die Göttin Diana mit Köcher, Pfeil und Bogen als Göttin der Jagd dargestellt ist, begleitet von einem ihrer Hunde. Vertikal ist sie in die Bildmitte

gerückt und beherrscht mit ihrem fast nackten Körper und mehr
noch mit ihrem auf den Betrachter gerichteten Blick das Bildgeschehen. Die Landschaft – Bäume, Land, ein See – wirkt demgegenüber lediglich als Staffage, als Hintergrund, und nur der
Hund ist als eine echte Gegenfigur dargestellt. Während sie sehr
aufrecht und ruhig einherschreitet, ja mit kokettem Blick inne-
zuhalten scheint, ist er in entschieden schneller Bewegung. Der
ganze Hundeleib ist zum Sprung gespannt, der Kopf weit nach
vorn gereckt, er springt auf ein Ziel zu, das er bereits fest im
Auge hat. Beide bilden so eine deutlich und kontrastiv aufeinander bezogene Gruppe. Dabei repräsentiert der Hund die ganze
Natürlichkeit seiner Gattung; die einstige Artemis-Diana aber,
die «Königin der Weiber», die spätere Jahrhunderte als keusch
und spröde darstellten, hat sich in ein kokettes, halbnacktes
Weib verwandelt, dessen Natürlichkeit einzig und allein durch
den begleitenden Hund garantiert wird (Abb. 47).

Ähnliches trifft auch für Tizians «Venus von Urbino» zu.
Auch sie setzt ihre Körperlichkeit bewußt ein, lenkt die Blicke
des Betrachters auf ihren ruhenden, nackten Körper, erweckt
Lust, ohne jedoch, wie der verträumte, entrückte Blick der
Ruhenden es zum Ausdruck bringt, Erfüllung zu gewähren. Sie
lockt, um sich zu entziehen, und in diesem Spiel der kalkulierten
Sinnlichkeit ist es wiederum der Hund, der, friedlich zusam-
mengerollt zu Füßen seiner Herrin schlummert, einen Hauch
von Leben, von Lebendigkeit in diesen stilisierten Rahmen
bringt, und dies, obwohl er an den äußersten Rand des Bildes
gedrängt ist. Er ruht zwar ebenso wie seine Herrin auf seidenen
Kissen, doch tut dies seiner Natürlichkeit keinen Abbruch.
Während das Umfeld unter dem ästhetisierenden Griff des
Künstlers erstarrt, bleibt er ganz Tier und trägt auf diese Weise
dazu bei, die «Unnatur» dieser stilisierten Anordnung zu enthül-
len (Abb. 48).

Der Hund, so stellten wir fest, steht sowohl auf den Bildern
als auch in den entsprechenden literarischen Überlieferungen
der beginnenden Neuzeit dem Menschen noch als autonomes
Wesen gegenüber und wird auch als solches akzeptiert. Dank
seiner engeren Verbundenheit mit der Natur vergegenwärtigt
das Tier das Animalische, das Natürliche, also alles das, was der

Abb. 47　Jägerin Diana
(Schule von Fontainebleau, 16. Jahrhundert)

Mensch für sich bereits überwunden glaubt. Wie wir z. B. bei
Lanz, der Figur aus Shakespeares «Edelleuten von Verona»
sahen, wurde dieses Animalische noch nicht wie in der Folgezeit
negativ bewertet, sondern diente dazu, höfische Etikette und
Kultiviertheit zu problematisieren. Hier, so will es scheinen,

Abb. 48   Tizian, Venus von Urbino (um 1538)

akzeptierte der Mensch den Hund als Vermittler zwischen Natur und Kultur, als Repräsentanten einer anderen, natürlicheren
Daseinsform.

Auf einem Gemälde des 17. Jahrhunderts, einem Diana-Bild
von Peter Paul Rubens aus dem Jahr 1630, das wir jetzt verglei-
chend heranziehen wollen, erscheint das Beziehungsverhältnis
Mensch–Hund radikal gewandelt. Waidmännisch ausgestattet
und fast züchtig bekleidet, ziehen Diana und ihre Begleiterinnen
zur Jagd, begleitet von einer Hundemeute. Diana beherrscht mit
heroischer Gebärde die Szene, alles andere ist ihr zugeordnet,
dient dazu, ihre Wirkung zu unterstreichen. Sie ist es, die Mut
und Sicherheit ausstrahlt und das Geschehen leitet, die anderen,
und dies gilt für ihre Begleiterinnen ebenso wie für die Hunde,
zollen ihr Achtung und Respekt, blicken vertrauensvoll auf sie.
Ganz besonders die Hundemeute hat nur Augen für die Herrin,
und man gewinnt den Eindruck, als lebte sie nur durch ihr
Geheiß. Ihre Aufgabe, das heißt ihre Lebensberechtigung erhalten sie von Diana, um deren Zuneigung sich alle wechselseitig
bemühen. Selbst der Anführer der Meute hat kein anderes Ziel

im Auge als die Herrin, auch er hält inne, dreht sich nach ihr um, erwartet ihre Anweisungen. Die sich im Hintergrund erstrekkende Landschaft ist im Hinblick auf das Geschehen bedeutungslos. Sie wird, hier in Gestalt der Göttin Diana, vom Menschen beherrscht, der überdimensional die Bildmitte einnimmt. Von ihm geht alles aus, auf ihn geht alles zurück, er ist es, der die Fäden des Geschehens in der Hand hält, Macht und Stärke repräsentiert. Er beherrscht die ihn umgebende Natur ebenso wie die ihn begleitenden Hunde, die sich als bloße Funktionsträger seinem Willen zu unterwerfen haben (Abb. 49).

Der so in den Mittelpunkt gerückte Einzelne, auf den sich alles übrige konzentriert, darf und kann nicht länger Andersartiges als Gleichwertiges tolerieren, da er sonst seinen Herrschafts-

Abb. 49   Peter Paul Rubens,
Jägerin Diana (um 1630)

anspruch gefährdet. Von hier aus ist es nur ein kleiner Schritt bis zu jener entscheidenden Wendung, durch die auch der engste Vertraute und Schicksalsgenosse des Menschen in die Rolle des herrschaftsbedürftigen Tieres gedrängt wird. Er, der bislang als Repräsentant einer ursprünglichen, triebhaften Daseinsform akzeptiert, ja geschätzt wurde, wird nun ebenfalls der menschlichen Willkür überantwortet, die sich nach ihrem Gutdünken seiner bedient.

Je weiter der Mensch in seiner Naturbeherrschung fortschritt, um so selbstbewußter trat er allem Kreatürlichem gegenüber auf, um so gnadenloser wurde sein Herrschaftsanspruch gegenüber allem, was sich von ihm unterschied. So ist es denn nicht weiter verwunderlich, daß sich auch sein Verhältnis zum Hund veränderte. Er brauchte ihn nicht länger, um sich die eigene animalische Komponente, wenn auch in domestizierter Form, gegenwärtig zu halten; er versuchte vielmehr alles, um sie vergessen zu machen, sie zu verdrängen. So zog er einen Graben zwischen der tierischen Körperlichkeit und dem mit einer unsterblichen Seele ausgerüsteten Menschen, und dieser Graben sollte von nun an auch für seinen treuesten Freund nicht mehr überbrückbar sein. Nicht länger ein zum menschlichen Selbstverständnis notwendiges Wesen, verliert nun auch der Hund seinen Sonderstatus und wird zum Begleiter, zum Funktionsträger, zum Objekt degradiert, dessen Aufgabe es ist, seinem Herrn zu gehorchen und das zu tun, was man von ihm verlangt. An die Stelle einer auf beiderseitige Achtung basierenden Beziehung tritt ein Herr-Knecht-Verhältnis, was übrigens keinesfalls bedeutet, daß der Hund aus dem unmittelbaren Daseinsbereich des Menschen gedrängt wird. Ganz im Gegenteil. Aber er definiert sich nicht mehr durch sich selbst, d. h. durch sein animalisches Anderssein, sondern dient als Staffage menschlicher Selbstdarstellung.

Inwieweit diese Veränderung auch mit dem herrschenden Zeitgeist, das heißt mit dem immer weiter fortschreitenden und alle Gebiete erfassenden Rationalismus in Verbindung zu bringen ist, der seinerseits in der absolutistischen Staatsform seinen höchsten Ausdruck fand, soll nun in einem weiteren Schritt gezeigt werden.

Im Mittelpunkt der zeitgenössischen philosophischen Diskussion stand der Mensch und seine Lebensgestaltung. Das «Menschliche», das sich in Absetzung vom Bestialischen mit dem Blick auf das Göttliche definierte, bildete den Hauptthemenkreis der Zeit. Dank seiner Fähigkeit zu rationalistischer Lebensplanung und sprachlicher Bildung beanspruchte der Mensch für sich eine Sonderstellung, die ihn allen anderen Lebewesen gegenüber auszeichnete, da sie, so die Argumentation, über das allen Lebewesen gemeinsame Natürliche weit hinausreicht. Im Gegensatz zu den Tieren, die mit der Welt lebten, war es dem Menschen dank seiner Vernunft möglich, Einfluß zu nehmen auf das Geschehen. Die Mensch und Tier verbindende biologische Existenz verlor immer mehr an Bedeutung und wurde, wenn überhaupt noch gedacht, als animalische Basis abgetan, der man die qualifiziertere, vernünftige Existenz des Menschen entschieden überordnete.

Die radikalste Position hat in dieser Hinsicht der französische Philosoph Descartes (1596–1650) vertreten. Seine Philosophie beginnt mit dem methodischen Zweifel. Als einzige Gewißheit gilt ihm die Erkenntnis: «Indem ich denke, bin ich». Nur was so klar und deutlich erkannt werden kann wie dieser Satz, kann wahr sein. Das Leib-Seele Verhältnis versteht er als Dualismus von körperlicher und denkender Substanz, die Natur als Mechanismus, in dem alle Erscheinungen der körperlichen Welt auf die gesetzmäßig ablaufenden Bewegungen von Korpuskeln, letzten Bestandteilen der Dinge, zurückzuführen sind.

Mit dem Cartesianismus wird der Gegensatz zwischen Mechanik und Physik, zwischen organischen Körpern und mechanischen Konstruktionen, scheinbar aufgehoben, was zur Folge hat, daß sich der Abstand zwischen dem noch immer und d. h. ganz in der Tradition der christlichen Anthropologie mit einer unsterblichen Seele ausgestatteten Menschen und dem angeblich bewußt- und seelenlosen Tier immens vergrößert. Da Descartes den Begriff des Geistes auf das Denken einengt, die Tiere aber in diesem Sinne nicht denken, haben sie nach seiner Ansicht an der geistigen Welt nicht teil. Sie sind, wie er meint, reine Mechanismen, nichts anderes als Maschinen. Wenn ein Tier schreit, das man schlägt, so bedeutet das nichts anderes, als

wenn eine Orgel zu tönen beginnt, deren Taste man nieder-
drückt.

Descartes meint, mit den stärksten Gründen bewiesen zu
haben, daß in den Tieren kein Bewußtsein vorhanden sei. Das
Gegenargument, «die Hunde wüßten im Wachen, daß sie laufen,
und im Schlafen, daß sie bellen, gleichsam als ob sie das bei sich
überlegten», läßt er als Beweis nicht gelten (zit. n. Heintel, 108).
Für ihn können die Handlungen der Tiere rein mechanisch
erklärt werden, sie sind von keinerlei Bewußtsein gesteuert. Die
Tiere haben nach Descartes nicht etwa weniger Verstand als die
Menschen, sondern «gar keinen, und es ist die Natur, die in
ihnen je nach der Einrichtung ihrer Organe wirkt, ebenso wie
offensichtlich eine Uhr, die nur aus Rädern und Federn gebaut
ist, genauer die Stunden zählen und die Zeit messen kann als wir
mit all unserer Klugheit» (zit. n. Meyer, 119). Bei den Tieren
handelt es sich demnach um Uhrwerke, die perfekt funktionieren, wobei Descartes dies keineswegs in abfälligem Sinne
meinte; denn diese Maschinen seien, da sie aus den Händen
Gottes stammten, unvergleichlich viel wunderbarer konstruiert,
als der Mensch sie je erfinden könnte.

Dennoch, sie bleiben Maschinen, sie funktionieren als bloße
Körper und gehören daher für den Menschen zur Objektwelt,
sind von ihm durch eine qualitative Differenz unterschieden.
Durch solche Einschätzung der Kreatur kann sich der Mensch,
indem er sich vornehmlich vom Bewußtsein her definiert, aus
dem natürlichen Zusammenhang mit dem Tier herausstellen.

In ähnlich rationalistischem Sinne vertritt John Locke
(1632–1704) in seiner Schrift über den menschlichen Verstand
(1690) die Auffassung, daß der Mensch sich dank seines Verstandes über alle übrigen empfindenden Wesen erhebt. Er, der
Verstand, «verleiht ihm die Überlegenheit und Herrschaft, die
er über sie besitzt» (zit. n. Meyer, 120). Locke legitimiert somit
von einer naturrechtlichen Ableitung her den Herrschaftsanspruch des Menschen über das Tier. Auch ist er, was die Rechte
des Menschen über die vernunftlosen Tiere anbelangt, derselben
Ansicht wie Hobbes. Beide räumen dem Menschen das uneinge-
schränkte Recht ein, mit dem Tier, das ihm gehört, verfahren zu
dürfen, wie er will. Besitzt er zum Beispiel ein Schwein, so kann

er es sowohl verspeisen als auch opfern, und erst dann, wenn das Gemeinwohl durch den Tod dieses Tieres tangiert wird, kann ihm das Töten verboten werden.

Doch gab es auch Einwände gegen den Cartesianischen Dualismus. Und so findet man bei verschiedenen Autoren der Zeit den Hinweis – und dies in ausdrücklicher Absetzung von Descartes –, daß es sich bei den Tieren um empfindende Wesen handle, ausgestattet mit einer «Art von Verstand». So sah zum Beispiel der französische Philosoph Julien La Mettrie (1709–1751) lediglich einen quantitativen Unterschied in den tierischen und menschlichen Fähigkeiten.

Gottfried Wilhelm Freiherr von Leibniz (1646–1716) ging sogar so weit, daß er den Tieren eine Seele zuerkannte, wenn er ihnen auch höhere Vernunftvermögen, wie Gottes- und Selbsterkenntnis aberkannte. Auch für ihn blieb der Abstand zwischen Mensch und Tier fundamental und unaufhebbar. In seinem Bericht an die Akademie der Wissenschaften zu Paris hatte er von einem Hund berichtet, dessen Intelligenz sich weit über die der anderen Tiere erhob, aber dieser Bericht ließ, wie es scheint, doch deutlich auch die ironische Distanz des Berichtenden heraushören: «Ich habe einen Hund, welcher reden kann, im Christmonat des vorigen Jahres zu Zeitz gesehen und gehört. Ihre Durchlaucht der Herzog von Sachsen-Zeitz hatte ihn bloß deswegen einige Meilen weit herbringen lassen. Seine Gestalt hat nichts Außerordentliches, sondern eine vollkommene Ähnlichkeit mit anderen Bauernhunden. Er spricht viele teutsche Worte aus, und weil Tee, Kaffee, Schokolade und Assemblee sehr bekannte Wörter in Deutschland sind, hat man sie ihn aussprechen gelernt. Der Herr dieses Hundes ist ein junger Bursche, der ziemlich lustig aussieht. Als er vorher einige Male mit seinem Hund spielte, hat er geglaubt, einen Laut zu hören, der wie ein teutsches Wort klang. Hierauf hatte er sich, so jung er auch gewesen, fest in den Kopf gesetzt, ihn reden zu lernen, und es ist ihm auch gelungen. Vielleicht entdeckt man wohl noch ebenso den Stein der Weisen, zu einer Zeit, da man es am wenigsten denkt» (zit. n. Klever, 112).

Kant (1724–1804) leitete wiederum aus der Empfindungsfähigkeit des Tieres das Verbot der Tierquälerei ab und forderte, die «Dankbarkeit für lang geleistete Dienste eines alten Pferdes oder Hundes, gleich als ob sie Hausgenossen wären, gehöre indirekt zur Pflicht des Menschen» (zit. n. Meyer, 121). Jedoch entsprang dieses Gebot des Mitgefühls bzw. das Verbot der Grausamkeit Tieren gegenüber nicht in erster Linie der Liebe oder Verantwortung gegenüber dem Tier, sondern war vornehmlich pädagogischer Art. Es sollte nämlich den Menschen vor Verrohung schützen, da sonst «eine der Moralität im Verhältnis zu anderen Menschen sehr diensame natürliche Anlage geschwächt und nach und nach ausgetilgt wird» (zit. n. Meyer, 121). Ganz entsprechend sah der Pädagoge Christian Gotthilf Salzmann (1744–1811) in den Tieren eine besondere Erziehungshilfe, weil Kinder im Umgang mit ihnen schon früh lernten, den Mitmenschen Freude zu machen und Gutes zu tun.

Der französische Pädagoge und Philosoph Jean Jacques Rousseau (1712–1778) plädierte für die «Einbeziehung der Tiere in das Naturrecht», und dies einzig und allein aufgrund ihrer menschenähnlichen Sensibilität. Die beiden gemeinsame und somit verbindende Eigenschaft verpflichte den Menschen, dem Tier nichts Schlechtes zuzufügen. Achtung dem Tier gegenüber wurde auch aus theologischer Sicht gefordert. So formulierte Johann Heinrich Zedler in seinem 64bändigen «Großen vollständigen Universallexikon aller Wissenschaften und Künste» (1732–1754), der umfangreichsten Enzyklopädie des 18. Jahrhunderts, daß Tiere zwar zum vielfältigen Nutzen des Menschen, aber auch zur Demonstration der Vollkommenheit und Ehre Gottes geschaffen seien. Es war von hier aus nur ein kleiner Schritt, daß die Idee, Tiere zu schützen, auch ihren Einzug in die kirchlichen Gesangbücher fand und damit eine eigene Gattung dementsprechender Lieder entstand. So enthält z. B. das ‹Verbesserte Gesangbuch› von Zweibrücken ein solches Tierlied. Die ‹Christlichen Religionsgesänge› der evangelischen Gemeinde in Biberach weisen in der Abteilung ‹Pflichtmäßiges Betragen gegen die Thiere, Pflanzen und Bäume› sogar vier Lieder auf, von denen wir hier eines abdrucken:

«Die Tiere, deren Herr du bist,
(erwäg es Mensch, erwäg es Christ!)
sind auch des Ganzen Glieder:
der Schöpfung Bürgerrecht verlieh
Gott ihnen auch; o blick auf sie
nicht mit Verachtung nieder!

Sie, Wunder auch von Gottes Hand,
durch ihren Bau dir nah verwandt,
durch eingepflanzte Triebe:
verraten oft des Denkens Spur,
sind treue Kinder der Natur,
genießen ihre Liebe.

Du hast durch Geistesübermacht,
die Stärksten unters Joch gebracht,
kannst ihre Wildheit zähmen:
kannst was dich stärket, was dich schützt,
was dir zum längern Leben nützt,
von ihrem Leben nehmen.

Doch ihnen auch, (vergiß es nicht!)
verband der Schöpfer dich durch Pflicht:
er hat ihr Glück und Leben,
um deinem ein Behuf zu sein;
doch nicht, um dich an ihrer Pein
zu weiden, untergeben.

Du kannst, was deine Hand gemacht,
was dein Verstand hervorgebracht,
wenn dirs gefällt, zernichten.
Das Tier ist ein Geschöpf von Gott;
gibst du mutwillig ihm den Tod,
wird dich sein Schöpfer richten.»
(zit. n. Narr, 300)

War es zunächst der besondere Verweis auf die Verstandeslei-
stungen und die Vernunfterkenntnis, die den Menschen über alle
Lebewesen stellte, so gewann das Tier, weil die Aufklärung auch
ihre Grundannahmen kritisch in Frage stellte, langsam wieder

größere Bedeutung. Es wurden Stimmen laut, die unter Berufung auf den französischen Moralisten Michel de Montaigne (1533–1592) die menschliche Überlegenheit grundsätzlich in Frage stellten.

Montaigne hatte schon sehr früh den Überlegenheitsanspruch, den der Mensch dem Tier gegenüber geltend machte, kritisiert. «Der Eigendünkel ist unsere natürliche Erbkrankheit. Das jämmerlichste, gebrechlichste aller Geschöpfe ist der Mensch, und zugleich das hochmütigste.. In der Eitelkeit dieser Einbildung maßt er sich göttliche Eigenschaften an...» (zit. n. Meyer, 125). Ausgehend vom Menschen als dem jämmerlichsten und gebrechlichsten aller Geschöpfe, begann man nun die Vorteile hervorzuheben, die die Tiere dank ihrer animalischen Natur dem Menschen gegenüber haben. Das Tier, so lautete die daraus abgeleitete Argumentation, sei den Menschen im Hinblick auf seine animalische Natur überlegen, denn es sei im Gegensatz zum Menschen weniger von Krankheiten bedroht, Erhaltung und Fortpflanzung gingen problemloser vonstatten; auch sei es weniger von Affekten und Lastern geplagt, seine Erziehung sei einfacher und es lebe ohne die Sorgen und Bekümmernisse der menschlichen Reflexion. Ganz besonders wurde die «glückliche Unbekümmertheit» der Tiere hervorgehoben, die sich im Gegensatz zum Menschen nicht um ihre Zukunft zu sorgen brauchten.

Rousseau sprach in diesem Zusammenhang von einer defizienteren Ausstattung der animalischen Natur des Menschen, in der er «eine Art Degeneration oder eine Art säkularisierten Sündenfall» (Meyer, 125) sah, bedingt durch den Verstand und die daraus resultierende Selbstsucht des Menschen. Er bezeichnete das tierische Leben als den vom Menschen verlassenen, weitaus glücklicheren und friedlicheren Naturzustand. Seiner Meinung nach können die Tiere den Gesetzen des Instinktes nicht entgehen, während der Mensch hingegen sich oft zu seinem eigenen Schaden von ihnen entferne. Aber obwohl Rousseau den Naturzustand als den weitaus glücklicheren ansah, erachtete er es andererseits als die Aufgabe des Menschen, die Stufe der Tierheit zu überwinden, die für ihn letztlich doch eine inferiore Daseinsform darstellte.

Trotz solcher Überlegungen und Gedankengänge blieb aufs Ganze gesehen der aufklärerisch begründete Abstand zwischen Mensch und Tier weiterhin bestehen. Lediglich der französische Schriftsteller Denis Diderot (1713–1784) gestand den Tieren eine relative Gleichwertigkeit zu. Verwundert fragt er sich, warum denn die Tiere ohne Gefühle und Gedächtnis sein sollen und warnt davor, den intellektuellen Fähigkeiten der Tiere zu enge Grenzen zu setzen. Seiner Meinung nach gibt es unter den Tieren ebenso wie unter den Menschen mehr oder weniger mißratene, mehr oder weniger kranke Individuen. Grenzbeseitigungen dieser Art blieben jedoch die Ausnahme (vgl. Bovenschen, 20).

Die Mehrzahl der Denker der Aufklärung hat den Menschen aufgrund seiner Vernunft über das Tier gestellt und somit zum eigentlichen Zweck der Natur gemacht. Die Tiere stellen dementsprechend nur die Mittel zu diesem Zweck dar, haben lediglich dienende Funktion. Allerdings führten Erfahrungen mit der nicht immer in einem komplikationslosen Lebensvollzug stehenden Vernunft, wie das Ausufern menschlicher Antriebe, die einseitigen Entwicklungen der Willensenergie sowie organische Schwächen des Menschen zu der Interpretation, daß das Tier in seiner Umweltgebundenheit und Instinktsicherheit einen glücklichen Naturzustand repräsentiere. Seine Unmittelbarkeit und Unverstelltheit wurden als bessere Existenzweise der menschlichen gegenübergestellt, wenn sie auch der Vernunft, die als Ausgangspunkt menschlicher Erkenntnis, Moralität und Würde weiterhin verherrlicht wurde, untergeordnet blieben. In diesem Sinne ist auch Herders Gedanke zu verstehen, das Tier sei «Mitgeschöpf», oder «älterer Bruder» des Menschen, allerdings nicht ein Bruder, mit dem der Mensch konfrontiert sei; nur die gemeinsame Beziehung im Hinblick auf den Schöpfer verbinde beide miteinander, ihr jeweiliger Platz in der Schöpfung sei jedoch nicht vergleichbar.

Der Mensch, einmal aus dem Kreislauf des Natürlich/Kreatürlichen herausgetreten, versuchte dem daraus resultierenden Unbehagen auf mannigfaltige Weise entgegenzuwirken. Eine Wiederherstellung der verlorenen Einheit will ihm jedoch, wie es scheint, nicht gelingen und dies nicht zuletzt daher, weil seine

Wiederannäherung an Natur und Tier auf einer rein zweckmäßi-
gen bzw. praktischen Ebene vollzogen wird. So heißt es bei dem
Pädagogen Johann Bernhard Basedow (1723–1790): «Es ist für
jeden Menschen höchst nützlich, mit ihren (der Natur) weisen
Einrichtungen vertraut zu sein; aber die Vorteile sind unbe-
schreiblich, welche man für die Jugend aus dieser Wissenschaft
ziehen kann. Die Natur ist eine Schule des Geistes und Herzens,
eine unerschöpfliche Quelle abwechselnder und lehrreicher Vergnügen; sie erlöset die Seele, vervielfältigt die Sehkraft und
lehret bescheiden sein: Da findet man fühlbare Beweise des
Daseins Gottes, Beweise, die zur Bewunderung und Verehrung
des Schöpfers hinreißen; die Natur kennenlernen, ist das be-
währteste Mittel, das Gemüt vor Unglauben und Aberglauben
zu bewahren, den Geschmack an das Edle und Einfache zu
gewöhnen, die Neugierde zu reizen, dem Müßiggang vorzubeugen, die Aufmerksamkeit und das Nachdenken zu üben, den
Verstand zu schärfen und mit Sachkenntnis zu beschäftigen, und
den jungen Leuten gerade diejenigen Dinge vor Augen zu legen,
mit welchen die meisten unter ihnen dereinst in bürgerlichen
und häuslichen Leben zu tun haben sollen» (zit. n. Narr, 298).

Von einem Mitarbeiter Basedows, von Chr. H. Wolke, erfahren wir, daß z. B. der Hund in diesem Sinne dazu nützt, «... den
alten kränklichen Leuten, die Füße zu wärmen» (ebd.).

Natur bzw. Kreatur sind nur soweit von Interesse, wie sie
dazu beitragen, das Leben des Menschen zu erleichtern und zu
bereichern, das durch die Überbetonung des Verstandes leerer
zu werden drohte. Vor allem dem Tier wird als notwendiges
Glied innerhalb der Schöpfung wieder mehr Beachtung geschenkt, freilich eine Beachtung, die man sich in «müßigen
Stunden» als «angenehmen Zeitvertreib» leistet. Diese vordergründige Aufwertung der gesamten Tierwelt schließt zwangsläufig auch den Hund mit ein, dessen Darstellungsbild auf diese
Weise eine neue Variante erhält.

Es ist dies der Ausgangspunkt seiner Karriere als Tisch- und
Bettgenosse des Menschen, als Seelentröster, engster und oft
einziger Vertrauter. Seit altersher die Nähe des Menschen suchend, geduldig, treu und extrem anpassungsfähig ist er wie
kein anderes Haustier für diese Rolle prädestiniert. Adel wie

Bürgertum, schenkt man dem Bildmaterial und den literarischen Zeugnissen der Zeit Glauben, brachten ihm ihre Sympathiebezeugungen großzügig entgegen, jedoch nicht – im Unterschied zum vorherigen Jahrhundert – aus mehr oder weniger uneigennütziger Zuneigung zur Kreatur, sondern um ein Stück Natur zu besitzen, das durchschaubar, berechenbar und allzeit verfügbar war. Es ist dies die Zeit der Kultivierung und Vermenschlichung des Hundes, die bis zum heutigen Tage andauert und deren unerklärtes Ziel es ist, das Tierische, den Rest der einstigen Wildheit vergessen zu machen.

Was von nun an am Hund geschätzt wird, ist nicht seine Tiernatur, sondern seine immense Anpassungsfähigkeit. Sie ermöglicht es, die natürliche Grenze zwischen Mensch und Tier auf ein Mindestmaß zu reduzieren, so daß das Tier als Partnerersatz gedacht werden kann. Mit menschlichen Eigenschaften wie Treue, Urteilsfähigkeit, Unbeirrbarkeit usw. im hohen Maße überfrachtet, wird das Tier seiner Andersartigkeit beraubt und zum allzeit benutz- und verfügbaren Ersatzobjekt umfunktioniert. Überangepaßt an die jeweiligen Herren, verkörpert es nicht länger das andere Prinzip, sondern wird quasi zum «besseren Menschen» stilisiert, dessen Aufgabe es ist, der menschlichen Entfremdung und Erstarrung – zumindest dem Anschein nach – etwas Lebendiges entgegenzusetzen. Der Versuch, sich über das Tier – insbesondere über den Hund – einen Ersatzpartner zu schaffen, erweist sich jedoch als Trugschluß, und dies nicht zuletzt deshalb, weil kein Tier eine solche Leistung zu erbringen vermag.

4. Jagdstilleben und Genrebilder als sichtbare Beweise für den Wandel einer Beziehung

Auch anhand des Bildmaterials der Zeit, das wir nun näher betrachten wollen, lassen sich diese Veränderungen im Verhältnis Mensch/Tier deutlich erkennen.

Allem voran in jener Darstellungsform, die interessanter Weise nach langem Siegeszug zur Zeit der Cartesianischen

Überlegungen ihren Höhepunkt erreicht hatte: der Nature morte, in der die unbelebte oder tote Natur in einer künstlerischen Form erscheint. Stillebenhafte Einzelheiten hatte zwar bereits die spätmittelalterliche Malerei als symbolischen Hintergrund für größere Tafelbilder verwendet. Aber zu Anfang des 16. Jahrhunderts emanzipiert sich nun der Hintergrund, macht sich selbständig und wird zur eigenen Bildgattung. In ihr wird die Natur als menschliche Objektivation und die Kreatur als tote Materie, als verfügbarer Gegenstand vorgeführt. Lebendig erscheinen in diesem Zusammenhang nur die wenigen Tiere, deren Nutzung als Haustiere ihre Lebendigkeit voraussetzt, unter ihnen wieder am deutlichsten der Hund, dessen Lebenszweck es zu sein scheint, den Triumph des Menschen über die Natur vorzubereiten und alle sich etwa ergebenden Schwierigkeiten aus dem Wege zu räumen. Der Mensch seinerseits erhebt sich zum Herrn über Leben und Tod, was in der Anhäufung der zur Strecke gebrachten Tierkadaver seinen vollkommensten Ausdruck findet (Abb. 50).

In diesen Jagdstilleben, auf denen die rücksichtslose Inbesitznahme der Tiere, der Repräsentanten des Kreatürlichen, sichtbar wird, spiegelt sich der herrschende, philosophische Zeitgeist. So hatte z. B. Spinoza (1632–77) den menschlichen Anspruch gegenüber dem Tier besonders hervorgehoben. Seiner Meinung nach haben «die Menschen ein weit größeres Recht auf die Tiere als diese auf die Menschen, da eines jeden Recht nur durch seine Tugend oder seine Kraft definiert» wird. In der Absicht, «unseren Nutzen zu suchen», sah der Denker ein Gebot der Vernunft, wobei die Tiere nach Belieben zu gebrauchen und zu behandeln seien, «da sie ja der Natur nach nicht mit uns übereinstimmen und ihre Affekte von den menschlichen Affekten der Natur nach verschieden sind» (zit. n. Meyer, 120). Tiere nach Belieben zu gebrauchen, das bedeutete dann aber auch: sie nach Belieben, und nicht nur zum Zweck der Nahrungsaufnahme, zu töten, hieß: totale Inbesitznahme durch den Menschen.

Aber nicht nur auf Jagdstilleben, sondern auch auf anderen Genrebildern finden sich genug Anhaltspunkte für den Wandel innerhalb der Mensch/Tier-Beziehung, insbesondere des Verhältnisses Mensch/Hund. Wie wir zeigten, verlor der Hund im

Abb. 50   Frans Snyders (1579–1657),
Küchenstilleben

17. bzw. 18. Jahrhundert seine Sonderstellung, nämlich Mittler zwischen Kultur und Natur zu sein und wurde ebenso wie alle anderen Tiere zum Nutzobjekt umfunktioniert. Auf den Bildern der Zeit wird dieser neue Status durch zwei auffallende Veränderungen deutlich. So handelt es sich bei den zahlreichen Hundedarstellungen zum einen stets um ein kultiviertes, abgerichtetes bzw. dressiertes Tier, das hingebungsvoll zu Füßen seines jeweiligen Herrn liegt oder sitzt. Zum anderen ist sein Blick von nun an fast immer auf seinen Herrn bzw. seine Herrin gerichtet, deren Regungen er aufmerksam verfolgt. Auch ist er sehr häufig in Gesellschaft von Damen und Kindern anzutreffen, die er liebevoll bewacht und um deren Zuneigung er sich bemüht.

Begleitet er einen feinen Herrn zur Jagd, so hat er nur Augen für diesen, jederzeit bereit, seine Befehle entgegenzunehmen, auf die er begierig wartet. Der ihm angeborene Jagdinstinkt, die Lust an der Jagd, scheint vergessen oder wird erst auf Kommando des Menschen zum Leben erweckt. Er funktioniert ganz im Sinne seines Herrn, d. h. er wird sich, wie wir einem Gedicht der Zeit entnehmen können, auch auf wehrlose, jagduntaugliche Tiere stürzen, wenn der Herr es befiehlt. Beide, Herr wie Hund,

Abb. 51   Jean-Honoré Fragonard (1732–1806),
Mädchen mit Hund

haben das natürliche Maß verloren, wobei dem Hund die un-
dankbare Aufgabe zufällt, den menschlichen Größenwahn zu
unterstützen.

Selbst wenn es ihm, wie auf dem Bild von Jean Honoré
Fragonard (1732–1806) gelingt, das Bett mit seiner Herrin zu

teilen, macht dies aus ihm nicht weniger einen Befehlsempfänger, ein Ersatzobjekt, das sich den Wünschen seiner Herrin zu fügen hat. Dies scheint uns auch der Maler mitteilen zu wollen, wenn er auf dem Bild «Das Mädchen und der Hund» den alten traditionellen Bildtypus «Leda mit dem Schwan» auf ironische Weise aufgreift. War es dort der Gott, der sich der Frau in der Gestalt des Schwans näherte, so ist es hier die in ihrem Intimbereich eingeschlossene einsame Frau, die sich auf ihrem weichen Pfühl mit dem kleinen buschigen Liebling wie mit einem Liebhaber amüsiert, indem sie ihn in heiter-frivolem Spiel auf ihren hochgereckten Beinen reiten läßt (Abb. 51).

Oder betrachten wir das Bildnis der Herzogin von Alba von Francisco de Goya (1746–1828). Hier sind Hund und Dame ganz aufeinander abgestimmt. Passend zum weißen Fellkleid des Tieres ist auch die Dame weiß gekleidet und ebenso wie sie trägt auch das Hündchen ein rotes Schleifchen, durch das es sich nicht nur als ihr Besitz, sondern auch als ihr Werk ausweist. Bar jeder Natürlichkeit nehmen sich beide wie Ausstellungsstücke aus. Lediglich die Landschaft, der Hintergrund verrät noch Leben, wenngleich die ordnende Menschenhand auch hier bereits ihre Spuren hinterlassen hat. Tier und Mensch hingegen erscheinen wie erstarrt, einem fremden Willen gehorchend. Beide sind einem ihnen unbekannten Konzept unterworfen und damit ihrer wahren Natur entfremdet, wobei die Tiernatur völlig ausgelöscht, das Hündchen zum bloßen Beiwerk verkommen ist. Die Schönheit der Dame hingegen erreicht unter dem ästhetisierenden Zugriff des Malers eine neue Dimension. Züchtig in weiß gekleidet, erscheint sie, von der die Zeitgenossen sagten, sie habe «kein Haar auf dem Kopf, das nicht die Begierde anstachelt», gebändigt und ungefährlich. In ihrer statuarischen Leblosigkeit nehmen sich beide wie Marionetten aus, entseelt und unnatürlich, wobei das Tier die Puppenhaftigkeit der Dame noch unterstreicht (Abb. 52).

Wie wir gezeigt haben, hat der Hund im 17. bzw. 18. Jahrhundert seinen Sonderstatus als autonomes, um seiner selbst willen geschätztes Tier verloren, indem er, wie vor ihm bereits alle anderen Tiere, der verstand- und seelenlosen Sphäre überantwortet und zum Ersatzobjekt, zum Dekor umfunktioniert

*Abb. 52   Francisco de Goya (1746–1828),
Die Herzogin von Alba*

wurde. Für diese These fanden wir in der Malerei zwei Indizien: zum einen sein stets dem Herrn zugewandter Blick, ganz so als habe er ständig zu fürchten, in Ungnade zu fallen. Zum anderen seine Haltung: von nun an steht, liegt oder sitzt er stets zu Füßen seines jeweiligen Herrn, ist somit auch optisch in eine inferiore Stellung gebracht.

Ziehen wir zum Vergleich ein älteres Bild, ein Porträt von Jacopo Carucci da Pontormo (1494–1556/57) heran, das Anfang des 16. Jahrhunderts entstand (Abb. 53). Der Unterschied ist deutlich zu erkennen. Trotz seiner extremen Kleinheit strahlt dieses Hündchen mehr Eigenständigkeit aus als sein ihn an Größe um ein Vielfaches überragender Artgenosse, den William Hogarth (1697–1754) auf seinem Bild «Miss Mary Edwards» verewigt hat. Offen und selbstbewußt schaut der Kleine auf Pontormos «Porträt einer vornehmen Dame» den Betrachter an, die Geborgenheit genießend, die ihm durch die Körpernähe der Dame vermittelt wird. Sein Dank dafür sind seine Unbekümmertheit und sein Vertrauen in seine Umgebung, die ihm eine naturgerechte Entfaltung ermöglicht. Nichts läßt auf ein Herrschafts- oder Abhängigkeitsverhältnis schließen. Dame wie Hund sind einander in inniger Freundschaft verbunden, die es ihnen erlaubt, ganz sie selbst zu bleiben, ohne daß dabei der eine zum Herrn und der andere zum Dekor umfunktioniert wird. Gleiches kann man über den Hund, der Miss Mary Edwards zur Seite gestellt ist, nicht behaupten. Hier ist es die Dame, die das Bildgeschehen beherrscht. Der Hund ist ihr lediglich zugeordnet und unterstreicht die Schönheit des Arrangements. Während sie den Betrachter anblickt, hat er nur Augen für sie, ganz beglückt durch ihre streichelnde Hand (Abb. 54).

Diese Veränderung innerhalb der Darstellungsform des Verhältnisses zwischen Mensch und Hund finden wir bei Giacomo Ceruti (1724–1757), einem Maler des 18. Jahrhunderts, thematisiert. Ceruti, der mit Interesse die Porträtvorlagen der großen Maler des 16. Jahrhunderts studierte, entwickelte einen ganz eigenen Stil, der sich von dem seiner Zeitgenossen abhob. Wichtig erscheint uns in diesem Zusammenhang die Tatsache, daß er mit seinem Bild «Eine Frau mit einem Hund» diesem

Abb. 53   Jacopo da Pontormo (1494–1556/7),
Bildnis einer vornehmen Dame

Bildtypus eine neue Wendung gibt. Ceruti greift hinter dessen
Entwicklung wieder zurück. Bei ihm sitzt der Hund nicht
unterwürfig oder inferior, sondern wieder wie selbstverständlich auf dem Arm der Frau, ganz so wie es im 16. Jahrhundert
gewesen war. Aber die Frau, die ihn auf ihrem Arm trägt, ist
interessanterweise nicht mehr eine vornehme Dame, sondern

Abb. 54   William Hogarth (1697–1754),
Miss Mary Edwards

eine einfach gekleidete und ein wenig bäuerlich dreinschauende Dienerin. Ihr gelingt es dank ihrer lebendigen Natürlichkeit, sich selbstsicher und unbekümmert über die zwischen Mensch und Tier errichteten Schranken hinwegzusetzen und somit die zeitbedingte Un-Natur der höfischen Welt in Frage zu stellen. So gesehen gewinnt das Bild eine zukunftsweisende, gesellschaftskritische Pointe (Abb. 55).

Wenden wir uns, wie immer am Schluß eines Kapitels, den Texten der Zeit zu. Das Bild, das hier vom Hund entwickelt wird, ist vielfältig. Es enthält die meisten Züge, die wir beschrieben haben, fügt aber einige neue noch hinzu. So werden bei Georg Philipp Harsdörffer (1607–1658) die zahlreichen Nutzbarkeiten des Hundes, wie sie sich in der langen historischen Tradition des Zusammenlebens von Tier und Mensch ergeben haben, aufgezählt, daneben aber wird der Hund noch im herkömmlichen Sinne auf bestimmte Bedeutungsschablonen festgelegt, die nach den Vorstellungen Harsdörffers poetisch genutzt werden sollen und können. Martin Opitz (1597–1639) ironisiert in einem Grabspruch die Tatsache, daß der Hund als treuer Diener des Menschen auch für ganz verschiedene Dienste benutzbar ist. Je nach dem was der jeweilige Herr von ihm erwartet, wird sich der Hund ganz unterschiedlich ausrichten und dadurch eigentlich nur den Grad seiner Deformiertheit verdeutlichen. Den hier erkennbaren Facetten fügt Friedrich von Logau (1604–1655) noch eine interessante neue hinzu, indem er einen Hund als höfischen Kriegshund sprechen läßt, um dadurch das Kriegsverhalten höfischer Kreise mit ihren, als Kavaliersdelikte ausgegebenen, brutalen Übergriffen ironisch zu kommentieren und zu verwerfen.

In den Texten des 18. Jahrhunderts begegnen wir dem Hund noch häufiger. Allerdings überwiegt hier, im Unterschied zur Malerei, der bürgerliche Bereich, und Briefe wie die der Liselotte von der Pfalz (1652–1722), in denen eine Hochadlige über ihre Lebenswelt berichtet, sind eher die Ausnahme. Übrigens auch darin, daß hier eine ebenso warmherzige wie kluge Frau ihr Verhältnis zum Tier, das von ihrer isolierten, einsamen Situation am Hof bestimmt ist, mit witziger Selbstdistanz, ja mit Humor darzustellen vermag.

Abb. 55   Giacomo Ceruti (1724–1757),
Frau mit Hund

Der bürgerliche Bereich ist demgegenüber in den literarischen Zeugnissen über den Hund breit vertreten. Das hat vor
allem auch mit dem Wiederaufleben der Fabelliteratur zu tun,
die eine intensive Blütezeit erlebte, nachdem sie im 16. und
17. Jahrhundert vorwiegend nur noch als Exempelsammlung

für Schullektüre und Predigt gedient hatte. Es sind die aufkläre-
rischen Ideen – Gedanken über erfolgreiche Lebensführung,
moralische Belehrung über den richtigen Gebrauch der Vernunft, aber auch kritische Auseinandersetzungen mit allgemein
menschlichen, sozialen, politischen und gesellschaftlichen Zu-
ständen –, die der Fabel zu neuem Aufschwung verhelfen.

Das Gespräch zwischen Wolf und Hund, das Friedrich Hage-
dorn (1708–1754) entwirft, stellt den freien Wolf dem unfreien
Hund gegenüber. Der eine hat sich um der vielen Lebensvorteile
willen an die vom Menschen auferlegte Kette gewöhnt, der
andere aber wählt für sich das Gut, das höher gilt als Thron und
Königreich: die Freiheit. Gegenüber der hohen sittlichen Em-
phase, mit der hier das Aufklärungsrecht auf menschliche
Selbstbestimmung verteidigt wird, wirkt die gemütvolle Fabel
Gellerts (1715–1769) vergleichsweise harmlos. Hier wird, wie in
der Tradition der Gattung üblich, wieder menschliches Verhalten im tierischen Gewand glossiert und belächelt: der char-
mante, witzige Hund gilt mehr als der treue, ernsthafte, wachsame Diener seines Herrn.

In Gleims (1719–1803) Fabel ist der Hund das Tier, das die
Wahrheit spricht und deshalb einerseits als Mahner des Menschen zur Aufrichtigkeit, andererseits als treuer Freund fungieren kann. Sie ist vor allem deshalb interessant, weil sie die
Reaktion des Menschen auf das Bekenntnis des Hundes zur
Treue mit thematisiert. Während der Hengst in dem narzisti-
schen Stolz auf seine edle Natur als negatives Beispiel der
Überheblichkeit verstanden wird, freut sich der Mensch über
die Antwort des Mopses. Sie zeigt, wie sehr der Hund seine
tierische Natur aufgegeben hat und sich mit seinem Herrn
identisch fühlt.

Die Fabel Lessings (1729–1781) arbeitet scharfsinnig und
didaktisch den Gegensatz zwischen den Hunden heraus, ohne
daß die Tiere jedoch eigentlich lebendig werden. Alles steuert
vielmehr zu auf die wirkungsvolle Pointe, mit der am Schluß das
Fazit aus dem Dialog gezogen wird. Der Konflikt und seine
Lösung ist dem Dichter wichtiger als die Erzählung einer Handlung und die anschauliche, lebensnahe und mit warmer Anteil-
nahme erfüllte Beschreibung der agierenden Tiere.

In der Fabel von Gottlieb Konrad Pfeffel (1736–1809) geht es um das Verhältnis zur Gewalt. Der Usurpator in Gestalt des Wildgrafen Trasimund treibt nicht nur seine Scherze mit seinem Hund, sondern schlägt und quält ihn bis aufs Blut. Und er kann sich trotz aller Willkür noch auf die Unterwürfigkeit des Hundes verlassen, der selbst noch seinen Speichel aufleckt. Pfeffel schließt diese Fabel mit einem flammenden Aufruf an die Völker, sich der empörenden Tyrannei der Fürsten zu widersetzen.

Auch Matthias Claudius (1740–1815) greift zur Fabel, um an den beiden Hunden Packan und Alard das gegensätzliche menschliche Verhalten des Großen und Kleinen, des Mächtigen und Machtlosen zu verdeutlichen, wobei seine Pointe die in der Fabel beschriebene Kritik durch die ironische Aufhebung wirkungsvoll unterstreicht.

Eine neben der Fabel beliebte literarische Form der Zeit stellt das Epitaph dar. Es gibt dem Autor die Möglichkeit, auf besonders intensive Weise die emotionale Verbundenheit mit dem Gestorbenen, hier dem Hund, in Worte zu fassen. Der Nachruf, den Claudius seinem Hunde weiht, drückt echte Zuneigung und tiefe menschliche Wärme aus.

Geht es im Nachruf wie in der Fabel vor allem um die Darstellung und Kommentierung des Menschlichen im Gewande des Tieres, so erzählt Johann Peter Hebel (1760–1826) von einem spezifisch tierischen Vermögen, der Instinktsicherheit eines «gemeinen Metzgerhundes», der die Wahrheit über die Ermordung seines Herrn ans Licht bringt. Gerade vor dem Hintergrund des didaktischen Optimismus', der die Fabeln der Aufklärung beherrscht und die grundsätzliche Belehrbarkeit des Menschen voraussetzt, wird die ganze Entsetzlichkeit dieser Geschichte deutlich: Der unerbittlichen Folgerichtigkeit, mit der die Menschen, in Konsequenz ihrer Untat alle Bindungen auflösen und, indem sie sie zu vertuschen suchen, immer neue Verwicklungen heraufbeschwören, wird die einfache, treue Zielstrebigkeit des Hundes entgegengestellt. Der Vernunftnatur des Menschen, von der die Aufklärung ausging, steht in solchen Geschichten die Instinktsicherheit des Tieres gegenüber, das sich dank seiner Unmittelbarkeit und Unverstelltheit als das bessere, verläßlichere Geschöpf erweist.

Am Ende steht die Erzählung Johann Wolfgang von Goethes (1749–1832) «Die guten Weiber», die schon die Schwelle des 19. Jahrhunderts markiert. Hier werden zwei Geschichten erzählt, in denen menschliche Beziehungen durch Hunde gestärkt, verunsichert oder auf tragische Weise ruiniert werden. Die Hunde fungieren überall als Katalysatoren. Sie sind zwar nicht die letzte oder einzige Ursache der glücklichen oder unglücklichen Wendungen, aber an ihnen werden emotionale Stabilitäten und Veränderungen, unausgesprochene und noch kaum merkbare Zuwendungen wie Distanzierungen für die Betroffenen ablesbar. Und es sind gerade die der Vernunft nicht zugänglichen, ins Emotionale hinüberreichenden Bindungen und deren Stabilisierungen bzw. Auflösungen, die «Ableitungen menschlicher Leidenschaften und Neigungen», durch die «der habituelle Anblick von bellenden, unvernünftigen Tieren» auf den Menschen Einfluß gewinnt. In der Darstellung der Hunde, die in ihrer katalysatorischen Wirkung auch als «Zerrbilder der Menschen» bezeichnet werden und die ganz wesentlich zu den jeweiligen Beziehungen hinzugehören, reflektiert sich die Bedeutung, die diesen Tieren im gesellschaftlichen Kontext der Zeit zukam. Mehr noch als auf den Bildern erfahren wir durch solche Texte etwas von den emotionalen Qualitäten, von der seelengeschichtlichen Dimension der Beziehung zwischen Mensch und Hund, die in Schichten hineinreicht, die mit der bloßen Vernunft nicht mehr zu fassen sind. Und es ist nicht ohne Grund, daß es heißt, die Vernunft stehe in Gegenwart der Hunde still. So vermag das Tier dem Menschen auch etwas zu zeigen, was ihm, wenn er sich nur als Vernunftwesen entwirft, unzugänglich bleiben müßte. Mit solchen Einsichten zieht Goethe antiaufklärerische Konsequenzen, die schon weit vorausweisen in das neue Jahrhundert.

Texte

Der Hund

Der Haus-Hund ist getreu / gewär / wachet wann die Leute schlaffen / warnet für den stillen Dieben / lässt keinen Rauber zu / schweiget nicht in der Gefahr / meldet den verborgnen an / hält den Hof in guter Hute / murrt und billet unverzagt / verfolget die erspührte Spur / mit embsig schnellem Fuß / sind Hirsch gerecht / beharren wol und lang. Die Hetzhunde sind *gäng* und freudig / die Schlieferlein sind anharrig / legen sich hart an / die Wachtelhunde *stehen wol vor* / suchen fleissig.

Der *Hunde* sind unterschiedliche Arten und haben auch unterschiedliche Deutungen. Der Haus- und Ketten-Hund bildet die Treue / der Spurhund den Fleiß / das Windspiel die Geschwindigkeit / das Jungfrauhündlein die Begünstigung unwürdiger Personen. Ein magerer Hund bedeutet den Neid / und Geitz. Es wird auch der Hund dem Geruch beygemahlet / mit welchem er andre Thiere übertrifft.

(Aus: Georg Philipp Harsdörffer, Poetischer Trichter. (Nachdruck) Darmstadt 1969, S. 274 f.)

Friedrich von Logau: Der Kriegshund

> Hunde, die das Vieh behüten,
> Hunde, die am Bande wüten,
> Hunde, die nach Wilde jagen,
> Hunde, welche stehn und tragen,
> Hunde, die zu Tische schmeicheln,
> Hunde, die die Frauen streicheln,
> Diese Hunde gar zusammen
> kommen nur aus faulem Stammen.
> Aber ich bin von den Hunden,
> Die sich in den Krieg gefunden,
> Bleibe nur, wo Helden bleiben,
> Wann Sie Küh' und Pferde treiben,
> habe Bündnis mit den Dieben,
> Trag' am Rauben ein Belieben,
> Pflege, bin ich in Quartieren,
> Gäns' und Hühner zuzuführen,
> Kann die schlauen Bauern suchen,
> Wann sie sich ins Holz verkruchen,
> Wann sie nach den Pferden kommen,
> Die mein Herr hat wo genommen,
> Kann ich sie von dannen hetzen,
> Daß sie Hut und Schuh versetzen,
> Kann durch Schaden, kann durch Zehren

Helfen, Haus und Hof verzehren.
Kavaliers die kann ich leiden,
Bauern müssen mich vermeiden,
Bin nun drum in meinem Orden
Hundekavalier geworden.

(Aus: Bibliothek deutscher Dichter des siebzehnten Jahrhunderts. Hrsg. v. W. Müller. Bd. VI, Leipzig 1824, S. 28f.)

Opitz: Grabschrift eines Hundes.

Die Diebe lief ich an, den Buhlern schwieg ich stille;
So ward vollbracht des Herrn und auch der Frauen Wille.

(Aus: Bibliothek deutscher Dichter des siebzehnten Jahrhunderts. Hrsg. v. W. Müller. Bd. I, Leipzig 1822, S. 157.)

An die Kurfürstin Sophie
Versailles, 20. April 1702

Ich schenkte gestern mad. de Chasteautier einen schönen papagei, der blaudert unerhört. Ich wollte hören, was er sagen kann, ließ ihn in meine kammer; meine hunde wurden jalous, und eine, so Mione heißt, wollt ihn anbellen; der papagei sagte als «donne la patte»; ich wollte, daß E. L. hetten sehen können, wie verwundert Mione war, den vogel sprechen zu hören: sie hörte auf zu bellen, sah ihn stark an, hernach mich; wie er fortfuhr zu reden, erschrack die Mione wie ein mensch, lief davon und versteckte sich unter das lotterbett, da fing der papagei überlaut an zu lachen. Das machte mich an herr Leibniz gedenken, daß E. L. sagen, daß er souteniert, daß die tiere verstand haben, keine machine sein, wie es Descartes hat behaupten wollen, und ihre seelen unsterblich sein. In jener welt werde ich mich sehr erfreuen, nicht allein verwandte und gute freunde wieder finden zu können, sondern auch alle meine tierger, aber were wohl attrapiert, wenns bedeuten sollte, daß meine seele so sterblich als die ihrige werden sollte und daß wir allzusammen nichts mehr sein sollten, will lieber das andere glauben, denn es ist viel tröstlicher.

An die Kurfürstin Sophie
Versailles, 7. Mai 1702

Vergangenen Freitag führte mich der König in sein calesch auf die hirschjagd; ich hatte es hoch von nöten, denn ich hatte das herz noch greulich schwer, mein armes Miongen' verloren zu haben. Es hat mich gestern noch recht geschmerzt, wie ich von Marly kam, alle ihre schwestern zu sehen, so mir ohne sie entgegen kamen; sie fehlt mir überall: im bett, in der promenade; morgens an der toilette lag sie immer auf meinem schoß, und wenn ich schriebe, saß sie hinter mir auf dem sessel; sie war allezeit bey mir und das

schönste tiergen von der welt, ein kurz gesichtgen und große schöne augen
voller feuer und verstand. Aber E. L. werden gedenken, Liselotte ist närrisch
geworden mit ihrem hund, aber, mein herzlieb ma tante, ich kanns nicht
lassen, ich muß E. L. alles gutes und böses sagen, also habe E. L. auch den
verlust meiner armen Mione wissen müssen und wie sehr es mir zu herzen
gangen.

*(Aus: Briefe der Liselotte von der Pfalz. Hrsg. und eingeleitet von H. Kiesel.
Frankfurt 1981, S. 144 f.)*

Die beiden Hunde

Daß oft die allerbesten Gaben
Die wenigsten Bewundrer haben,
Und daß der größte Teil der Welt
Das Schlechte für das Gute hält;
Dies Übel sieht man alle Tage;
Allein wie wehrt man dieser Pest?
Ich zweifle, daß sich diese Plage
Aus unsrer Welt verdringen läßt.
Ein einzig Mittel ist auf Erden;
Allein es ist unendlich schwer.
Die Narren müßten weise werden,
Und seht, sie werdens nimmermehr.
Nie kennen sie den Wert der Dinge.
Ihr Auge schließt, nicht ihr Verstand;
Sie loben ewig das Geringe,
Weil sie das Gute nie gekannt.

Zween Hunde dienten einem Herrn,
Der eine von den beiden Tieren,
Joli, verstund die Kunst, sich lustig aufzuführen,
Und wer ihn sah, vertrug ihn gern.
Er holte die verlornen Dinge,
Und spielte voller Ungestüm.
Man lobte seinen Scherz, belachte seine Sprünge;
Seht, hieß es, alles lebt an ihm!

Oft biß er mitten in dem Streicheln:
So falsch und boshaft war sein Herz;
Gleich fing er wieder an zu schmeicheln:
Dann hieß sein Biß ein feiner Scherz.
Er war verzagt und ungezogen;
Doch ob er gleich zur Unzeit bellt und schrie:
So blieb ihm doch das ganze Haus gewogen:
Er hieß der lustige Joli.
Mit ihm vergnügte sich Lisette,

Er sprang mit ihr zu Tisch und Bette;
Und beide teilten ihre Zeit
In Schlaf, in Scherz und Lustbarkeit;
Sie aber übertraf ihn weit.

Fidel, der andre Hund, war von ganz anderm Wesen,
Zum Witze nicht ersehn, zum Scherze nicht erlesen,
Sehr ernsthaft von Natur; doch wachsam um das Haus,
Ging öfters auf die Jagd mit aus;
War treu und herzhaft in Gefahr,
Und bellte nicht, als wenn es nötig war.
Er stirbt. Man hört ihn kaum erwähnen;
Man trägt ihn ungerühmt hinaus.
Joli stirbt auch. Da fließen Tränen!
Seht, ihn beklagt das ganze Haus.
Die ganze Nachbarschaft bezeiget ihren Schmerz.

So gilt ein bißchen Witz mehr als ein gutes Herz.

(Aus: Christian Fürchtegott Gellert, Fabeln und Erzählungen. Bearb. v.
S. Scheibe. Tübingen 1966, S. 140 f.)

J. W. L. Gleim: Das Pferd. Der Hund.
An Hrn. von H.

Hör an, o Freund! hör an, ich sage nach,
Was jüngst dein Hengst der Engelländer sprach,
Der schöne Hengst, der dir zur Lust
Geboren ist. Er rühmte seine Brust,
Und seinen Kopf, und seinen Schweif,
Und sein Geschick, durch einen Reif
Mit hurtiger Gelenkigkeit zu springen.
Wem kann, sprach er, ein Satz, wie mir, gelingen?
Zum Ritt geh ich, wie ein Polack, zum Tanz
Mit Majestät! vom Kopf bis an den Schwanz
Bin ich gemacht, dem Herrn recht zu gefallen,
Und auch mir selbst. Ich weiß auch wohl, bei allen,
Die mich besehn, heiß ich das edle Tier!
Man hat auch recht; der Widder und der Stier,
Wie ungeschickt sind die doch gegen mich!
Das edelste, das schönste Tier bin ich!

Drauf wedelte mein kleiner Mops daher:
O! sprach der Hengst, o wie so klein ist er,
Der Dickkopf da. Hör an, du kleiner Hund,
Du bist zu klein, zu dick, und auch zu rund,
Betrachte mich, an mir ist nichts zu wenig,
Und nichts zu viel, ich bin der Tiere König.

Betrachte mich. Wie prächtig ist mein Gang!
Wie rasch mein Sprung! Mein Körper wie geschlank!

Sei was du willst, antwortet Möpschen, sei
Geschlank, und rasch und stolz. Ich bin getreu,
Sonst nichts. O Freund! O wie gefiel mir das,
Was Möpschen sprach. Hengst, sagt ich, meinen Haß
Hat jedermann, der sich erhebt, wie du!
Er wieherte. Ich schmiß die Stalltür zu.

(Aus: Sammlung der besten deutschen prosaischen Schriftsteller und Dichter. 96.
Theil. Gleims Schriften. Karlsruhe 1780, S. 95f.)

Die Hunde

Λεοντι ὁμοσε χωρει κυων Ινδικος – και πολλα αὐτον λπηόας και κατατρ-
ωόας, τελευτων ἡττηται ὁ κυων. Aelianus lib. IV. cap. 19.

Wie ausgeartet ist hier zu Lande unser Geschlecht! sagte ein gereister
Pudel. In dem fernen Weltteile, welches die Menschen Indien nennen, da, da
gibt es noch rechte Hunde; Hunde, meine Brüder – – ihr werdet mir es nicht
glauben, und doch habe ich es mit meinen Augen gesehen – die auch einen
Löwen nicht fürchten, und kühn mit ihm anbinden.

Aber, fragte den Pudel ein gesetzter Jagdhund, überwinden sie ihn denn
auch, den Löwen?

Überwinden? war die Antwort. Das kann ich nun eben nicht sagen.
Gleichwohl, bedenke nur, einen Löwen anzufallen! –

O, fuhr der Jagdhund fort, wenn sie ihn nicht überwinden, so sind deine
gepriesene Hunde in Indien – besser als wir so viel wie nichts – aber ein gut
Teil dümmer.

(Aus: Gotthold Ephraim Lessing, Sämmtliche Schriften. Hrsg. v. K. Lachmann.
Erster Band. Leipzig 1853, S. 170.)

Trasimund und sein Pudel

Der strenge Wildgraf Thrasimund
Trieb manchen Spaß mit seinem Hund.
Ein Pudel wars, den er auf türkisch plagte,
Indem er ihn oft stundenlang
Mit leerem Bauch itzt aufzuwarten zwang,
Itzt über einen Stock, itzt in das Wasser jagte;
Und wenn er endlich matt und krank
Zu seinen Füßen niedersank,
Zu murren oder gar sich zu verkriechen wagte,
So ward er aus dem Todesschlaf
Mit hundert Prügeln auferwecket.
Einst hatte der erlauchte Graf
Das fromme Tier bis auf das Blut genecket;

Da schluchzte Fräulein Adelgund,
Zu edel und zu sanft, des Henkers Kind zu heißen:
«Ach Vater, schlagt den armen Hund
Doch nicht so hart! Er wird euch wohl noch beißen».
«Mich beißen? Dummes Ding», versetzte Trasimund,
«Ha, damit hat es gute Wege;
Was gilts, er denkt nicht mehr an die empfangnen Schläge?
Sieh nur!» ... Hier spuckt er aus. In vollem Lauf
Macht sich der Hund herbei und leckt den Speichel auf.

Ihr Völker! Wollt ihr nicht, daß euch die Fürsten zwingen
Bald über ihren Stock, bald in die Flut zu springen,
So spiegelt euch an diesem armen Wicht
Und lecket ihren Speichel nicht.

(Aus: Gottlieb Pfeffel, Poetische Versuche. Dritter Theil. Tübingen 1803, S. 95 f.)

Als der Hund tot war

Alard ist hin, und meine Augen fließen
   Mit Tränen der Melancholie!
Da liegt er tot zu meinen Füßen!
   Das gute Vieh!

Er tat so freundlich, klebt' an mich wie Ketten,
   Noch als er starb an seiner Gicht.
Ich wollt' ihn gern vom Tode retten,
   Ich konnte nicht.

Am Eichbaum ist er oft mit mir gesessen,
   In stiller Nacht mit mir allein;
Alard, ich will dich nicht vergessen
   Und scharr' dich ein,

Wo du mit mir oft saß'st, bei unsrer Eiche,
   Der Freundin meiner Schwärmerei. –
Mond, scheine sanft auf seine Leiche!
   Er war mir treu.

(Aus: Matthias Claudius, Werke. Hrsg. v. U. Roedl. Stuttgart 1957, S. 52 f.)

Der große und der kleine Hund
oder
Packan und Alard.

Ein kleiner Hund, der lange nichts gerochen
   Und Hunger hatte, traf es nun
Und fand sich einen schönen Knochen
   Und nagte herzlich dran, wie Hunde denn wohl tun.

Ein großer nahm sein wahr von fern:
«Der muß da was zum Besten haben,
Ich fresse auch dergleichen gern:
Will doch des Wegs einmal hintraben.»

Alard, der ihn des Weges kommen sah,
Fand es nicht ratsam, daß er weilte;
Und lief betrübt davon und heulte,
Und seinen Knochen ließ er da.

Und Packan kam in vollem Lauf
Und fraß den ganzen Knochen auf.

Ende der Fabel.

«Und die Moral»? Wer hat davon gesprochen? –
Gar keine! Leser, bist du toll?
Denn welcher arme Mann nagt wohl an einem Knochen,
Und welcher reiche nähm' ihn wohl?

(ebda. S. 132)

Andreas Hartknopf. Eine Allegorie. 1786.

– Hagebuck machte eine lange Pause, und wartete, daß der Nebel sich wieder wegziehen sollte – aber der Nebel zog sich nicht wieder weg – Darüber wurde Hagebuck verdrießlich, und als ihm der alte lahme Pudel des Gastwirts Knapp, der Hartknopfen begleitet hatte, zu nahe kam, so gab er ihm mit dem Fuß einen Stoß, daß das arme schwache Tier nach einem lauten Schrei verschied – Das war also an diesem Morgen des Pudels letzter Gang gewesen –

Daß er von Hagebuck den unsanften Stoß erhielt, kam bloß daher, weil er dem Gastwirt Knapp angehörte, der Hagebucken beständig ein Dorn im Auge gewesen war – denn er warnte das Volk – und so oft Hagebuck mit ihm reden wollte, war seine Rede beständig ja! ja! nein! nein! gewesen.

Hartknopf hatte in seiner Bucht den Schrei des Hundes vernommen, und der Emeritus hatte den Stoß gesehen – Da ergrimmte Hartknopf im Geiste, und sprang auf, packte den erschrocknen Hagebuck bei der Brust und sagte: «Unmensch, was hat dir der Hund getan, daß du ihn totgetreten hast?» – Er ist mir zu nahe gekommen – – er hat mich gebissen – stammelte Hagebuck zitternd und zagend – «Er ist dir nahe gekommen, aber er ist dir nicht zu nahe gekommen und hat dich auch nicht gebissen» – erwiderte Hartknopf und schüttelte ihn noch stärker – Um Gottes willen laß mich, flehte Hagebuck, und mach mich nicht zu Schanden vor dem Volk! Ich will dir für den Hund ein Stück Geld bezahlen – mußte er denn nicht so bald verrecken – «Daß du verdammt seist mit deinem Gelde!» sagte Hartknopf, und stieß ihn von sich, daß er einige Schritte rückwärts taumelte, dann seinen Haufen um sich her versammelte, und schnell mit ihnen den Berg herunter eilte. [...]

Der alte lahme einäugige Pudel lag nun da in süßer Ruhe – er mußte in seinem Leben oft Hunger und Kälte ausstehen, mußte manchen Fußtritt erdulden – – aber keiner war ihm doch so hart gefallen, als der von Hagebuck, welcher seinem sinkenden Alter den Rest gab. –

Eine Leichenpredigt auf einen alten lahmen und einäugigen Pudel.

Wohl dir! sagte Hartknopf, da er mit untergeschlagenen Armen, den Kopf gesenkt, auf die Leiche herunter sahe – und: wohl dir! stimmte der Emeritus ein –

Sie scharrten darauf mit ihren Stäben, so gut sie konnten, ein Loch in die Erde, legten den Pudel sanft hinein, und scharrten mit den Füßen einen kleinen Hügel von Erde über ihn zusammen – darauf gingen sie Hand in Hand den Berg herunter, und wanderten wieder dem Tore zu, und als sie nun bald am Tore waren, kam ihnen der Gastwirt Knapp entgegen, und fragte, ob sein Pudel nicht bei ihnen wäre; denn er pflegte sonst immer des Morgens vor sein Bette zu kommen, und ihn durch ein sanftes Bellen zu wecken – und heute habe er die Zeit verschlafen.

Sei er unbekümmert, sein Pudel verschläft auch die Zeit, sagte Hartknopf, er liegt in guter Ruhe – der Scharfrichter Hagebuck hat ihn auf dem Galgenberge durch einen sanften Stoß vom Leben zum Tode gebracht – und wir haben ihn ehrlich begraben, das kann er versichert sein – will er ihm auch ein Epitaphium setzen, so will ich ihm den Fleck zeigen, wo er liegt.

Ja, ja! sagte der Gastwirth Knapp, er hat gut Reden – der Pudel ist ihm wohl freilich nicht so ans Herz gewachsen – aber er wird doch auch zurückdenken können, daß ich und der Pudel ihm noch das Geleite gaben, da er auf die Wanderschaft ging, und das ist doch keine kleine Zeit her – wodurch wächst einem denn eine Sache ans Herz, als durch die Zeit? – Zwar er hat während der Zeit mit dem Pudel weiter keinen Umgang gehabt, und hat auch durch Briefe nichts von ihm erfahren – – mich aber hat er alle Morgen frühzeitig geweckt, indem er vor mein Bette kam, und sanft bellte. – Lieber Vetter, der Hund ist meine Uhr gewesen – ich konnte mich nach ihm richten, wenn es Essenszeit war; dann scharrte er an der Türe, und ich fand immer, daß es gerade die rechte Zeit zum Essen war – daß er mir zweimal das Leben gerettet hat, wird er wissen, oder weiß er es nicht, so will ich es ihm erzählen. –

Ich weiß es, er hat es mir gestern erzählt, sagte Hartknopf – nun so wird er doch auch wissen, daß er dabei das erstemal lahm wurde, und das zweitemal ein Auge verlor – darum laß' er meinen Pudel in Frieden ruhen, und spotte er nicht mit dem Epitaphium! –

Ich spotte nicht, sagte Hartknopf – sondern wenn er will, so will ich ihm selbst eine Grabschrift machen helfen, die wollen wir aufschreiben und wie eine Fahne an einen Stock heften, daß sie Hagebuck morgen früh mit seinen Zöglingen lesen kann:

> Der einäugig und lahm
> Hier sein Ende nahm,
> War einäugig und lahm,
> Weil er zweimal seinem Herrn

In Todesnot zu Hülfe kam.
Ein Schuft erschlug ihn,
Sein Herr beweint ihn,
Die Erde deckt ihn,
Sie deck' ihn leicht!

Schreib' er mir doch das auf, Vetter, sagte Knapp – und Hartknopf schrieb es ihm auf –

Drauf tröstete der Emeritus seinen Gevatter Knapp, über den Verlust seines Pudels, und sagte, der Pudel sei gleichsam ein Emeritus, oder ein ausgedienter gewesen, der denn doch auch einmal in Ruhe zu sein wünschte.
– Aber er war auch gewiß ein sehr meritirter Emeritus, erwiderte Knapp – war er es nicht?

Allerdings, sagte der Emeritus – das verlorne Auge war sein Stern, und das lahme Bein sein Ordensband –

Das Gleichnis hinkt! – sagte Hartknopf – Laß er es hinken! erwiderte der Emeritus.

(Aus: Karl Philipp Moritz, Andreas Hartknopf. Faksimiledruck der Originalausgabe. Stuttgart 1968, S. 74 ff.)

Wie eine gräuliche Geschichte durch einen gemeinen Metzgerhund ist an das Tageslicht gebracht worden.

Zwei Metzger gehen mit einander auf's Gäu, kommen in ein Dorf, teilen sich, einer links an der Schwanen vorbei, einer rechts, sagen, in der Schwanen kommen wir wieder zusammen. Sind nimmer zusammenkommen. Denn einer von ihnen geht mit einem Bauer in den Stall, die Frau, so zwar eine Wasche in der Küche hatte, geht auch mit, so lauft das Kind für sich selber auch nach. Stößt der Teufel die Frau an den Ellenbogen: «Sieh, was dem Metzger eine Gurt voll Geld unter dem Brusttuch hervorschaut!» Die Frau winkt dem Mann, der Mann winkt der Frau, schlagen im Stall den armen Metzger tot und bedecken den Leichnam in der Geschwindigkeit mit Stroh. Stößt der Teufel die Frau noch einmal an den Ellenbogen: «Sieh, wer zuschaut!» Wie sie umblickt, sieht sie das Kind. So gehn sie miteinander im Schrecken und Wahnsinn in's Haus zurück und schließen die Türe zu, als wenn sie im Feld wären. Da sagt die Frau, die kein Rabenherz, nein, ein höllisches Drachenherz im Busen hatte: «Kind, sagte sie, wie siehst du wieder aus? Komm in die Küche, ich will dich waschen.» In der Küche steckt sie dem Kind den Kopf in die heiße Lauge und brüht es zu tot. Jetzt meint sie, sei alles geschweigt, und denkt nicht an den Hund des ermordeten Metzgers. Der Hund des ermordeten Metzgers, der noch eine zeitlang mit dem Kameraden gelaufen war, witterte, während das Kind gebrüht und geschwind in den Backofen gesteckt wurde, die Spur seines Herrn wieder auf, schnauft an der Stalltüre, scharrt an der Haustüre, und merkt, hier sei etwas Ungerades vorgefallen. Plötzlich springt er in's Dorf zurück und sucht den Kameraden. Aber der Künstler, so die Abbildung hierneben geschnitzt hat, und kurz vorher durch jene Gegend gereist war, sagt: «Nein, sondern der Hund sei zu dem Metzger im Dorf gelaufen, der auch ein guter Bekannter von seinem Herrn war, und jetzt eben ein Kälblein stach. Kurz, der Hund winselt und heult, zerrt den andern Metzger am Rock, und der Metzger merkt auch etwas. Also begleitete er den Hund an das Haus, und zweifelte nicht, daß hier etwas Erschreckliches vorgefallen sei. Also winkt er zwei Männern, die von ferne vorbei gingen. Man sieht auf der Abbildung, wie er voll Schrecken ist und ihnen winket. Aber die Männer sieht man nicht, denn sie stehen noch neben dem Papier draußen in der Luft. Man muß den Kalender auf den Tisch legen und sie mit Kreide neben dran malen, wenn man sie sehen will. Aber inwendig im Haus und inwendig in der verruchten Brust des Mörders und der Kindsmörderin ging auch etwas vor, was man dem Papier nicht ansieht und mit keiner Kreide auf den Tisch malen kann. Denn als sie draußen das Winseln des Hundes und das Rufen des Metzgers hörten, kam's vor ihren Augen wie lauter Hochgericht und in ihre Herzen wie lauter Hölle. Der Mann wollte zum hintern Fenster hinaus entspringen, die Frau hielt ihn am Rock und sagte: «Bleib da!» Der Mann sagte: «Komm mit!» Die Frau antwortete: «Ich kann nicht, ich habe Blei an den Füßen. Siehst du nicht die erschreckliche Gestalt vor dem Fenster mit blitzenden Augen und glühendem Atem?» Unterdessen wurde die Türe eingebrochen. Man fand bald die Leichname der Ermordeten. Die Missetäter wurden handfest gemacht und dem Richter übergeben. Sechs Wochen darauf wurden sie gerädert und ihre verruchten Leichname auf das Rad geflochten, und die Raben sagen jetzt: «Das Fleisch schmeckt gut.»

(Aus: Johann Peter Hebel's Werke, II. Band. Erzählungen des rheinischen Hausfreundes. Karlsruhe 1853, S. 167f.)

Die guten Weiber und ihre Hunde

Sinklair. Lassen Sie sich doch, meine Damen, aus diesem allgemeinen Streit zur Betrachtung unserer armen Blättchen wieder herunter.

Seyton. Ich sehe, hier ist die Hundeliebhaberei nicht zum erfreulichsten dargestellt.

Amalia. Das mag hingehen, denn mir sind diese Tiere besonders zuwider.

Sinklair. Erst gegen die Zerrbilder, dann gegen die Hunde.

Amalia. Warum nicht? sind doch Tiere nur Zerrbilder des Menschen.

Seyton. Sie erinnern sich wohl, was ein Reisender von der Stadt Grätz erzählt: daß er darin so viele Hunde und so viele stumme, halb alberne Menschen gefunden habe. Sollte es nicht möglich sein, daß der habituelle Anblick von bellenden unvernünftigen Tieren auf die menschliche Generation einigen Einfluß haben könnte?

Sinklair. Eine Ableitung unserer Leidenschaften und Neigungen ist der Umgang mit Tieren gewiß.

Amalia. Und wenn die Vernunft, nach dem gemeinen deutschen Ausdruck, manchmal stillstehen kann, so steht sie gewiß in Gegenwart der Hunde still.

Sinklair. Glücklicherweise haben wir in der Gesellschaft niemand, der einen Hund begünstigte, als Madame Seyton. Sie liebt ihr artiges Windspiel besonders.

Seyton. Und dieses Geschöpf muß besonders mir, dem Gemahl, sehr lieb und wichtig sein.

Madame Seyton drohte ihrem Gemahl von ferne mit aufgehobenem Finger.

Seyton. Es beweist was Sie vorhin sagten, Sinklair, daß solche Geschöpfe die Neigungen ableiten. Darf ich, liebes Kind – so rief er seiner Frau zu –, nicht unsere Geschichte erzählen? Sie macht uns beiden keine Schande.

Madame Seyton gab durch einen freundlichen Wink ihre Einwilligung zu erkennen und er fing an zu erzählen: Wir beide liebten uns, und hatten uns vorgenommen einander zu heiraten, ehe als wir die Möglichkeit eines Etablissements voraussahen. Endlich zeigte sich eine sichere Hoffnung; allein ich mußte noch eine Reise vornehmen, die mich länger, als ich wünschte, aufzuhalten drohte. Bei meiner Abreise ließ ich ihr mein Windspiel zurück. Es war sonst mit mir zu ihr gekommen, mit mir weggegangen, manchmal auch geblieben. Nun gehörte es ihr, war ein munterer Gesellschafter und deutete auf meine Wiederkunft. Zu Hause galt das Tier statt einer Unterhaltung, auf den Promenaden, wo wir so oft zusammen spaziert hatten, schien das Geschöpf mich aufzusuchen und, wenn es aus den Büschen sprang, mich anzukündigen. So täuschte sich meine liebe Meta eine Zeitlang mit dem Scheine meiner Gegenwart, bis endlich, gerade zu der Zeit, da ich wiederzukommen hoffte, meine Abwesenheit sich doppelt zu verlängern drohte und das arme Geschöpf mit Tode abging.

Madame Seyton. Nun, liebes Männchen, hübsch redlich, artig und vernünftig erzählt.

Seyton. Es steht dir frei, mein Kind, mich zu kontrollieren. Meiner Freundin schien ihre Wohnung leer, der Spaziergang uninteressant, der Hund, der sonst neben ihr lag, wenn sie an mich schrieb, war ihr, wie das Tier in dem Bild eines Evangelisten, notwendig geworden, die Briefe wollten nicht mehr fließen. Zufällig fand sich ein junger Mann, der den Platz des vierfüßigen Gesellschafters zu Hause und auf den Promenaden übernehmen wollte. Genug, man mag so billig denken als man will, die Sache stand gefährlich.

Madame Seyton. Ich muß dich nur gewähren lassen. Eine wahre Geschichte ist ohne Exaggeration selten erzählenswert.

Seyton. Ein beiderseitiger Freund, den wir als stillen Menschenkenner und Herzenslenker zu schätzen wußten, war zurückgeblieben, besuchte sie manchmal, und hatte die Veränderung gemerkt. Er beobachtete das gute Kind im stillen und kam eines Tages mit einem Windspiel ins Zimmer, das dem ersten völlig glich. Die artige und herzliche Anrede, womit der Freund sein Geschenk begleitete, die unerwartete Erscheinung eines aus dem Grabe gleichsam auferstandenen Günstlings, der stille Vorwurf, den sich ihr empfängliches Herz bei diesem Anblick machte, führten mein Bild auf einmal lebhaft wieder heran; der junge menschliche Stellvertreter wurde auf eine gute Weise entfernt, und der neue Günstling blieb ein steter Begleiter. Als ich nach meiner Wiederkunft meine Geliebte wieder in meine Arme schloß, hielt ich das Geschöpf noch für das alte und verwunderte mich nicht wenig, als es mich, wie einen Fremden, heftig anbellte. Die modernen Hunde müssen kein so gutes Gedächtnis haben als die antiken! rief ich aus; Ulyß wurde nach so langen Jahren von dem seinigen wieder erkannt, und dieser hier konnte mich in so kurzer Zeit vergessen lernen. Und doch hat er deine Penelope auf eine sonderbare Weise bewacht! versetzte sie, indem sie mir versprach das Rätsel aufzulösen. Das geschah auch bald, denn ein heiteres Vertrauen hat von jeher das Glück unserer Verbindung gemacht.

Madame Seyton. Mit dieser Geschichte mag's so bewenden. Wenn dir's recht ist, so gehe ich noch eine Stunde spazieren; denn du wirst dich nun doch an den Lombretisch setzen.

Er nickte ihr sein Ja zu; sie nahm den Arm ihres Hausfreundes an und ging nach der Tür. Liebes Kind, nimm doch den Hund mit! rief er ihr nach. Die ganze Gesellschaft lächelte, und er mußte mitlächeln, als er es gewahr ward, wie dieses absichtslose Wort so artig paßte, und jedermann darüber eine kleine stille Schadenfreude empfand.

Sinclair. Sie haben von einem Hunde erzählt, der glücklicherweise eine Verbindung befestigte; ich kann von einem andern sagen, dessen Einfluß zerstörend war. Auch ich liebte, auch ich verreiste, auch ich ließ eine Freundin zurück. Nur mit dem Unterschied, daß ihr mein Wunsch sie zu besitzen noch unbekannt war. Endlich kehrte ich zurück. Die vielen Gegenstände, die ich gesehen hatte, lebten immerfort vor meiner Einbildungskraft, ich mochte gern, wie Rückkehrende pflegen, erzählen, ich hoffte auf die besondere Teilnahme meiner Freundin. Vor allen andern Menschen wollte ich ihr meine Erfahrungen und meine Vergnügungen mitteilen. Aber ich fand sie sehr lebhaft mit einem Hunde beschäftigt. Tat sie es aus Geist des Widerspruchs, der manchmal das schöne Geschlecht beseelt, oder war es ein unglücklicher Zufall: genug, die liebenswürdigen Eigenschaften des Tiers, die artige Unterhaltung mit demselben, die Anhänglichkeit, der Zeitvertreib, kurz, was alles dazu gehören mag, waren das einzige Gespräch, womit sie einen Menschen unterhielt, der seit Jahr und Tag eine weit' und breite Welt in sich aufgenommen hatte. Ich stockte, ich verstummte, ich erzählte so manches andern, was ich abwesend ihr immer gewidmet hatte, ich fühlte ein Mißbehagen, ich entfernte mich, ich hatte unrecht und ward noch unbehaglicher. Genug, von der Zeit an ward unser Verhältnis immer kälter, und wenn es sich zuletzt gar zerschlug, so muß ich, wenigstens in meinem Herzen, die erste Schuld jenem Hunde beimessen.

Armidoro, der aus dem Kabinett wieder zur Gesellschaft getreten war, sagte, nachdem er diese Geschichte vernommen: Es würde gewiß eine merkwürdige Sammlung geben, wenn man den Einfluß, den die geselligen Tiere auf den Menschen ausüben, in Geschichten darstellen wollte.

(Aus: Johann Wolfgang Goethe, Die guten Weiber, in: dtv-Gesamtausgabe. Bd. 20, München 1962, S. 118 ff.)

VII.

Die Moderne

1. Gedankengänge geraten in Bewegung

Tiere sind immer mit Menschen, Menschen mit Tieren verglichen worden, zumeist wie in der Fabeltradition, um das
Menschlich-Allzumenschliche oder sogar das Schlimme und
Böse in der Seele und im Verhalten des Menschen am tierischen
Abbild zu demonstrieren. Die nachmittelalterlichen Jahrhunderte, so zeigten wir, rückten das Tier und den Menschen mehr
und mehr auseinander, wenngleich der Hund zum Teil von
dieser Distanzierung ausgenommen blieb. Das 19. Jahrhundert
brachte mit der intensiven und weitläufigen Rezeption des
Evolutionsgedankens eine neue Annäherung von Tier und
Mensch, die allerdings in ihren Anfängen bereits in das Ende des
16. Jahrhunderts zurückreicht, damals jedoch nur von einigen
wenigen fortschrittlichen Künstlern und Denkern vorwegge-
nommen wurde.

Die Brüder Carracci (Ende 16. Jhd.) waren offenbar die
ersten, die sich in ihrem Kreis damit vergnügten, menschliche
und tierische Physiognomien spielerisch in Beziehung zu setzen
und zahlreiche Bologneser Bürger, die ihr Atelier besuchten,
als Hunde, Schweine oder Esel auf ihren Zeichnungen abzu-
bilden. Sie begründeten damit eine Tradition, die bis zum Ende
des 17. Jahrhunderts kontinuierlich, wenn auch nicht besonders
üppig, weitergeführt wurde (dazu und zum Folgenden ausführlich Baur, 48 ff.). Am Ende des 17. Jahrhunderts läßt das
Interesse an solcher vergleichenden Physiognomik indessen
etwas nach, nicht zuletzt wohl auch deswegen, weil Descartes,
wie wir bereits ausgeführt haben, eine scharfe Trennungslinie
zwischen Mensch und Tier gezogen hatte: er sprach dem
Tier jegliche Vernunft ab, machte es zu einem bloßen, ausge-
dehnten Ding, einer Maschine, die mehr oder weniger mecha-

nisch operierte. Dadurch wurde einer angleichenden Beziehung zwischen Mensch und Tier der Boden entzogen, wenigstens theoretisch.

Das begann sich im 18. Jahrhundert zu ändern, einem Jahrhundert, in dem die Anthropologie im Rahmen des ungeheuren Aufschwungs, den die naturwissenschaftliche Erkenntnis nahm, Ergebnisse formulierte, deren konzeptionelle Sprengkraft so groß war, daß sie der philosophischen Spekulation des 19. Jahrhunderts ganz neue Impulse gab und Richtungen wies.

Um die Mitte des 18. Jahrhunderts wird der Gedanke formuliert, daß sich Mensch und Tier gar nicht in einem eklatanten Differenzverhältnis befinden, sondern in ein und dieselbe Entwicklungsreihe gehören. Der französische Arzt La Mettrie versuchte in seiner Schrift «L'homme machine» von 1748 nachzuweisen, daß nicht nur das Tier, sondern auch der Mensch als ein Körper zu verstehen ist, dessen Handlungen auf physikalische und chemische Ursachen zurückgeführt werden können. Dadurch wird die Unterscheidung, die Descartes getroffen hatte, in einem wesentlichen Punkte aufgehoben. Für La Mettrie ist die Differenz zwischen den höchst entwickelten Tieren und den Menschen äußerst gering.

Der große französische Zoologe Buffon (1707–1788) hat die Beziehung, die sich dadurch zwischen Mensch und Tier wiederherstellte, durch seine erstaunlich frühen und freien Einsichten in die Evolutionszusammenhänge noch enger geknüpft. Für ihn ist der Mensch in jeder materiellen Hinsicht ein Tier, und er nimmt schon, wenn er es auch noch äußerst vorsichtig formuliert, Darwinsche Gedanken vorweg, wenn er schreibt: «Wenn wir von Pflanzen- und Tierfamilien sprechen, wenn etwa der Esel von der gleichen Familie wie das Pferd sein dürfte, ... so könnte man auf den Gedanken kommen, daß der Affe von der Familie der Menschen sei» (zit. n. Baur, 53).

Es war der niederländische Anatom Petrus Camper (1722–1789), der diese Gedanken auch durch Zeichnungen zu belegen und die Entwicklungsreihe von den primitiven Tieren bis zum Menschen zu rekonstruieren versuchte, Gedanken, die in den «Physiognomischen Fragmenten» Johann Caspar Lavaters (1741–1801) wieder auftauchen, deren Konsequenzen jedoch von diesem eher ignoriert wurden. So stellt Lavater zwar auf einer ganzen Seite verschiedene Affentypen zusammen, zieht aus deren Menschenähnlichkeit jedoch nicht den unvermeidlichen Schluß, daß hier Zusammenhänge bestehen, sondern versteift sich auf die Hervorhebung der moralischen Differenz: «Oh Mensch, du bist kein Affe, und der Affe ist kein Mensch, freue dich Mensch zu sein, und sei was du bist» (zit. n. Baur, 56).

Freilich, der großen Wirkung, die die «Physiognomischen Fragmente» vor allem in Frankreich und England gewannen, hat dies keinen Abbruch getan. Dort rezipierte man Lavater um die Jahrhundertwende, als ob er durch sein Werk die Gedanken Buffons und Campers bestätigte, nahm seine protestantisch-moralischen Bedenken weniger zur Kenntnis als in Deutschland, wo das Buch bei vielen Gebildeten auf bissige oder sogar belustigte Ablehnung stieß.

Wichtig ist für unseren Kontext, daß durch die beschriebene Bewegung, in die die Gedankengänge über das Verhältnis von Mensch und Tier im 18. Jahrhundert gerieten, die beiden getrennten Wesen wieder deutlicher aufeinander bezogen wurden. Und dies nicht durch einen religiös oder moralisch oder erkenntnistheoretisch begründeten Ansatz, sondern durch die Gegebenheiten des mechanistisch-physikalisch verstandenen Natursystems selbst.

2. Die Karikatur

Da in diesen neuen Gedankengängen der Mensch nicht mehr als unbezweifelbare Krone der Schöpfung fungierte und seine Sonderstellung durch die Reihe, in die er hineingestellt wurde, relativiert erschien, stießen solche Vorstellungen bei vielen Zeitgenossen auf erhebliche Abwehr, was wiederum die Karikatur kritisch und bissig aufgriff. Bereits 1854 veröffentlichten die «Fliegenden Blätter» eine Zeichnung «zur Schöpfungsgeschichte», auf der eine genetische Abfolge von Hund (Hundestammvater?), Esel, Affe und Mensch satirisch unterstellt wurde (Abb. 56).

Abb. 56   Zur Schöpfungsgeschichte
(Fliegende Blätter 1854)

Noch enger bezieht der französische Zeichner Grandville
(1803–1850) Tier und Mensch aufeinander, wenn er auf physiognomischen Zeichnungen Gestaltreihen bildet, auf denen die
Hundwerdung des Menschen der Menschwerdung des Hundes
gegenübergestellt wird.

«Der Mensch steigt zum Tier herab», so nennt Grandville
einen der Holzschnitte von 1843, die dieses Thema aufgreifen.
An den Anfang setzt er den Kopf eines Kindes, den er in fünf
Stufen in einen alten Mann mit tierischen Zügen übergehen läßt.
Der Wandel ist deutlich als eine Verschlechterung interpretiert,

Abb. 57   Grandville, Der Mensch steigt zum Tier herab
(Le Magasin pittoresque 1843)

denn der hundsköpfige Mensch auf der untersten Stufe wirkt
wie ein an die Kette geschlossener Sträfling. Das Gegenbild mit
dem Titel «Das Tier steigt zum Menschen auf» zeigt, wiederum
in fünf Stufen, wie sich aus dem Kopf eines jungen Hundes
allmählich ein Tier mit menschlichen Zügen entwickelt, dessen
Kultivierung sich auch dadurch anzeigt, daß das Tier auf der
letzten Stufe eine Brille trägt und Schach spielt (Abb. 57 und 58).

Grandville bezieht sich mit solchen Zeichnungen auf Gedankengänge, die in der ersten Hälfte des 19. Jahrhunderts besonders virulent wurden und die sich in den großen revolutionären
anthropologischen Neuorientierungen der Zeit niederschlagen.
Ging die Mehrzahl der Denker im 18. Jahrhundert noch davon
aus, daß die Arten der Lebewesen über die Zeiten hin gleich
geblieben seien, so stellte der französische Naturforscher La-
marck (1744–1829) zu Beginn des 19. Jahrhunderts eine, freilich
noch als Gedankenoperation vorgetragene Deszendenztheorie
auf, die die Verwandtschaft der Organismen durch eine Abstammung aus einer gemeinsamen Tierform erklärte.

Charles Darwin (1809–1882) griff diese Gedanken, die noch
einen Sturm der Entrüstung hervorgerufen hatten, wieder auf
und gab ihnen durch seine empirischen Forschungen größere
naturwissenschaftliche Sicherheit. Darwin wies die Linnésche
Vorstellung von der Invarianz der Arten entschieden zurück und
erklärte sich davon überzeugt, «daß die Arten nicht unveränder-

Abb. 58   Grandville, Das Tier steigt zum Menschen auf
(Le Magasin pittoresque 1843)

lich seien, sondern daß die zu einer sogenannten Gattung gehöri-
gen Arten in direkter Linie von einer anderen gewöhnlich
erloschenen Art abstammen» (zit. n. Baur, 132). Um die Mitte
des Jahrhunderts radikalisierte und popularisierte Ernst Haeckel
die Darwinsche Entwicklungstheorie, indem er sie, noch konse-
quenter und direkter als Darwin, auch auf den Menschen an-
wendete: «Was uns Menschen selbst betrifft, so hätten wir also
konsequenterweise, als die höchst organisierten Wirbeltiere,
unsre uralten gemeinsamen Vorfahren in affenähnlichen Säugetieren, weiterhin in känguruhartigen Beuteltieren, noch weiter
hinauf in der sogenannten Sekundärperiode in eidechsenartigen
Reptilien, und endlich in noch früherer Zeit, in der Primärpe-
riode, in niedrig organisierten Fischen zu suchen» (ebd.).

Bei der Mehrzahl der Zeitgenossen, die noch ganz in den
alten, religiös und philosophisch gegründeten Vorstellungstra-
ditionen zu Hause waren, stießen solche Gedanken auf unerbitt-
liche Ablehnung. Die fortschrittlichen Medien wiederum grif-
fen solche Rückständigkeit, vornehmlich in der Form der Satire
und deren bildlichem Ausdruck, der Karikatur, immer wieder
mit eindringlicher Schärfe an. Dabei war es gerade diese Spannung – ein neuer Deutungszusammenhang, der die Genese der
Erde unter einem völlig veränderten Blickwinkel sehen ließ,
spaltete die Welt in begeisterte Verfechter und glühende Gegner
der neuen Lehre –, die der Karikatur der Zeit ihre Stoßkraft gab.

Wir wollen uns hier auf zwei Beispiele beschränken: auf ein
Blatt von Daumier und eines von Gulbransson.

Daumiers ‹Deux chasseurs altérés› (zwei durstige Jäger) von
1859 scheint auf den ersten Blick eher komisch als satirisch. Ein
Jäger und ein Hund in kahler, beinahe wüster Landschaft, ganz
in der Ferne ein einzelner Baum, die beiden beugen sich zum
Trinken zu einer Wasserlache hinab. Komisch erscheint die
Haltung; denn der Mensch, der hier in dieser trostlosen Landschaft ohne die Gegenstände der Zivilisation auskommen muß
und z. B. keinen Becher zum Trinken hat, nimmt dieselbe Pose
ein wie der Hund und wird damit zu einem Stück animalischer
Natur, dessen beherrschender Körperteil nicht mehr der Kopf
ist, sondern der weit in die Luft gereckte Hintern. Auf keinem
seiner vielen Blätter, auf denen Menschen in Hundegestalt oder

Abb. 59   Honoré Daumier, Deux chasseurs altérés
(zwei durstige Jäger). 1859

Menschen mit Hunden abgebildet sind, hat Daumier auf zwin-
gendere und eindringlichere Weise das traditionelle Wertbild des
Menschen zertrümmert, indem er ihn in seiner ganzen Erbärm-
lichkeit vorführt, die im eklatanten Widerspruch zu seinem
hohen traditionellen Anspruch steht (Abb. 59).

Gulbranssons Karikatur von 1908 aus dem ‹Simplicissimus›
beläßt Mensch und Hund dagegen in der Umgebung traditioneller Kultur: ein Platz in München, im Hintergrund die Feld-
herrnhalle, Menschen füttern die unvermeidlichen Tauben. Im
Vordergrund eine mächtige, aufgetakelte Frau, die am straffen
Band ein schmächtiges, schmales, spitzes Hundetier einherführt.
Der Hund ist so gezeichnet, daß man nur seine Vorderbeine
sieht; diese wirken wie dünne menschliche Beine einer Figur, die
die Hände über dem Rücken verschränkt hat. Dadurch gewinnt
das Tier menschliche Gestalt, wird zum unterjochten, beküm-
merten Ehemann der majestätisch einherschreitenden Frau.
Während aber bei Daumier der Tier-Mensch-Vergleich den

*Abb. 60   Olaf Gulbransson, Der vornehme Hund
(Simplicissimus 1908)*

Menschen in seiner Jämmerlichkeit entlarvt, wird hier seine trost-
lose zivilisatorische Verkümmerung angeprangert (Abb. 60).
      Während Gulbransson mit seinem Mensch – Tier – Vergleich
zwischenmenschliche Beziehungen aufs Korn nimmt, model-

liert Daumier plastisch heraus, wie beide, Mensch und Tier, sich im Augenblick des Überlebens aneinander angleichen, ja in Haltung und Verhalten ununterscheidbar werden. Wie grandios die Darstellung ist, wird besonders dann deutlich, wenn man sich klar macht, daß und wie Daumier hier einen alten, bis ins 17. Jahrhundert zurückreichenden Darstellungstypus aufgreift, der wiederum bis in die moderne Zeit – freilich kaum jemals mit solcher gestalterischer Kraft und Hintergründigkeit – immer wieder in Karikaturen auftritt.

Es handelt sich um die gerade im 19. Jahrhundert so häufig vorkommenden Karikaturen, auf denen die physiognomische Ähnlichkeit von Tier und Mensch persifliert wird. Der Menge nach nimmt der Hund auch hier wieder eine Sonderstellung ein. Denn, wo es darum geht zu zeigen, wie sich Mensch und Tier einander angeglichen haben, spielt der Hund als das dem Menschen vertrauteste Tier entschieden die bedeutendste Rolle. So geht es auf einer anonymen Karikatur vom Ende des 18. Jahrhunderts mit dem Titel «Mister Sharp und Mister Blunt» darum, die totale Identifikation von Mensch und Hund zu zeigen. Ein langer dünner und ein kurzer dicker Mann werden in ihrer Physiognomie wie in ihren Bewegungen mit ihren ihnen gleichförmigen Hunden parallelisiert, wobei der karikaturistische Gestus der Zeichnung deutlich das Groteske hervorhebt. Dies – so unterstreicht die Zeichnung – sind keine Gestalten der Natur (Abb. 61).

Auf einer Zeichnung von Adolf Oberländer, die 100 Jahre später entstanden ist, tritt die Ähnlichkeit von Herr und Hund in fast idyllischer, natürlicher Zweisamkeit auf. Der Zeichner hat sogar den Menschen etwas tierischer als den Hund, den Hund etwas menschlicher als den Menschen dargestellt. Man kann nämlich bemerken, «daß das bärtige Gesicht des Alten mit der überspitzten, gedrückten Nase und dem nach vorne abstehenden zotteligen Schnurrbart etwas Tierisches, etwas Hundeschnauzen ähnliches hat, während im Gegensatz dazu die Physiognomie mit dem für einen Hund völlig unnatürlichen, nach oben gerichteten Blick und der schmalen, aber abgehobenen Nase mit richtigen Nasenflügeln sehr viel Menschliches aufweist» (zit. n. Baur, 122) (Abb. 62).

Der Typus selbst ist bis in die jüngste Zeit hinein immer
wieder von Karikaturisten und Zeichnern verwendet worden.
Freilich, die Brisanz, die die Tier-Mensch-Bilder im 19. Jahrhundert besaßen, konnte der Typus nicht bewahren. In einer
Zeit, in der die evolutionstheoretische Erklärung der Welt un-
problematisch geworden ist und mehr oder weniger allgemein
akzeptiert wird, führt der Typus ein eher dekoratives Dasein.
Nie sagen die Bilder mehr aus, als daß Tier und Mensch äußerlich einander angenähert sind; nie vermögen die harmlosen,
hübschen Bildchen auch nur annähernd in jene Dimensionen der
Gestaltung und Aussage vorzustoßen, in denen etwa Daumier
sich bewegt hat. Vermutlich ist dies auch gar nicht der Anspruch
und diese Zeichner wollen nur auf eine freundliche und witzige
Weise den Betrachter unterhalten, wollen ihm etwas Hübsches
und Amüsantes über das Verhältnis von Mensch und Tier
erzählen, wobei durchaus interessante Beobachtungen zugrunde
liegen können.

Die Verharmlosung der Karikatur zeigt sich auch im politischen Bereich. Wenn der bedeutende französische Karikaturist

Abb. 61   Mr. Sharp and Mr. Blunt
(anonyme Karikatur von 1773)

Abb. 62   Adolf Oberländer, Herr und Hund
(Zeichnung von 1879)

André Gill Herrn von Bismarck im Jahre 1867 in der satirischen
Wochenzeitschrift «La Lune» als Bulldogge abbildet, die mit
einer Mausefalle den kleineren Tieren (und d. h. in der Sprache
des Bildes: den kleineren Staaten) auflauert, so hat dies mehr
politische Schärfe, als wenn H. Meyer-Brockmann fast hundert
Jahre später im Simplizissimus den deutschen Bundeskanzler
Adenauer als abgemagerten Kettenhund abbildet, dessen Futter-
trog zwischen seinen Vorderbeinen hindurch von dem kleinen
Dackel Mendès-France geleert wird. Und es ist nicht nur die
punktuelle, schon längst vergessene Situation, die die spätere

Abb. 63   André Gill, Herr von Bismarck (1867)

Karikatur von der früheren abhebt; es ist nicht nur die Tatsache,
daß in der Bismarck-Karikatur satirisch eine allgemeinere Aussage über den großen preußischen Politiker gemacht wird. Es ist
vielmehr vor allem das andersartige Spannungsverhältnis zwischen der politischen Macht und der liberalen Presse, das hier
eine entscheidende Rolle spielt. Die Fallhöhe des demokratisch
gewählten Politikers ist nicht so hoch wie die des allmächtigen,
konservativen, mit eiserner Hand durchgreifenden und vor
radikalen Verboten nicht zurückschreckenden preußischen
Kanzlers (Abb. 63 und 64).

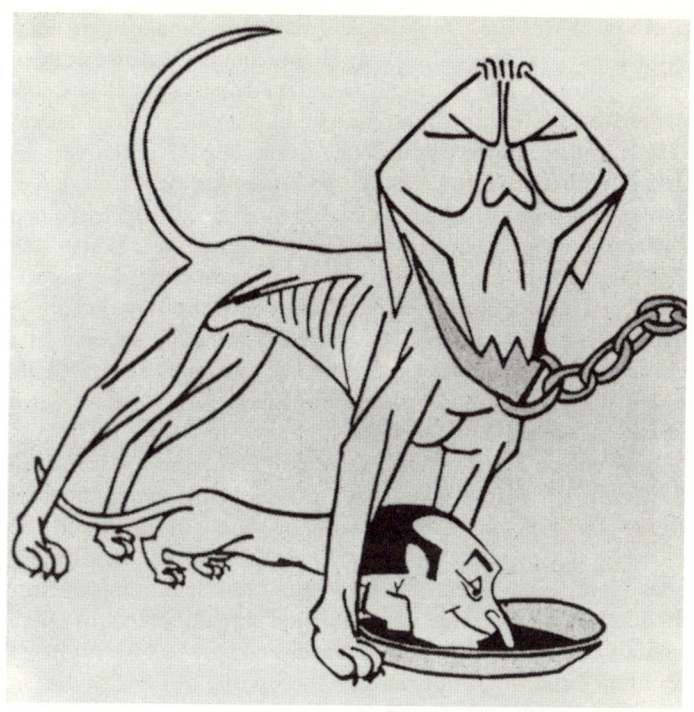

Abb. 64   Henri Meyer-Brockmann, Der wahre Mendès-Fraß.
«Ist von Statur er auch nicht groß, sein Appetit ist tadellos.»
(Simplizissimus 1954)

3. Versuch einer Wiederannäherung

Blicken wir von hier aus noch einmal zurück. Der Tier-Mensch-
Vergleich, der in der Aufklärung, wenn auch mit leichten Einschränkungen, eindeutig zugunsten der Vernunftnatur des
Menschen entschieden worden war, erfährt im 19. Jahrhundert
eine Neuinterpretation. Vorbereitet durch anthropologische
und zoologische Gedanken des 18. Jahrhunderts bricht sich die
Erkenntnis Bahn, daß die traditionelle Deutung der Schöpfungsgeschichte, die von der Konstanz gottgeschaffener Arten

und von der Gottebenbildlichkeit des Menschen ausgeht, den modernen wissenschaftlichen Befunden und Auffassungen nicht mehr standzuhalten vermag. Der Mensch sieht sich in eine genetische Reihe hineingestellt, die ihn, wenn auch als letztes Glied, so doch mit Entschiedenheit, mit dem Tierreich verbindet. Die bildnerische Tradition, so sahen wir, nahm diese Gedanken auf und unterstrich in Karikaturen und Tierbildern den Zusammenhang nachdrücklich, ja gab ihm, wie etwa in den Zeichnungen Daumiers erkennbar, nur noch schärfere Konturen. Der Mensch, eben noch die Krone der Schöpfung und durch seine Vernunftnatur über das Tierreich erhoben, scheint jetzt eher eine problematische Figur geworden zu sein, bei der sich die Frage stellt, was sie denn der animalischen Natur des Tieres eigentlich entgegenzusetzen habe.

Tatsächlich haben die Denker der Folgezeit bis hin zum Existentialismus mit ihren lebensphilosophischen Ansätzen und Konzepten hier angesetzt. Ihrer Auffassung nach waren die Bereiche des psychischen Lebens wie Gefühle, Sinnesimpulse oder Gemütsregungen ebenso wesens- und handlungsbestimmend für den Menschen wie seine Intellektualität. Daraus ergab sich zwangsläufig eine Wiederannäherung an das Tier, dessen spontaner und unkomplizierter Lebensbezug der menschlichen Daseinsform als der glücklichere gegenübergestellt wurde.

Es war auch hier vor allem die Darwinsche Abstammungslehre, nach der der Mensch durch seine Genealogie und Evolution an das Tier gekoppelt ist, die zu diesem Umdenken führte. Das Buch, in dem Darwin 1859 seine Erkenntnisse zur Evolutionstheorie veröffentlichte, war innerhalb eines Tages vergriffen und wurde in der Öffentlichkeit mit großer Heftigkeit diskutiert und befehdet. Vor allem orthodoxe Gläubige verdammten seine Theorie als Atheismus, weil sie der Schöpfungsgeschichte der Bibel widersprach. Doch auch in weniger orthodoxen Kreisen und bei einem Großteil der Wissenschaftler stieß die Theorie, der Mensch stamme von niederen Amphibien- und Tierarten ab und sei mit den Affen nahe verwandt, auf heftigen Widerspruch. Als «Affentheorie» geschmäht, wurden die Erkenntnisse Darwins in der Öffentlichkeit lächerlich gemacht und waren Anlaß zu zahlreichen Karikaturen.

In der Folgezeit setzte sich jedoch Darwins Theorie durch und beeinflußte nicht nur die Biologie, sondern auch die Geisteswissenschaften, Sozialwissenschaften und die Nationalökonomie. Erklärungsmodelle wie das Prinzip der Selektion – das Überleben des Stärksten und Nützlichsten und Angepaßtesten – fanden Eingang in viele Wissenschaften. Vor allem der Sozialdarwinismus, der die von Darwin entwickelte Evolutionstheorie auf die Veränderung von Gesellschaften übertrug, gewann im 19. und 20. Jahrhundert viele Anhänger. Er sieht die menschliche Ungleichheit als nuturgegeben an und leitet daraus die Bildung von Hierarchien ab, da sich im Existenzkampf und in den sozialen Konflikten die «Starken» durchsetzen und die «weniger Tauglichen» unterordnen müssen.

Auch die vitalistischen Ansätze sind im 19. Jahrhundert von darwinistischem Gedankengut nachhaltig beeinflußt worden, gingen jedoch noch darüber hinaus, indem sie die Existenz auf der Erde nicht länger – wie etwa im Paulinischen Christentum – nur als Durchgangsstadium für ein besseres Jenseits ansahen, sondern als das eigentliche und unwiederholbare menschliche Dasein betrachteten. Dadurch gewann die Beziehung des Menschen zur Welt eine Endgültigkeit, die der Seinsweise des Tieres analog war. Sie verband beide enger miteinander als dies die frühere theologische Sichtweise zugelassen hatte, die der gemeinsamen Kreatürlichkeit die trennende Heilsberufung des Menschen gegenüberstellte. Es ergab sich also jetzt, da diese Trennwand wegfiel, auch hier eine neue Gemeinsamkeit von Tier und Mensch.

Die Grundlagen für eine vitalistische Philosophie lieferten im 19. Jahrhundert insbesondere Arthur Schopenhauer (1788–1860) und Friedrich Nietzsche (1844–1900). Als radikaler Parteigänger der Tiere wandte sich Schopenhauer nicht nur gegen diejenigen, die eine Verwandtschaft zwischen Mensch und Tier ablehnten, sondern auch gegen die moralpädagogisch ausgerichtete Zweck-Mittel-Relation, die seit dem Ende des 18. Jahrhunderts mehr und mehr das Denken beherrschte. Schopenhauer forderte, daß die Tiere nicht länger Medien einer wie auch immer orientierten Nutzmaximierung für den Menschen sein dürften. Die Tiere seien kein für den menschlichen Gebrauch

bestimmtes Fabrikat, sondern der Mensch habe ihnen gegenüber eine moralische Verpflichtung. Für die Tiere sei daher nicht
Erbarmen, sondern Gerechtigkeit zu fordern; denn sie seien im
wesentlichen «durchaus dasselbe, was wir sind», der Unterschied liege nur «im Akzidenz, dem Intellekt... nicht in der
Substanz, welche der Wille ist» (Schopenhauer V, 443).

Schopenhauer lehnte in aller Schärfe die biblische Empfeh-
lung, Erbarmen mit den Tieren zu haben, ab und polemisierte
gegen Kant, der in den metaphysischen Anfangsgründen der
Tugendlehre die Meinung vertreten hatte, daß eine grausame
Behandlung der Tiere «der Pflicht des Menschen gegen sich
selbst engegen» stehe, weil sie seine Mitleidensfähigkeit gegenüber anderen Menschen mindere, «wodurch eine der Moralität
im Verhältnis zu anderen Menschen sehr diensame, natürliche
Anlage geschwächt» (zit. n. Meyer, 121) werde.

Schopenhauer, für den die Tiere ihren Zweck in sich haben,
führt dazu aus: «Also bloß zur Übung soll man mit den Tieren
Mitleid haben, und sie sind gleichsam das pathologische Phan-
tom zur Übung des Mitleids mit Menschen... Zugleich zeigt
sich hier abermals, wie gänzlich diese philosophische Moral, die
... nur eine verkleinerte theologische ist, eigentlich von der
biblischen abhängt. Weil nämlich die christliche Moral die Tiere
nicht berücksichtigt, so sind diese sofort auch in der philosophischen Moral vogelfrei, sind bloße «Sachen», bloße Mittel zu
beliebigen Zwecken, also etwa zu Vivisektionen, Parforcejagden, Stiergefechten, Wettrennen, zu Tode peitschen vor dem
unbeweglichen Steinkarren und dergleichen» (Schopenhauer
VI, 202).

Laut Schopenhauer steht dieses verdinglichte Verhältnis zum
Tier im engen Zusammenhang mit der jüdisch-christlichen
Tradition. Denn bereits in der Genesis werden die Tiere von
Gott dem Menschen überantwortet, «damit er über sie *herrsche*,
also mit ihnen tue, was ihm beliebt; worauf er ihn, im zweiten
Kapitel, noch überdies zum ersten Professor der Zoologie be-
stellt durch den Auftrag, ihnen Namen zu geben, die sie fortan
führen sollen; welches eben wieder nur ein Symbol ihrer gänzli-
chen Abhängigkeit von ihm, d. h. ihrer Rechtlosigkeit ist»
(Schopenhauer V, 438).

Eine besondere Akzentuierung erfuhr der lebensphilosophische Ansatz durch Friedrich Nietzsche. Seiner Meinung nach stellt der Mensch als Gattung «keinen Fortschritt im Vergleich zu irgendeinem Tier dar» (Nietzsche III, 74). Zwar würden höhere Typen erreicht, aber sie hielten sich nicht, beeinflußten somit nicht das Niveau der Gattung. Auch unterschiede sich der Mensch als Gattung vom Tier nur durch die Triebfülle und Triebkonflikte, dank derer er der Herr der Erde sei. Nietzsche teilte nicht die Ansicht Darwins von der «Selektion zugunsten der Stärkeren»; seiner Meinung nach muß der Stärkere nicht unbedingt der Bessere sein, und in der Genealogie der Arten muß nicht notwendig Sinn und Ziel liegen. In polemischer Absicht setzte Nietzsche den Hoffnungen einer naturgesetzlichen Eskalation von den Niederungen eines Einzellers hin zum Gipfelpunkt menschlicher Herrlichkeit ein «sinn»-loses Kreislaufmodell entgegen: «Vielleicht ist das ganze Menschentum nur eine Entwicklungsphase einer bestimmten Tierart von begrenzter Dauer: so daß der Mensch aus dem Affen geworden ist und wieder zum Affen werden wird, während niemand da ist, der an diesem verwunderlichen Komödien-Ausgang irgendein Interesse nehme» (Nietzsche I, 598).

4. Anonymes Nutztier – geliebtes Haustier: zum Tierverständnis des 20. Jahrhunderts

Vitalistische Strömungen unterschiedlicher Provenienz blieben auch für das 20. Jahrhundert bestimmend, ja, sie wurden verstärkt und ausgebaut und führten zu einer nie vorher dagewesenen Annäherung von Mensch und Tier. Einerseits wurde das Tier von nun an im Zuge einer Maximierung der Kraftentfaltung fast gänzlich aus dem menschlichen Arbeitsprozeß verdrängt; als lebendiges und spontan reagierendes Lebewesen konnte es den neuen mechanistischen Anforderungen nicht gerecht werden und blieb somit im Gegensatz zu den immer einsatzbereiten Maschinen nur bedingt ausbeutbar, daher für den Arbeitsprozeß uninteressant. Anderseits jedoch spielt es im

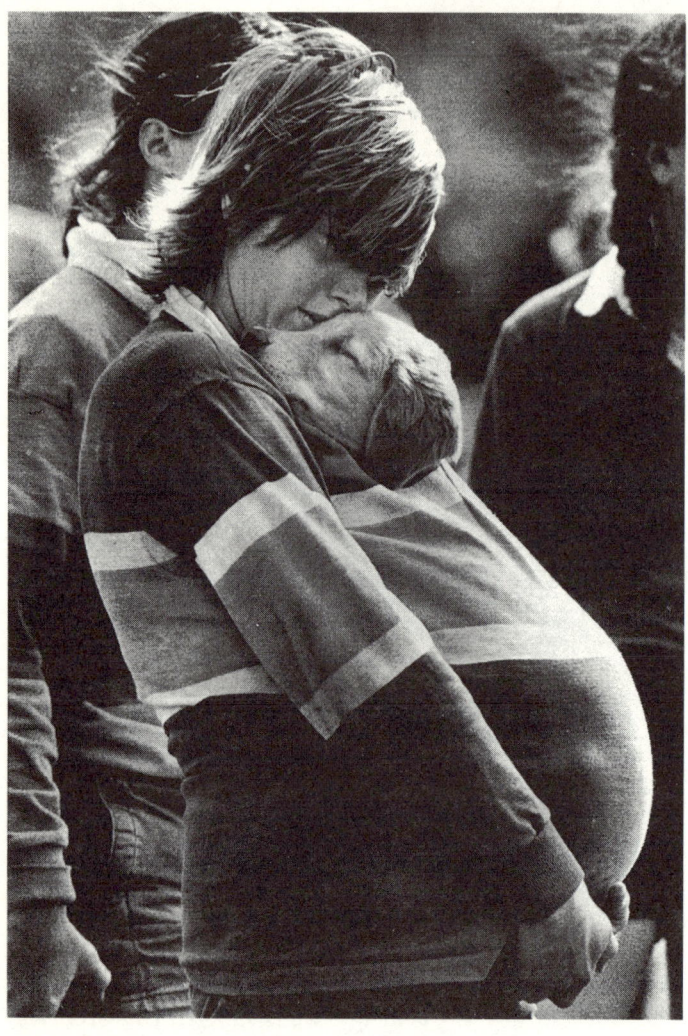

Abb. 65 Liebes Paar
(Zeitschrift ‹Der Stern›, 1986)

Gesamtsystem der technischen Welt eine wichtige Rolle: in seiner industriell-wirtschaftlichen Verwendung als Nutztier und im privaten Bereich partnerschaftlicher Tierliebe.

So verschwanden zwar die Tiere aus industriellen, städtischen und auch aus technisch umrüstbaren, agrarischen Bereichen weitgehend, wurden aber als Produzenten von Lebensmitteln und als Objekte einer umfangreichen Vergnügungsindustrie weiterhin nach Methoden des technisch-industriellen Managements bewirtschaftet. Man spricht hier in diesem Zusammenhang von Fleisch-«Produktion» oder von «Milch- und Eierleistung». In diesen eindeutigen Zweckbeziehungen erscheinen die Tiere nicht als respektierte Lebewesen, die nebenher auch Fleisch, Milch, Eier oder Pelze produzieren, sondern man betrachtet sie als bloße Investitionen, mit denen sich solche Güter erzeugen lassen. In den Bereich der sachlichen Nutzung fällt auch ihr Einsatz in der Erholungs- und Vergnügungsindustrie. Zahlreiche Formen der Groß- und Kleinwildjagd werden ebenso industrieartig organisiert wie Stierkämpfe, Hunde- oder Pferderennen.

Neben diesem Einsatz von Tieren zum Zweck der Gewinnmaximierung scheint die private Tierhaltung als Ausgleich zur technischen Arbeitswelt ein besonderes Kennzeichen der heutigen Zeit. Im Tier wird in immer größerem Maße das ansprechbare Du, das Lebendige und Spontane gesehen, in bewußter Absetzung vom Anonymen, Unbelebten und Nüchtern-Geplanten der modernen technischen Arbeitsform. Zumindest hypothetisch kann man davon ausgehen, daß die umfangreiche Haustierhaltung, die intensive, liebevolle Beschäftigung mit Tieren, wie wir sie z. B. auch in Erzählungen oder in Filmen immer häufiger finden, zu einem Großteil als Kompensation zu den unpersönlichen und maschinellen Gegebenheiten des Berufsalltags zu verstehen sind.

Sprechender Beweis für dieses nicht schichtenbezogene Bedürfnis, durch das Tier an der Lebendigkeit und Spontaneität der Natur teilzuhaben, ist die im großen Umfang betriebene Kleintierhaltung. So leben z. B. in der Bundesrepublik laut statistischer Angaben in zwei von drei Haushalten je ein zwei- oder vierbeiniges Tier, d. h. etwa drei Millionen Hunde, ebenso viele

Katzen und vier Millionen Wellensittiche, die meist mit beträchtlichem Aufwand umsorgt und gepflegt werden und vielfach in nichts den menschlichen Familienmitgliedern nachstehen (Abb. 65).

Häufig führt diese Bindung an Haustiere dazu, daß die Menschen Einschränkungen im Hinblick auf Wochenendgestaltung und Ferienplanung in Kauf nehmen müssen, da die Tiere als vollwertige Familienmitglieder mitbedacht werden, was nicht immer problemlos vonstatten geht.

Abgesehen von diesen außeralltäglichen Maßnahmen kümmern sich die Besitzer zumeist mit äußerst großem Engagement um ihre Schützlinge, füttern, säubern und pflegen sie oder spielen mit ihnen, führen sie aus und identifizieren sich in der Öffentlichkeit mehr oder weniger ausdrücklich mit den ihnen anvertrauten Tieren. So kosten die bundesdeutschen Hunde, vornehmlich für das von Spezialfirmen hergestellte Hundefutter, ihre Besitzer jährlich etwa zwei Milliarden DM.

Als die dem Menschen am nächsten stehenden Tiere sind es gerade die Hunde, für die nach menschlichem Vorbild eine blühende Versorgungsindustrie geschaffen worden ist. Sie versieht die pflegewilligen und pflegebewußten Hundebesitzer mit speziellen Hundezahnbürsten gegen schlechten Mundgeruch, mit besonderen Deodorantseifen und neuerdings auch mit Parfums wie z. B. den in Amerika erschienenen «Les Poochs» und «Four Paws». Neuerdings werden sogar zahnärztliche Vorsorgemaßnahmen wie Paradontosebehandlungen getroffen, ja es werden den Hunden die Zähne durch Zahnspangen gerichtet. Das Bild des verantwortungsbewußten Tierhalters wird in zunehmendem Maße durch die Werbung gefördert, die mit großem Interesse die Bereitschaft zur Pflege verfolgt und versucht, sie zu stabilisieren, indem sie suggeriert, daß der Hund der heutigen Zeit nicht nur treu und anhänglich, sondern auch hübsch und modisch ansprechend sein muß.

Solche Übertragung menschlicher Bedürfnisse auf den Hund, ist jedoch keine Erfindung unseres Jahrhunderts. Denn bereits in den ersten Jahrzehnten des 19. Jahrhunderts etablierten sich z. B. in Paris Hundesalons, in denen sich resolute Mädchen um die Toilette der Tiere kümmerten. Die Pudelfrisiersalons, wie man sie heute in jeder Stadt findet, wurden bereits damals zu einem blühenden Geschäft, als überall entlang der Seine die Pudelschererinnen ihre Stände aufschlugen, um die Modehunde in mehr oder weniger harmonische Wollgebilde zu verwandeln.

Die Pudelmode hatte allerdings, wie jede Mode, ihre begrenzte Zeit, was nicht heißen soll, daß der Pudel nicht auch immer wieder modisch werden konnte und kann. Aber er stand und steht in Konkurrenz mit anderen Hunden, wie man z. B. an den Scotchterriern bzw. Foxterriern sehen kann. Sie gehörten lange Zeit in den entsprechenden Kreisen zum guten Ton. Auf Bildern von Modezeitschriften des 19. Jahrhunderts findet sich oft der schmale Barsoi, wirkungsvoll dem breiten Florentinerhut einer Dame kontrastiert; wenig später, gegen die Jahrhundertwende ist es dann der Mops, der im Zentrum des modischen Interesses steht.

Zwei Zeitungsartikel, der eine vom Ende, der andere von der Mitte des 19. Jahrhunderts, gewähren uns einen guten Einblick in das modische Hundewesen: «Zu den Seltsamkeiten der vornehmen Gesellschaft Englands gehört es unter anderem, daß dort in jeder Saison eine andere Hundegattung als «fashionable» gilt. Im vorigen Jahr waren die irischen und schottischen Jagdhunde an der Reihe, diesmal sollen die norwegischen Hunde auf den Schild gehoben werden. Nur solche Hunde darf derjenige oder diejenige, die sich den Gesetzen des guten Tones fügen, mit sich führen, – bis auf weiteres, nämlich bis auch Norwegen abgetan ist. Die Königin Viktoria hat übrigens den Ausschlag für Norwegen gegeben, indem sie zwei Hunde der besagten Gattung zum Geschenk annahm.» Wenig früher, so entnehmen wir dem zweiten Zeitungsartikel, war eine andere Hundeart ‹fashionable›: «Alles hat seine Mode, so auch der Hund. Jetzt sind es die King Charles, glänzend schwarz, aufgerecktes Stumpfnäschen, heraustretende Äuglein, lang herabhängende Ohren. Man bezahlt Extraschönheiten dieser Rasse in England mit 60 bis 80 Pfund Sterling. ...» (zit. n. Klever, 119).

Hundeluxus hat es schon immer gegeben. Schon im alten Griechenland trug der Hund des Alkibiades ein goldenes Halsband. Aus dem seidigen Fell der Pharaonenhunde leuchteten sogar wertvolle Edelsteine. Der achtjährige Ludwig XV. gab an

Abb. 66   Downhill Racers, Skikleidung für Hunde

einem Tag eine Handvoll Goldstücke für silberne Hundehals-
bänder aus. Hundenarren ließen im vorigen Jahrhundert Miniaturen von ihren Lieblingen malen, schickten die Tiere auf teure
Hundehochschulen oder richteten sogar für sie Bankette aus,
wie die Mops-Tea-Party, die William D. Bromley 1850 in
London veranstaltete oder das Japan-Chin-Fest, das Mrs. Clark
1893 in Chicago gab.

Wenn wir uns heute manchmal wundern über die «menschlichen» Attribute, mit denen Tiernarren ihre Lieblinge bedenken,
wenn wir uns belustigen über Pyjamas oder Nerzmäntel für
Hunde, über Hundeschmuck, Hundemöbel und Hundepalais,
so müssen wir uns immer wieder ins Gedächtnis rufen, daß dies
alles nicht Erfindungen unserer Zeit sind (Abb. 66 und 67).

Schon im 19. Jahrhundert manikürten die Hundeschönheits-
salons in der Bond Street in London die vornehmen Tiere,
badeten und parfümierten sie, ondolierten ihre Locken und
schoren schließlich das Wappen des Besitzers ins Fell. Im Palais
Royal verkauften «Tailleurs pour Chiens» neben Mänteln, Jak-
ken und Capes auch graue Badekostüme für das Seebad; im
Konkurrenzladen der Madame Albert konnten sich die Vierbei-
ner an einem Büfett mit Hundekuchen gütlich tun, während ihre
Herrinnen im «Hundemoden-Magazin» blätterten.

Im Berliner Bazar für Hundemoden waren Mopsbrillen in
jeder Schärfe zu haben, und im Schaufenster präsentierte sich ein
ausgestopfter Mops mit einer Hornbrille auf der Schnauze. Es
gab in London Hundeschuster, die feine Juchtenstiefelchen für
schlechtes Wetter herstellten, und in Dresden wurden kleine
Gummistiefeletten für alle Schoßhundrassen angeboten. Spe-
zialtaschentücher, mit denen die Damen den süßen Lieblingen
das Schnäuzchen putzten, trugen in feiner Stickerei den Namen
des Hundes in einer Ecke, und während die Modeindustrie
zunächst die Farben der Kleiderstoffe auf die Farben der Mode-
hundefelle abstimmte, ging man später dazu über, das Fell des
Hundes passend zum Kleid des Frauchens zu färben. Diese
Erfindung wurde 1899 in London gemacht. All dies konnte sich
allerdings nur eine reiche Schicht leisten, doch deren Mitglieder
schienen bereit, jede Summe für ihre Lieblinge auszugeben. Die
Grundausstattung eines Hundes von Stand verschlang Unsum-

Abb. 67   Dream doghouse

men, wobei das tägliche Parfümbad nicht gerade die billigste
Zuwendung bildete.

Natürlich galten Hunde der hier beschriebenen Art als Kost-
barkeiten. So war es nur folgerichtig, daß es schon bald Hundeausstellungen gab, auf denen Preziositäten solcher Art vorge-
stellt wurden. Die erste fand im Jahre 1859 im englischen

Newcastle statt. Veranstaltungen solcher Art setzten sich von
1863 an auch in Frankreich und Deutschland durch. 1865 gab es
sogar im Londoner Stadtteil Islington einen Wettbewerb, der
Hunde ganz unterschiedlicher Länder zusammenführte und so
einen internationalen Vergleich erlaubte. Dabei spielte neben der
Vorführung der Hunde auch die Selbstrepräsentation der mon-
dänen Herrchen und Frauchen eine entscheidende Rolle.

Hundeausstellungen wurden im Laufe der Zeit immer mehr
zu einem guten Geschäft. Die Nachfragen wurden immer stärker, die Beteiligten immer prominenter, und es gab kaum eine
Großstadt, die hier nicht mitmachte. Seit 1877 stellte der ameri-
kanische Westminster Club aus, der diese Tradition bis heute
wachhält und den Madison Square Garden in New York alljährlich mit seinen bellenden Champions füllt. Auf der ersten Schau
solcher Art stellte ein Londoner zwei Schottische Hirschhunde
aus der Zucht Ihrer Majestät der Königin von England aus; für
50 000 Golddollar wechselten sie ihren Besitzer; «Iwan Roma-
noff», ein sibirischer Wolfshund, der angeblich aus der Zucht
des Zaren stammte, fand für 10 000 Dollar einen neuen Herrn.
Auch die Pariser Weltausstellung von 1878 hatte ihre eigene
Hundeabteilung, und die «Gesellschaft zur Hebung der Hunde-
zucht», die eigene Ausstellungen in Paris organisierte, war fast
noch vornehmer als der Jockey-Club.

Wie immer man auch derartigen Kulthandlungen gegenübersteht – sie geben Aufschluß darüber, daß das Gefühl der Bin-
dungslosigkeit jetzt weitere Kreise ergriffen hat. Unter den
Entfremdungsbedingungen der modernen Welt wird der Hund
aufgrund der zunehmenden Isolierung und Vereinsamung des
Menschen nunmehr in breiterem Ausmaß zum Freund, zum
Schützling, ja zum Kindersatz erhoben, dessen natürliche Gesel-
ligkeit den Alltag des Menschen mit Leben füllen soll, dessen
Tod eine zutiefst betrauerte Lücke reißt. Und selbst die Trauer
um das Tier bewegt sich in den Bahnen menschlicher Gewohn-
heiten: auf Tierfriedhöfen werden die treuen Freunde zur letzten
Ruhe gebettet, die Gräber mit aufwendigen Grabsteinen und
Denkmälern besetzt, zu denen die Menschen gehen, um die
Erinnerung an das geliebte Tier immer wieder aufzufrischen
(Abb. 68).

Abb. 68   Hundefriedhof, Paris

Unabhängig von der Bewertung solcher Einrichtungen als
Zeichen der Treue, der Anhänglichkeit, des Kitsches, der Senti-
mentalität oder der Dekadenz wird man in ihnen auf jeden Fall
Zeugnisse für menschliche Bedürfnisse und Bedürftigkeiten
sehen müssen. In einer Epoche, in der zwischenmenschliche
Beziehungen mehr und mehr von kalkulierender Zweckmäßig-
keit und kühler Entfremdung bestimmt werden, entbehrt, wie
es scheint, der Mensch mehr denn je den spontanen, mitmensch-
lichen Kontakt. Da er ihn jedoch nicht bei seinesgleichen zu
finden vermag, wendet er sich immer mehr dem Haustier zu, zu
dem eine ebenso problemlose wie innige Beziehung möglich zu
sein scheint.

Vom Tier, das dem Menschen seine bedingungslose Zuneigung zu schenken vermag, erwartet der enttäuschte und fru-
strierte Mensch der Moderne neue Hoffnung, neuen Lebens-
mut. Und in der Tat: die Beziehungen zum Tier sind meist
vergleichsweise unkomplizierter als zu einem menschlichen
Partner und nicht zuletzt deshalb von hohem psychischen Wert.
Denn immer mehr Menschen – und dies bezieht sich keineswegs

nur auf ältere Menschen – fühlen sich einsam und leiden demzufolge an Depressionen, vegetativen Beschwerden, Apathie und Schlaflosigkeit, Beschwerden, die sich nicht oder nur bedingt durch Medikamente beseitigen lassen.

Ein Tier – Hund, Katze oder Vogel – scheint in solchen Fällen Wunder zu wirken, denn in seiner Anhänglichkeit wird Freundschaft und Liebe für den Menschen wieder erfahrbar. Ein Hund z. B. erkennt ganz genau, ob seine Bezugsperson traurig oder fröhlich ist und kann durch sein aufmerksames Beobachten den Kummer lindern. Außerdem verlangt ein Tier Fürsorge. Die regelmäßige Versorgung des Hausgenossen ist eine Aufgabe, die gerade für einsame oder depressive Menschen von therapeutischer Hilfe sein kann. Das Tier vermittelt ihnen das Gefühl gebraucht zu sein und lenkt sie davon ab, sich nur mit sich selbst und ihrem persönlichen Kummer zu beschäftigen. Auch können durch die unbedingte Zuneigung des Tieres verlorengegangenes oder gestörtes Vertrauen wiederhergestellt und somit Enttäuschungen positiv aufgearbeitet werden. Beim Hund kommt noch hinzu, daß er seinen Besitzer zwingt, zwei- oder dreimal täglich mit ihm spazierenzugehen, was wiederum für dessen geistige und körperliche Gesundheit förderlich ist. Schließlich ist er auch ein guter Wächter und Beschützer in der Wohnung und auf den Spaziergängen. Schon Schopenhauer empfahl «jedem denkenden und tiefempfindenden Menschen» den Hund als den besten Gesellschafter und Freund... in der Einsamkeit, denn «woran sollte man sich von der endlosen Verstellung, Falschheit und Heimtücke der Menschen erholen, wenn die Hunde nicht wären, in deren ehrliches Gesicht man ohne Mißtrauen schauen kann?» (zit. n. Zukowsky, 69).

Im Laufe des 19. und 20. Jahrhunderts hat die Zahl der Hunde prozentual sicherlich zugenommen, und im Bewußtsein der Menschen hat dieses Tier gegenüber früheren Zeiten auf jeden Fall eine größere emotionale Bedeutung gewonnen. Betrachten wir jedoch seine Tätigkeitsfelder, so erkennen wir, daß sie heute wesentlich begrenzter geworden sind. Das gilt im besonderen Ausmaße für jene wichtige Domäne seiner Wirksamkeit, auf der er vor allen anderen Tieren als Helfer und Begleiter des Menschen agiert hat, die Jagd.

Im vorigen Kapitel haben wir dargestellt, welche gigantischen Formen die Jagdveranstaltungen des höfischen Zeitalters
annahmen und welche bedeutsame Rolle die Hunde dabei spielten. Im stärker bürgerlich geprägten Zeitalter der Moderne, im
Zeitalter nach der französischen Revolution sind die adligen
Jagdprivilegien früherer Zeiten mehr und mehr eingeschränkt
bzw. abgeschafft worden. Die gewaltigen Institutionen, die die
feudale Jagd sich geschaffen hatte, wurden beseitigt. Wo früher
einige wenige mit den Mitteln eines unermeßlichen Jagdluxus
jagten, gingen nun viele mit unvergleichbar eingeschränkterem
Aufwand ihrer bescheideneren Jagdpraxis nach.

Das hatte Folgen für die Jagdbeteiligung der Hunde und
damit für die Zuchtorientierung. Die großen Hundemeuten
verschwanden und ebenso die großen muskulösen Laufhunde.
Für die bescheideneren Bedürfnisse bürgerlicher Jäger genügten
gute Vorsteh- und Apportierhunde, und damit begann die große
Zeit für die Bracken, also für Hunde ganz unterschiedlicher
Herkunft, die sich besonders im England des 18. Jahrhunderts,
später auch in Frankreich durchsetzten, und dies, obwohl in
diesen Ländern die Jagd noch lange adligen Zuschnitt behielt.

Die bürgerlichen Jäger, die das Jagdgeschehen mehr und
mehr bestimmten, waren zumeist nicht wie ihre feudalen Vorgänger in der Lage, mehrere Hunde zu halten. Sie brauchten
einen Mehrzweckhund, einen Universalhund, der für möglichst
alle anfallenden Jagdgelegenheiten zu gebrauchen war. Ein solcher Mehrzweckhund wurde vor allem in Deutschland herangezüchtet, was zunächst keine leichte Aufgabe war; denn durch die
Auflösung der alten fürstlichen Jägerhöfe mit ihren sehr verfeinerten Formen der Hundeaufzucht waren gute Hundestämme
verschwunden. Man half dem Mangel auf, indem man das
wenige verfügbare Hundepotential durch ausländische, meist
englische oder französische Tiere vergrößerte und durch Kreu-
zung weiterentwickelte. Ziel war es, den vielseitigen Gebrauchshund zu züchten, sozusagen ein «Mädchen für alles», ein
Hund, der den alten Spezialhunden im einzelnen nicht das
Wasser reichen konnte, sie aber in der Gesamtheit seiner Fähigkeiten deutlich übertraf. «Er apportiert mit größter Sicherheit,
er hat im Felde die weite Suche, er steht fest vor, er stöbert im

Walde, er arbeitet mit Passion im Wasser, er folgt mit tiefer Nase dem Geläuf des geflügelten Huhnes, er hetzt, sonst hasenrein, den angebleiten Krummen, er arbeitet am Riemen die Schweißfährte aus, er würgt den Fuchs und die Katze, er schützt, auf den Mann dressiert, seinen Herrn, bewacht Haus und Hof und, im Walde abgelegt, Rucksack und Fahrrad. Es ist dem deutschen Jäger gelungen, sich in seinem Gebrauchshund einen Jagdgehilfen heranzuziehen, wie er besser für normale deutsche Jagden nicht gedacht werden kann» (Röhrig, 198). Damit war ein Hund geschaffen, der alle Funktionsmerkmale, die früher im Rahmen der weitgefächerten feudalen Jagdpraxis auf unterschiedliche Hunde verteilt waren, in sich vereinte.

Daß dieser Mehrzweckhund überhaupt geschaffen wurde, war schon ein Indiz für den Niedergang der Jagd und auch dafür, daß immer weniger Hunde für dieses Tätigkeitsfeld benötigt wurden. Aber nicht nur im Bereich der Jagd verlor der Hund seine frühere Bedeutung, auch als Hüte- und Wachhund spielte er nur noch eine untergeordnete Rolle, da die Zahl der Schafherden sich immer mehr verminderte und die Hüteaufgabe im Hause eher eine Funktion zu sein pflegte, die der Hund unter anderem wahrnahm. Auch die leidige Verwendung als Zugtier am Wagen und Karren von Milchmännern, Korbflechtern, Obsthändlern oder Scherenschleifern, die während des ganzen 19. Jahrhunderts vor allem in Belgien, Holland und sogar in England noch weithin üblich war, gehörte glücklicherweise eher der Vergangenheit an. Von solcherart Pflichten, zu denen sie von Natur aus sehr wenig geeignet waren, wurden die Tiere in Frankreich 1826, in England 1843 und in Preußen 1899 gesetzlich befreit. Gleichwohl kann der Mensch bis heute nicht ganz auf die Mithilfe des Hundes verzichten; denn es gibt auch weiterhin Spezialbereiche, auf denen der Hund dem Menschen durch seine natürlichen Fähigkeiten deutlich überlegen ist. So ist er unersetzlich als Melde- und Polizeihund bei Fahndungen, bei denen es auf einen extrem verfeinerten Geruchssinn ankommt; so bewährt er sich in schwierigem Gelände und in besonderen Situationen als Katastrophen- und Lawinenhund; so steht er als Blinden- und Sanitätshund dem bedürftigen oder verletzten Menschen zur Seite.

Für diese Spezialaufgaben muß der Hund erzogen und abgerichtet werden. Und, wie immer, ist er ein gelehriger Schüler. Wenn man sich einmal Berichte durchliest, mit welcher Aufmerksamkeit und Lernfähigkeit z. B. Blindenhunde die Strapazen ihrer langwierigen Ausbildung annehmen und mit welcher aufopferungsbereiten Treue und Geduld sie sich dann ihrer verantwortungsvollen Tätigkeit widmen, so erkennt man, welches ungeheure Potential das Tier dem Menschen hier bereitstellt. Denken wir auch an die Bernhardinerhunde, die seit Jahrhunderten in Alpengegenden gefährdeten und verunglückten Menschen in bedrohlichen Situationen Hilfe brachten und noch bringen.

Vor dem Hintergrund solcher sinnvollen und berechtigten Indienstnahme des Hundes erweist sich jedoch manche Hobby- und Freizeitabrichtung, wie sie vor allem in Deutschland mancherorts betrieben wird, als ein leidiges Kapitel in der Geschichte der Hundehaltung. Wir meinen hier nicht die Erziehung des Hundes zum folgsamen Tier, die oft notwendig, ja vor allem bei großen Tieren unerläßlich ist. Wir meinen in diesem Zusammenhang vielmehr die Neurotisierung mancher Tiere, die auf der einen Seite scharf gemacht werden, zugleich aber dem Menschen auch unterwürfig und treu sein sollen. Tierbesitzern, die ihren Hund dazu erziehen, gegenüber der Außenwelt möglichst aggressiv und scharf zu sein, geht es letztlich nicht um das Tier und seine Bedürfnisse, sondern um Machtausübung: indem sie nämlich die eigene Aggressivität gegen Mitmenschen auf das Tier übertragen und im aggressiven Verhalten des Tieres Befriedigung erleben.

Eine üppige Hundesportindustrie hat sich diese Dominanzgelüste inzwischen zunutze gemacht und wartet mit einem riesigen Angebot von Schutzjacken, Hetzhosen, Hetzarmen, Hetzpeitschen und anderen martialischen Werkzeugen auf. Aber, so fragt der Hundespezialist Erik Zimen mit Recht: «Wozu brauchen wir heute noch den scharfen, den kampfstarken Hund? Ist nicht schon genug Unheil mit allzu aggressiven Hunden passiert, ganz zu schweigen ... von der Mentalität und der brutalen Menschenverachtung, die sich hinter der Zucht, der Ausbildung und der Haltung solcher Hunde verbirgt? Niemand ist gezwungen, sein Eigentum mit Hilfe reißender Bestien zu schützen. Für den geübten Einbrecher sind sie ohnehin kein Hindernis» (Zimen, 318).

Zimen hat in seinem Buch «Der Hund. Abstammung – Verhalten – Mensch und Hund» von 1988 auch mit entschiedenem Mut die politisch-ideologischen Traditionszusammenhänge aufgedeckt, in denen eine solche Hundeerziehung stand und in einigen Fällen vermutlich auch heute noch steht. Das wird zumal an der Bevorzugung einzelner großer und starker Hundetypen erkennbar. Der deutsche Schäferhund spielt hier eine besondere Rolle, wobei die ideologischen Zusammenhänge zwischen Hundeideal und Zeitgeist weit in das 19. Jahrhundert zurückreichen.

Es war vor allem die politisch und ökonomisch begründete Rechtfertigung des Stärkeren, des überlegenen Herrenmenschen, die den Grund legte für eine neue Ausrichtung des Hundes, deren Merkmale das emporstrebende, nationalistische Bürgertum nach den eigenen Zielsetzungen bestimmte: so aggressiv nach außen wie treu nach innen.

In diesem Kontext ist ein wichtiger Vertreter der völkisch-konservativen Denkrichtung, der Rittmeister Hartmut von Stephanitz, der Züchter dieser Hunde und Gründer des «Vereins für Deutsche Schäferhunde» von 1899 zu erwähnen und dessen deutschnationale Rassen- und Zuchtideologie, die in ihrer «engen Verbindung von gefühlvoller Rührung, Brutalität und erotisch gefärbten Stilblüten» charakteristisch für die damalige Zeit war und auf ihr arisch-deutsches, reines Fühlen pochte.

Auf der Grundlage solcher Anschauungen zieht Zimen die historischen Linien weiter aus: «Wen wundert es bei diesem ideologischen Überbau, daß sich die obersten deutschen Heeresführer im Ersten Weltkrieg – Ludendorff und Hindenburg – und Hitler und Himmler im Zweiten Weltkrieg Schäferhunde hielten. Von Stephanitz und seine Jünger in der deutschen Hundezuchtbewegung lieferten nicht nur die gewünschten ‹Hunde deutscher Abstammung mit ausgeprägtem Kampftrieb›, sondern wurden auch zu geistigen Wegbereitern einer nationalistischen Gesinnung, die gleich zweimal in der Katastrophe endete» (Zimen, 139). Es scheint uns das große Verdienst Zimens zu

sein, einmal nachdrücklich auf die Hintergründe solchen Miß-
brauches hingewiesen zu haben, der in Deutschland mit dem
Schäferhund und mit anderen Rassen getrieben worden ist.

Wie weit in den heutigen, auf Aggressivität und Mannschärfe
des Hundes zielenden Zuchtpraktiken von Hundebesitzern immer noch eine solche Ideologie nachwirkt, ist eine schwer zu
entscheidende Frage. Die deutschen Hundevereine – und dies
hebt auch Zimen mit Recht hervor – teilen jedenfalls solche
Gedanken nicht und versuchen, einem Mißbrauch vorzubeugen
und ihre Mitglieder zu einem hundegerechten Verhalten zu
erziehen.

Dennoch gibt es auch heute immer wieder einzelne oder
Gruppen, die solche Lehren in den Wind schlagen und dem
Hund Aggressivität und Schärfe abverlangen. Die Folgen zeigen
sich an Schreckensmeldungen, wie wir sie immer wieder in den
Zeitungen lesen: «Rentnerin von Schäferhund getötet», «Rott-
weiler fiel vierjähriges Kind an», «Mastino zerfleischte kleines
Mädchen». Doris Feddersen-Petersen vom Kieler Institut für
Haustierkunde hat sich in der Zeitschrift ‹Praline› vom August
1988 zu den Gründen geäußert: «Sehr viele Leute kaufen sich
einen Hund als Prestigeobjekt oder als Modeartikel – und beschäftigen sich dann viel zu wenig mit ihm. Hunde sind aber
natürlich soziale Wesen und nehmen Schaden, wenn sie ver-
kümmern... Die aggressiven Hunde sind häufig vernachläs-
sigte Hunde, die etwa an Ketten gehalten werden oder tagelang
im Zwinger eingesperrt sind, oder eben auch solche, die keine
richtige Bindung an den Menschen haben. Dann, das ist aber nur
eine kleine Gruppe, gibt es auch Leute, die sich einen Hund als
Imponierobjekt kaufen und ihn so dressieren, daß er Menschen
gegenüber scharf wird – was eigentlich für Hunde völlig unty-
pisch ist!... Die dritte Gruppe: Leute, die sich einen großen
Hund anschaffen, aber nicht in der Lage sind, ihn richtig zu
erziehen.»

Die Treue und der Eifer, mit denen der Hund sich für die
Aufgaben eingesetzt hat, die der Mensch ihm stellte, sind immer
wieder gerühmt worden. Seltener aber ist gesehen worden, daß
über die Jahrhunderte hin die Dienstbereitschaft und Opferwil-
ligkeit dieses Tieres bis ins Extrem ausgenützt, seine Lernbereit-

schaft immer wieder auch mißbraucht worden ist. Wenn heute der Hund freigestellt ist von den harten Bedingungen, unter denen er früher als Ketten- oder Wachhund, als Zughund oder gar als Kampfhund gelebt oder manchmal auch vegetiert hat, wenn er heute vor allem als Freund und Begleiter, als Freizeithund, als Freund der Familie, als Kinderhund oder gar als Luxushund ungezwungener leben darf, so ist dies nicht so sehr das Ergebnis menschlicher Einsicht als vielmehr des Kampfes gegen menschliche Uneinsichtigkeit, wie ihn die Verfechter des Tierschutzes über lange Zeit und mit großem Engagement geführt haben. Damit ist ein Stichwort gefallen, dem wir im folgenden etwas ausführlicher nachgehen wollen: Tierschutz.

5. Tierschutz, ein brisantes Thema

Wie schwierig es war, das erste wirkliche Tierschutzgesetz Anfang des 19. Jahrhunderts in England durchzusetzen, können wir uns heute kaum mehr vorstellen. Der im Jahre 1809 vom Schatzkanzler Lord Thomas Erskine im Parlament eingebrachte Gesetzesentwurf zum Schutz der Arbeitstiere gegen Mißhandlungen wurde rundweg abgelehnt, ebenso ein zweiter Versuch. Ähnlich erging es im Jahre 1821 dem Iren Richard Martin, sein Antrag ging im verständnislosen Gelächter der Parlamentsmitglieder unter, als einer seiner Mitstreiter den Schutz auf Lastesel ausdehnen wollte. Doch weder Lord Erskine noch Richard Martin gaben ihr Vorhaben auf, und am 22. 7. 1822 wurde das erste Gesetz zum Schutze der Tiere verkündet.

Es erstreckte sich allerdings nur auf Pferde und Großvieh; es gelang noch nicht, Hunde, Katzen und Esel einzubeziehen. Erst im Jahre 1835 wurde das Gesetz auf alle Haustiere ausgedehnt, und das war wesentlich auch das Verdienst des ersten Tierschutzvereines der Welt, der 1824 von dem englischen Geistlichen Arthur Broome und von Richard Martin gegründet worden war. Denn diese Vereinigung fand hochgestellte Fürsprecher, indem man z. B. Prinzessin Victoria, die spätere Königin, und ihre Mutter als Protektoren gewinnen konnte.

Die britische Tierschutzentwicklung wirkte exemplarisch:
1842 wurde in Norwegen, 1846 in der Schweiz und Österreich,
1850 in Frankreich, 1859 in Italien, 1860 in den USA, 1867 in
Belgien und Luxemburg, 1871 in Rußland und 1889 in Finnland
ein Tierschutzgesetz verkündet. In Deutschland wurden 1837
die ersten Tierschutzvereine gegründet, zuerst in München,
Dresden, Stuttgart und Berlin.

Die respektvolle und wohlwollende Einstellung zum Tier,
die letztlich der Ausgangspunkt für die engagierten Tierschutz-
bemühungen war, läßt sich allerdings bis weit in die Vergangenheit zurückverfolgen. Das vermutlich früheste Zeugnis einer
liebevollen Beziehung ist ein Fund aus dem 12. Jahrhundert v.
Chr., der im nördlichen Israel zutage gefördert wurde. Hier fand
man das Skelett eines Menschen, dessen Hand auf dem ebenfalls
erhaltenen Skelett eines Hundes ruhte.

In unserem Zusammenhang, der Frage nach dem Tierschutz,
geht es jedoch nicht so sehr um Tierliebe, sondern um Kodifika-
tionen des Rechtsverhältnisses von Tier und Mensch. Solche
schriftlich niedergelegten Regelungen finden sich ebenfalls
schon sehr früh, nämlich bereits im zweiten Jahrtausend vor
Christus in der Gesetzessammlung des Königs Hammurabi von
Babylon: Hier wird Tierhaltern unter Androhung von Strafe
auferlegt, ihr Arbeitsvieh nicht übermäßig auszubeuten. Hinweise über das Verhalten zu Tieren enthält auch das Alte Testament; so soll z. B. Tieren – Rindern, Schafen, Eseln und Ochsen –, die sich verlaufen haben, geholfen, Rindern und Eseln
ebenso wie den Arbeitern eine Ruhepause gegönnt und den
Ochsen kein Maulkorb beim Dreschen angelegt werden. Wie
wir einer anderen Stelle entnehmen können, wird dem Tier eine
Art Verantwortlichkeit für sein Tun zugesprochen; so soll ein
Rind, das einen Menschen getötet hat, gesteinigt und sein Fleisch
nicht verzehrt werden. Generell gesehen beruht die biblische
Schöpfungsethik jedoch auf dem Auftrag des Menschen, über
die Tiere zu herrschen und ihnen Barmherzigkeit entgegenzubringen. «Der Gerechte erbarmt sich seines Viehs, aber das Herz
des Gottlosen ist unbarmherzig.» (Sprüche Salom. 12,10). Denn
diese vom Menschen geforderte Barmherzigkeit gegenüber der
Schöpfung Gottes mache den Menschen Gott ähnlich.

Tierische Selbstverantwortlichkeit in beträchtlichem Ausmaß war dagegen für die Frühantike bezeichnend. Auch hier wurden alle den Rechtsfrieden des Menschen beeinträchtigenden Störungen verfolgt, und zwar ohne Rücksicht darauf, ob es sich hierbei um Menschen oder Tiere oder Sachen handelte.

Die vorbehaltlose Gleichstellung von Mensch und Tier zeigte sich aber auch darin, daß Tiere und Sachen, wenn ihnen gute Taten zugeschrieben werden konnten, wie Menschen belohnt wurden. So berichtet Plutarch z. B. von einem Hund, der, da er maßgeblich bei der Ergreifung eines Tempelräubers mitgeholfen hatte, eine lebenslange staatliche Versorgung zugesprochen bekam.

Diese rechtliche Gleichstellung des Tieres wird in dem Moment schwächer, als der Mensch sein Verhältnis zum Tier mit mehr Rationalität zu überdenken beginnt. Das römische Recht hat auch auf diesem Bereich neue Unterscheidungskriterien entwickelt. Vor allem die Frage nach der Haftbarkeit für einen durch Tiere angerichteten Schaden wurde neu beantwortet. Und im Gegensatz zur Auffassung der Frühantike, wo das Tier selbst für seine Taten haftete, trat nun der Tierhalter in den Mittelpunkt des Interesses. Das Tier galt nicht länger als Rechtssubjekt, sondern genauso wie Frauen, Sklaven und Kinder als Rechtsobjekt, d. h. als rechtlich nichtverantwortliches Wesen und wurde folglich wie eine Sache behandelt. Dem lag die Auffassung zugrunde, daß das Tier kein selbstverantwortliches, mit Intellekt und Vernunft ausgestattetes Lebewesen sei, eine Auffassung, die – wie wir wissen – die weitere abendländische Rechtsentwicklung zur Tierhalterhaftung bis auf den heutigen Tag entscheidend bestimmt hat.

Erst in der Zeit der Aufklärung zog man gegen die Tierquälerei energischer zu Felde, allerdings lediglich mit dem Argument, rohes Verhalten gegenüber Tieren führe zur allgemeinen Verrohung des Menschen und seiner Sinne. Im Tier sah man ein willkommenes pädagogisches Objekt, an dem Kinder lernen konnten, wie man sich zu Mitgeschöpfen richtig verhält. Nach dem bekannten Wort Friedrichs des Großen hat derjenige, der einem treuen Tier mit Gleichgültigkeit begegnet, auch für seinesgleichen kein Herz, und Kant sieht in dem Verbot gewaltsamer und grausamer Behandlung von Tieren eine «Pflicht des Menschen gegen sich selbst», da sonst «eine der Moralität im Verhältnis zu anderen Menschen sehr diensame natürliche Anlage geschwächt und nach und nach ausgetilgt wird» (zit. n. Meyer, 120).

Einen ernstzunehmenden, rechtlich sanktionierten Tierschutz gab es vor dem 19. Jahrhundert nicht. Denn auch die Fälle, in denen die Tiere aus religiösen Gründen für heilig gehalten und geschützt wurden, lassen sich noch nicht im heutigen Sinne unter den Begriff Tierschutz subsumieren. Dies trifft auch für Tiere zu, die der Mensch aus eigennützigen Interessen schützte. Aber gerade sie haben letztlich dazu beigetragen, die in Europa seit dem 19. Jahrhundert einsetzenden Tierschutzgesetzgebungen geistig vorzubereiten und zu beeinflussen.

Die unmittelbaren Grundlagen für eine gesetzliche Regelung des Tierschutzes legten die etwa seit der frühen Aufklärung beginnenden Erörterungen, in denen die bereits in der Antike gestellte Frage nach der Seele und der Vernunftfähigkeit des Tieres erneut thematisiert wurde. Wie wir sahen, vertraten die Aufklärer jedoch beinahe ausnahmslos die Ansicht, daß nur der Mensch, nicht aber die Tiere Vernunftfähigkeit besitzen, somit die Tiere auch nicht Träger von Rechten sein und daher mit dem Menschen auch nicht in rechtliche Beziehung treten könnten. Das Recht erschöpfte sich überwiegend in der Regelung zwischenmenschlicher Beziehungen, was zur Folge hatte, daß die Herrschaft des Menschen über das rechtlose Tier, mit dem er wie mit einer Sache beliebig verfahren konnte, allgemein als uneingeschränkt angesehen wurde.

Gegen die Auffassung, die Tiere seien allgemein rechtlos, wandte sich neben den Theologen und Philosophen L. Smith, L. Nelson und K. Ch. F. Krause vor allem Schopenhauer, der sich wie kein anderer deutscher Philosoph mit den Gegensätzen auseinandersetzte, die zwischen einer humaneren Weltanschauung und den täglich erfolgenden Greueltaten und Grausamkeiten gegen die Tierwelt bestehen. Mit heftigen Worten klagte er den «Christlichen Pöbel» an, der rücksichtslos mit den Tieren verfahre und ihnen bestenfalls Erbarmen gewähre, wo er ihnen doch Gerechtigkeit schulde.

«Der Gerechte erbarmt sich seines Viehes. ‹Erbarmt!› – welch ein Ausdruck! Man erbarmt sich eines Sünders, eines Missetäters, nicht aber eines unschuldigen treuen Tieres, welches oft der Ernährer seines Herrn ist und nichts davon hat als spärliches Futter... Der Schutz der Tiere fällt also den ihn bezweckenden Gesellschaften und der Polizei anheim, die aber beide gar wenig vermögen gegen jene allgemeine Ruchlosigkeit des Pöbels, hier, wo es sich um Wesen handelt, die nicht klagen können, und wo von hundert Grausamkeiten kaum *eine* gesehen wird, zumal da auch die Strafen zu gelinde sind. In England ist kürzlich Prügelstrafe vorgeschlagen worden, die mir auch ganz angemessen erscheint. Jedoch, was soll man vom Pöbel erwarten, wenn es Gelehrte und sogar Zoologen gibt, welche, statt die ihnen so intim bekannte Identität des Wesentlichen in Mensch und Tier anzuerkennen, vielmehr bigott und borniert genug sind, gegen redliche und vernünftige Kollegen, welche den Menschen in die betreffende Tierklasse einreihen, oder die große Ähnlichkeit des Schimpansen und Orang-Utans mit ihm nachweisen, zu polemisieren...» (Schopenhauer V, 439 f.)

Die ersten Tierschutzgesetzgebungen in Deutschland beruhen ebenso wie in anderen europäischen Ländern weitgehend auf der Kantschen bzw. Hegelschen Anschauung, d. h. das Tier wurde nur um des Menschen willen geschützt. Demgemäß stellte man lediglich die öffentliche oder «in Ärgernis erregender Weise» erfolgte Tierquälerei unter Strafe. Für das Zivilrecht galt und gilt das Tier als eine kaufbare und verkaufbare Sache, und solch eine Auffassung wäre für das Tier verhängnisvoll, wenn es nicht daneben die ethischen Bestimmungen des Tierschutzes gäbe. Das zeigt sich besonders kraß am Fall einer Frau, die im Jahre 1927 angeklagt war, eine große Anzahl Katzen bei lebendigem Leibe gehäutet zu haben. Sie wurde freigesprochen; es fand sich nämlich kein Besitzer der Katzen, der eine Schädigung durch den Diebstahl der Tiere einklagte. Daß es sich hier um eine massive Form von Tierquälerei handelte, galt als rechtlich unerheblich, solange sie kein öffentliches Ärgernis darstellte.

Erst das Gesetz zur Änderung strafrechtlicher Vorschriften vom 16. Mai 1933 und das Reichstierschutzgesetz vom 24. November desselben Jahres rückten den ethischen Tierschutz in

den Vordergrund. Auch die Bundesrepublik ist mit dem Tier-
schutzgesetz vom 24. Juli 1972 und dann noch einmal mit der
Novelle vom Jahre 1986 den Ansichten der Tierschützer, wenigstens den Grundlinien nach, gefolgt. Entsprechend dient dieses
Gesetz dem Schutz des Lebens und dem Wohlbefinden des
Tieres. Niemand darf – so sagt das Gesetz weiter – einem Tier
ohne vernünftigen Grund Schmerzen, Leiden oder Schäden
zufügen (§ 1). Die vielfältigen, insbesondere mit der modernen
Massentierhaltung und den wissenschaftlichen Tierversuchen in
Zusammenhang stehenden Probleme harren allerdings noch
weiterhin einsichtiger Lösungen.

Gerade die Diskussion um die Tierversuche, die bereits seit
der Jahrhundertwende zu den großen Reformanliegen bestimmter bürgerlicher Kreise gehörte, ist in der letzten Zeit wieder
lebhaft geworden. Es sind im wesentlichen zwei Grundauffas-
sungen, die diesem Streit seine Richtung geben, eine gemäßigte
Position, die Tierversuche auf das unumgänglich notwendige
Maß beschränken und alle Anstrengungen unterstützen möchte,
die zu alternativen Versuchsmethoden führen können, und eine
entschiedenere Position, die vom Gesetzgeber fordert, Tierversuche grundsätzlich zu verbieten und Ausnahmen nur dann
zuzulassen, wenn die Untersuchungszwecke zu akzeptieren und
alternative Verfahren nicht verfügbar seien.

Die hier aufgeworfenen Probleme sollen und können im
Rahmen dieses Buches nur am Rande behandelt werden. Der
Streit bezieht sich ja auch vor allem auf Tierarten, die stärker von
den Tierversuchen betroffen sind als gerade der Hund. Aber
auch er ist keineswegs ausgenommen von Experimenten und
überall dort, wo ein Tier benötigt wird, das dem Menschen
besonders nahesteht und ähnliche Verhaltens- und Wesens-
dispositionen aufweist, greift man auf ihn zurück. So ent-
schied man sich 1957 nicht ohne Grund, als erstes Lebewesen
einen Hund, die Hündin Laika, in den Weltraum zu entsen-
den, die dabei allerdings ihr Leben lassen mußte, was nicht
nur in den Kreisen der Tierschützer zu heftigen Protesten führte
(Abb. 69).

Der Streit um die Tierversuche wird weitergehen; als Teilbe-
reich des Kampfes für die Leidenden dieser Welt wird er nicht

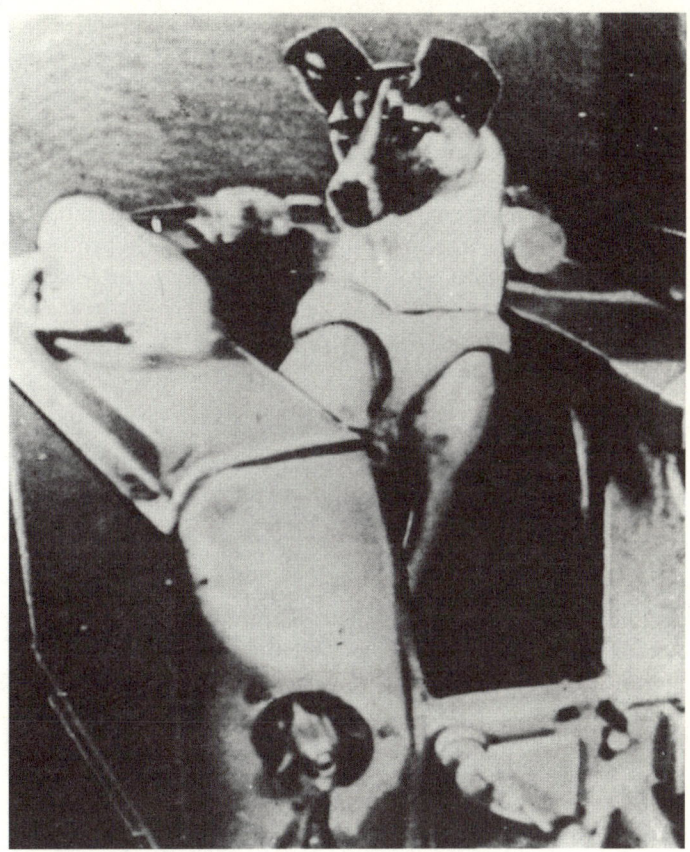

Abb. 69   Die sowjetische Weltraumhündin Laika

aufhören, und es ist einer engagierten Streiterin in diesem
Kampf nur zuzustimmen, wenn sie sich in ihrem Engagement
auf keinen Geringeren als den früheren Bundespräsidenten
Heuß beruft: «Die größte Blamage der Menschheit ist, daß das
Wort Tierschutz überhaupt geprägt werden mußte, sagte Theo-
dor Heuß einmal. Er hat damit auch die einfachste Erklärung für
das Engagement der Tierschützer gegeben» (Ursula M. Händel,
21).

Schopenhauer hätte diesem Ausspruch sicher begeistert bei-
gepflichtet, hätte den darin ausgesprochenen, gegen die Menschen gerichteten Affekt vermutlich noch verschärft. Für ihn
stand das Tier über dem Menschen, und das schlimmste
Schimpfwort, das er für seinen Pudel kannte, war: ‹Du Mensch›.
Mögen sich hier auch persönliche Probleme, individuelle Ver-
bitterung und Mißtrauen gegenüber den ungeschätzten bipedes,
den zweifüßigen Artgenossen, aussprechen – Schopenhauers
Zuwendung zum Tier stellt nur die letzte Konsequenz aus einer
grundsätzlichen Einschätzung des Mensch-Tier-Verhältnisses
im 19. und 20. Jahrhundert dar.

6. Auf dem Wege zum gleichwertigen Partner: Bilder und Texte

Wie wir auch an den literarischen Texten sehen werden, wird
der Tier–Mensch-Vergleich, von dem wir am Anfang dieses
Kapitels ausgingen, im 19. und 20. Jahrhundert oftmals zugunsten des Tieres entschieden. Etwa in dem berühmten Nachruf
Byrons auf seinen Neufundländer Boatswain, in dem Byron in
aller Deutlichkeit und Schärfe den Hund als treuen Freund und
Begleiter neben sich stellt, sich aber von den anderen Menschen
distanziert, die er als treulos, verlogen, unredlich und unbere-
chenbar charakterisiert. Der Hund also als das bessere Geschöpf?
Nun, diese äußerste Konsequenz ziehen auch in dieser Zeit
nur wenige. Aber es ist schon deutlich, daß sich das Tier-
Mensch-Verhältnis, was den Hund betrifft, gegenüber früheren
Zeiten deutlich geändert hat. Im Gegensatz zum 16. Jahrhundert, in dem die animalische Natur des Hundes noch vom
Menschen als eine Herausforderung an die eigene Natur und
Kultur empfunden und dargestellt werden konnte, in dem der
Hund also noch als Repräsentant einer den Menschen verloren
gegangenen Ursprünglichkeit galt; im Gegensatz auch zum 17.
und 18. Jahrhundert, in dem sich der Mensch in seiner Vernunftnatur deutlich vom vernunftlosen Tier abhob und das Tier als
inferiores Geschöpf in die Abhängigkeit von sich zu bringen

Abb. 70   Pierre-Auguste Renoir, Das Frühstück der Ruderer (1880/81)

Abb. 71   Claude Monet, Herr mit Schirm (1867)

suchte, wird der Hund im 19. und 20. Jahrhundert zum Menschen quasi hinaufgezogen, wird ihm ähnlich gemacht, wird auf
eine ihm vergleichbare Stufe gestellt.

Nehmen wir nur Renoirs ‹Frühstück der Ruderer›: Die junge
Aline Charigot hat den Hund ganz dicht an sich herangezogen.
Während die meisten anderen Menschen in Gesprächen vertieft

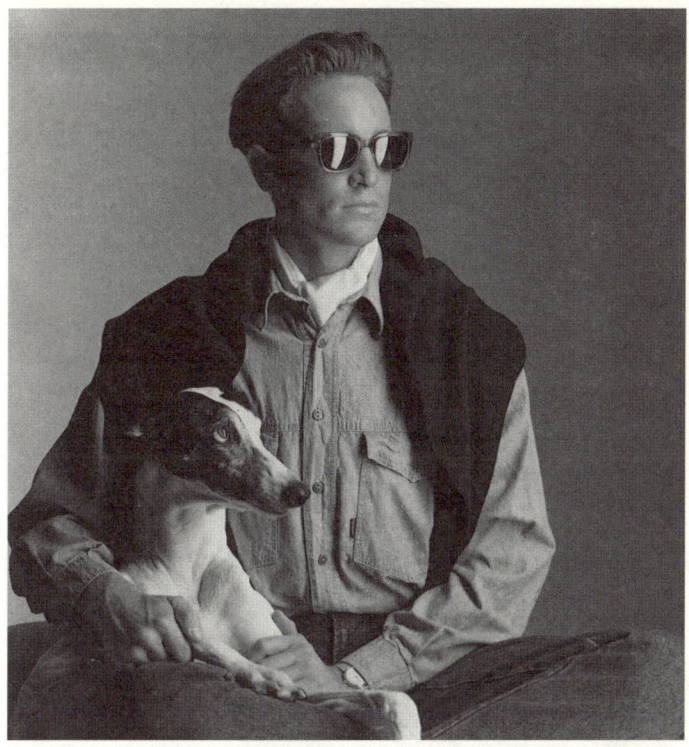

Abb. 72   Werbefoto für Trussardi Jeans (1988)

sind, konzentriert sie sich ganz auf ihren Liebling, der, in gleicher Augenhöhe mit ihr selbst, von ihr liebevoll-zärtlich ange-
blickt und gehätschelt wird (Abb. 70).

Auf solchen Bildern – Gustave Courbets Selbstportrait wäre
ein anderes Beispiel – erscheint der Hund nicht mehr in seiner
animalischen Natur, erscheint er ganz in die jeweilige menschliche Welt einbezogen, ist er Teil ihrer auf ihn gerichteten Bedürfnisse. Diese können, wie zumeist bei den männlichen Selbstdar-
stellungen, lediglich darauf zielen, bestimmte Züge oder Nuan-
cen der Selbstrepräsentanz besonders hervorzuheben. So ist z. B.
auf Claude Monets Bild «Herr mit Schirm» von 1867 der Hund

Abb. 73
Pierre Bonnard,
Fräulein Andrée
Bonnard (um 1915)

Abb. 74   Carlo Carrà, Die Erwartung (1926)

nicht mehr als eine getreue Entsprechung seines Herrn, zu dem er in Haltung und Ausdruck ein Pendant darstellt. Bis in die Bildwelt der modernen Werbung hinein lassen sich diese Spuren deutlich verfolgen. So spiegelt auf einem Foto der Werbebranche der Hund die gleiche hochstilisierte Coolness und starre narzißtische Selbstbezogenheit wie sein modischer Herr (Abb. 71 und 72).

Man könnte hier noch viele Bilder hinzufügen, Bilder von Großindustriellen etwa oder von adligen Personen, von Dichtern oder von Männern der Wissenschaft, von Handwerkern oder von Bauern – immer ist der Hund Teil der jeweiligen männlichen Selbstrepräsentanz, hebt hervor, was das jeweilige Spezifikum darstellt, dem er zugeordnet wird.

Auf vielen Frauenbildern der Zeit ist dies ganz ähnlich. Da aber der Spielraum der Formen, in denen Frauen vorgeführt werden, nicht so eng gezogen ist wie der der Männer, erhält auch der Hund einen weiteren Rahmen der Entfaltung (Abb. 73).

Ist es bei Bonnard die frische Lebendigkeit, die Herrin und Hunde gleichermaßen auszeichnen, so ist es auf anderen Bildern

Abb. 75   Duane Hanson (geb. 1925): Der Brief

etwa die Ruhe oder die Schönheit, die Trauer oder die Unabhängigkeit, die Besonnenheit oder die Verlassenheit, die der Hund
durch Haltung oder Aussehen widerspiegelt. So wird der Hund
zum adäquaten Medium der jeweiligen menschlichen Selbstdarstellung erhoben und schafft es auf diese Weise sogar, die
psychische Befindlichkeit seiner menschlichen Partner wie in
einer Sammellinse in sich einzufangen. Eine alte Frau steht an
einer Tür und blickt in die Ferne: der Hund bringt die Erwar-
tungsgefühle, die sich hinter ihrer verschlossenen Miene verbergen, zum leuchtenden Ausdruck; eine Frau sitzt auf einem Stuhl
und liest einen Brief: der Hund neben ihr reflektiert in seiner
Haltung die unendliche Einsamkeit der abgearbeiteten und
vom Leben nicht gerade freundlich behandelten Frau (Abb. 74
und 75).

Schließlich ein letztes Bild: Lucien Freuds «Triple Portrait»
von 1986/87. Auf den ersten Blick scheint sich das Bild den
bisher angeschauten nur zu subsumieren, indem auch hier die
Hunde die Befindlichkeit eines Menschen, einer Frau widerspie-
geln. Doch schon der Titel ‹Tripelporträt› deutet daraufhin, daß
die Tiere hier eine andere als nur eine dekorative oder demon-
strative Bedeutung haben. Sie nehmen den gleichen Rang ein
wie der Mensch oder umgekehrt, d. h. die Ebenen zwischen
menschlicher und tierischer Natur verwischen sich: die darge-
stellte Frau wird in ihrem Leid zurückgeworfen auf ihre kreatür-
liche Natur. Alle Formen des kulturellen wie zivilisatorischen
Selbstausdrucks sind abgestreift und geben den Blick frei auf das
letzte Dasein, auf die dem Tod und der Vergänglichkeit, dem
Schmerz und der Verzweiflung ausgesetzte Kreatur, auf das
abgründige Leid der Existenz, das sich in den abgemergelten
Hundeleibern genauso ausdrückt wie in der Gebärde, mit der
der Mensch der Ausweglosigkeit hilf- und schutzlos zu begegnen sucht (Abb. 76).

In solchen Formen der Darstellung ist die Angleichung von
Hund und Mensch, die ein Signum der neueren Zeit ist, aus der
Starrheit traditioneller Formen und verkrusteter gesellschaftlicher Muster herausgeführt. Beide – Tier wie Mensch – sind
jenseits aller kulturellen Überformungen auf die Grenzen ihrer
je eigenen animalischen Natur verwiesen, unterscheiden sich in

nichts mehr voneinander. Beide sind sich über die sie verbindende Vergänglichkeit nähergerückt und haben somit eine Stufe erreicht, die zu einem respektvollen Miteinander von Natur und Kultur führen könnte. Das Tier wird in solchen Bildern aus seiner langwährenden Dominierung durch den Menschen in die Freiheit seines animalischen Seins entlassen. Es kann, ohne daß der Mensch eingreift, in seiner Eigenständigkeit neben ihm existieren; denn er ist bereit, es Tier sein zu lassen, es nicht mehr an sich heranzuziehen und gemäß seiner jeweiligen Bedürfnisse zu verformen. Doch auch der Mensch wird seiner gesellschaftlichen Fesseln entledigt, sieht sich nicht mehr allein und vornehmlich als geistbestimmtes Kulturwesen, sondern vermag die seit der Aufklärung so gering geschätzten naturhaft-animalischen Anteile seiner Existenz zu akzeptieren, ja in sein Leben und Erleben sinnvoll einzubeziehen.

Damit wäre eine Stufe der Mensch–Tier-Beziehung erreicht, die weit entfernt ist von jeder heutigen Wirklichkeit und nur in den Antizipationen der Kunst, und auch hier nur selten, Realität gewinnt. Daß auch die Literaten und Dichter, die nur allzuoft ein ebenso realistisches wie verächtliches Bild vom Verhalten des Menschen gegenüber der Kreatur zeichnen, durchaus auch ähnliche Visionen kennen und formulieren, daß auch sie das Verhältnis von Mensch und Tier zu transformieren versuchen, soll nun am Schluß dieses Buches durch Texte und Analysen dargelegt werden.

Wir beginnen mit zwei Beispielen von Tieranekdoten, also einer Gattung, die nur selten künstlerische Höhe erreicht und eher in subliterarischen Niederungen verbleibt, für unsere Zwecke jedoch höchst aufschlußreich ist, da sie an einem signifikanten Ereignis aus dem Leben einer historischen Persönlichkeit knapp und plastisch deren Verhältnis zum Tier verdeutlicht.

Der Frankfurter Lokalpoet Friedrich Stoltze erzählt, wie Schopenhauers Beziehung zum Hund, von der in diesem Kapitel wiederholt die Rede war, der Außenwelt erschien: Als liebenswürdige, skurrile, aber auch etwas befremdliche Marotte, gegen die sich die Mitmenschen mit List zur Wehr zu setzen wußten. Die zweite handelt von dem Reichskanzler Otto von Bismarck. Sie zeigt, wie typisch für diese Erzählform, die berühmte Per-

Abb. 76   Lucian Freud «Triple Portrait» (1986/87)
Öl auf Leinwand (120 × 100 cm)

sönlichkeit von einer anderen, der Öffentlichkeit sonst nicht bekannten und unzugänglichen Seite, zeigt den eisernen Kanzler als verletzlichen, durch den Tod des Hundes zutiefst getroffenen und verstörten Tierfreund.

Neben die Anekdote und andere bekannte Formen der Gattung Tierdichtung – Fabel, Nachruf, Schwank, Satire – tritt seit dem 19. Jahrhundert eine neue, die Tiergeschichte, also eine Erzählung, in der ein Tier als «Held» des Geschehens im Mittelpunkt steht. Unterhaltende, lehrhafte Tierbeschreibungen, die durchaus schon auf genauerer Beobachtung des einzelnen beruhten, hat es im Rahmen der Wochenschriften und Kalender bereits im 18. Jahrhundert gegeben. Das Interesse an der wissenschaftlichen Erforschung der Natur, das sich im Laufe des 19. Jahrhunderts immer stärker verbreitete, erweiterte diesen engeren Rahmen zunehmend: das Tier wird nun in seinem detaillierten Eigenleben, in seinen Umweltbedingungen, in der ganzen Breite seiner Verhaltensformen und natürlich auch in den alten und neuen Projektionen menschlicher Einfühlung zum beliebten Gegenstand erzählerischer Darstellungen.

Eine solche Tiergeschichte ist die Erzählung von Maupassant «Pierrot», die das völlig unreflektierte und deshalb so grausige Verhältnis des Menschen zum Hund zum Thema hat.

Was geschieht, wenn Menschen, die wenig haben und zudem noch geizig sind, sich einen Hund anschaffen, ihn, wenn auch sehr vordergründig, lieb gewinnen, dann aber merken, daß die Kosten die Erwartungen beträchtlich übersteigen? Mit großer psychologischer Einfühlung, und d. h. in diesem Falle: mit abgrundtiefer Skepsis gegenüber der Verlogenheit menschlicher Gefühle schildert Maupassant, wie das arme kleine Hündchen in die Mergelgrube geworfen wird, wo es zunächst noch gefüttert, dann aber erbarmungslos im Stich gelassen wird. Schonungslos und unerbittlich zeigt die Geschichte, wie unverläßlich die Menschen mit dem Tier umgehen; wie bereit sie sind, die Beziehung um geringer Vorteile willen sofort zu verraten und in welchem Maße sie fähig sind, ihre Gefühle zu verdrängen.

O. Henry macht in seiner Geschichte «Erinnerungen eines gelben Hundes», in der er in den Eingangssätzen bereits auf die weite Verbreitung und Beliebtheit von Tiergeschichten hinweist, das unterdrückte Tier zum Spießgesellen des gleichfalls von der fülligen Hausfrau tyrannisierten Ehemannes. Es ist das Tier, das hier den Weg in die Freiheit weist, den der Mann dann auch bereitwillig beschreitet. Es ist die Geschichte einer seltenen, aus der Gemeinsamkeit gleicher Erfahrungen resultierenden Solidarität zwischen Mensch und Tier, die in der zärtlichen Umbenennung des Hundes, den die Herrin zu seinem Verdruß immer ‹Herzblatt› gerufen hatte, kulminiert: «Ich werde dich

Pitt nennen», sagte mein Meister; und selbst mit fünf Schwänzen hätte ich nicht genügend wedeln können, um diesem Augenblick gerecht zu werden.»

Auch Jack London wählt in seiner Geschichte «Der Gott der Liebe» die Erzählperspektive des Tieres. Wolfzahn, also ein noch sehr wolfsähnlicher Hund, wird durch die liebevolle, behutsame, ruhige Zuwendung eines Mannes aus einem instinkthaft aggressiv und bissig reagierenden, streitbaren, reißenden und unversöhnlichen Gegner des Menschen nach und nach zu dessen ergebenem Freund, der die Nähe des Herrn braucht und ihn wie einen Gott verehrt. Hundwerdung des Wolfes durch die liebevolle Zuneigung eines Menschen – die Geschichte lebt von einer ungewöhnlichen Einfühlung und genauen Beobachtung feinster tierischer Regungen und suggeriert dem Leser zugleich, die – nur einem menschlichen Bewußtsein möglichen – Projektionen seien so etwas wie tierische Natur.

Schließlich die Geschichte von Andreas Kissling ‹Bastard›. In ihr geht es um die Differenz zweier Hunde, einem etwas blassen adligen Luxusgeschöpf von Dackel, der überfahren wird und in das Leben seiner menschlichen Beziehungspartner eine beträchtliche Lücke reißt, und einen Bastard, der zunächst nur widerwillig angenommen wird, sich aber dann doch die Sympathie, ja geradezu die Liebe der beiden Menschen erwirbt: durch die kraftvolle Individualität seiner Persönlichkeit und die spezifische Art der Unbedingtheit, mit der er seinen beiden Beziehungspersonen Verständnis und Liebe entgegenbringt.

Neben der Tiergeschichte ist es vor allem der Tieressay, d. h. die kurze, stark subjektiv geprägte Betrachtung über das Tier oder ein Tier, die sich im 19. und 20. Jahrhundert besonders häufig findet. Wir haben in die Reihe der Texte drei sehr unterschiedliche Prosastücke dieser Art aufgenommen. Zunächst Alfred Polgars Nachruf auf den Hund seines Freundes Egon Friedell, in dem die eigenständige, souveräne, selbstbewußte Persönlichkeit eines charmanten und in keiner Weise unterwürfigen Hundes gerühmt wird; sodann den Essay von Kurt Tucholsky, in dem er den Hund als Untergebenen betrachtet, der von der bürgerlichen Familie nur deshalb gehalten wird, damit die mannhafte deutsche Seele einen Sklaven hat, den sie herumkommandieren kann: das Tier also auf der untersten Stufe der Hierarchie von Befehlshabern, die vom Kaiser bis hinunter zum einfachen Bürger reicht und die das sadomasochistische Verhältnis des deutschen Bürgers zum Herrschen und zum Gehorchen zeigt; schließlich Luise Rinsers kleine Betrachtung «Sympathie, was ist das», in der der Blick des Hundes romantisierend und etwas sentimental als Reminiszenz an das verlorene Paradies gedeutet wird, als Erinnerung an die uralten Zeiten, «da kein Tier etwas zu fürchten hatte vom Menschen».

Die Reihe der Gedichte über Hunde wird eröffnet durch Adalbert von Chamissos «Der Bettler und sein Hund». Der mittellose Bettler klagt jene amtliche Institution an, die immer nur fordert, ohne je zu geben, und ihn für seinen Freund und Weggefährten drei Taler entrichten läßt, ihn jedoch in seiner Bedürftigkeit und Krankheit stets im Stich gelassen hat. Der Selbstmord erscheint ihm schließlich als einziger Ausweg; die unabdingbare Treue und Liebe zwischen Hund und Mensch wird endgültig dadurch besiegelt, daß der Hund auf dem Grab seines Herrn stirbt.

In dem Gedicht auf sein Möpschen spielt Heinrich Heine hingegen ironisch mit der wechselseitigen Zuneigung zwischen Mensch und Hund, wie sie immer wieder in Hundegeschichten und Hundegedichten thematisiert wird. Für ihn basiert sie auf Seiten des Hundes darauf, daß er von seinem Herrn mit Zucker gefüttert wird; der Herr aber liebt ihn, weil er die Ehrlichkeit erkennt, die den Hund gegenüber den menschlichen Freunden auszeichnet: während sie ihren Eigennutz hinter einer Larve von Freundschaft verstecken, gibt der Hund klar zu erkennen, daß er dem Menschen deshalb so zugetan ist, weil er von ihm Zuwendungen erhält.

Aus unserem Jahrhundert haben wir zwei Gedichte ausgewählt, die unterschiedliche Aspekte eröffnen. Werner Bergengruens «Hund in der Kirche», eine heitere Genreszene, die die Störung des Kirchenfriedens durch den Hund in einer Versöhnung von Menschlichem und Tierischem aufhebt und in einer quasi göttlichen Harmonie der Heiligen zum Einklang bringt sowie Peter Maiwalds Gedicht «Avenida do Mar», das einem

alten geschundenen, räudigen Hund und seinem jammervollen
Tod gewidmet ist.

Mit Polgars prosaischem Versuch über ‹Schnick› haben wir
bereits ein Beispiel jener literarischen Gattung genannt, die wie
in den vorhergehenden Epochen auch im 19. und 20. Jahrhundert in der Hundeliteratur reich vertreten ist: den Nachruf. Hier
ist vor allem die Inschrift zu nennen, durch die Lord Byron
seinen Neufundländer Boatswain im Park von Newstead Abbey
geehrt hat. Byron rühmt diesen Hund, der als Tier üblicherweise
nach seinem Tode keinerlei Lobpreisungen erfahren hätte, in
den höchsten Tönen und tut dies gerade im Vergleich mit den
Menschen, denen in der Regel ein ehrenvoller Nachruf sicher ist:
dem eitlen, schwachen, verderbten, ekelerregenden Menschen
stellt er das treue, aufopferungsvolle, mutige Tier, dem trügeri-
schen Schmeichler den einzigen verläßlichen Freund gegenüber.

In dem Briefnachruf Stifters wird von den letzten Lebens-
stunden eines Hundes berichtet, von seiner Krankheit und der
liebevollen Pflege, die er durch einen liebenden Herrn erhielt;
von dem Kummer, den sein Tod erzeugte und von der großen
Geduld, mit der er sein Sterben ertrug; vor allem aber, und dies
ist ein sonst so nicht ausgedrückter Gedanke, von der aufrichtigen und herzlichen Bereitschaft, mit der der Herr an seinem
Hund die besondere Befähigung zur Lebensfreude und zum
Glück wahrzunehmen wußte.

Es folgen zwei Nachrufe aus unserem Jahrhundert, die neben
vielen bereits aufgeführten Motiven einige neue präsentieren: in
dem Gedicht von Karl Kraus ist es vor allem die Stummheit der
sprachlosen Kreatur sowie deren bescheidene Lebensansprüche
bei gleichzeitiger unbändiger Daseinsfreude, wodurch der Unterschied zum Menschen markiert wird. Und es lebt in diesen
Zeilen, in denen Kraus seine Trauer um den Hund bekundet, ein
Bewußtsein von der Andersartigkeit des Tieres und ein Respekt
gegenüber diesem anderen Sein, wie sie sich nur selten sonst in
den Texten ausspricht.

Gerade das Letztere gilt auch für das Gedicht von Pablo
Neruda, in dem der Dichter den tiefen Respekt und die wache
Aufmerksamkeit, die der Hund für ihn empfand, beantwortet
mit einer echten Achtung für das Tier und mit einer aufrichtigen

Anerkennung der Unverlogenheit ihres Verhältnisses. Neruda hebt in seinem Nachruf einen Zug besonders hervor, den vor ihm noch niemand so deutlich akzentuiert hat und der doch die ganze Differenz zwischen tierischem und menschlichem Dasein umschreibt:

«Fröhlich, fröhlich, fröhlich
wie die Hunde glücklich sein können,
einfach so, mit der Unumschränktheit
unverschämter Natur.»

Texte

Erinnerung an Schopenhauer und seinen Pudel ‹Atma›

«Nach diesem kleinen Auftritt ließ Schopenhauer sich acht Tage lang nicht mehr auf dem Röderberg sehen. Dann kam er wieder, und gleich beim erstenmal passierte ihm wieder mit seinem «Mensch» etwas, aber etwas ganz Unmenschliches und zwar in meinem Garten. Die Gartentüre stand offen, und der braune Pudel benutzte die Gelegenheit, wie immer, und stattete meinem Porculus (Stoltzes Hündchen) einen Besuch ab. Porculus aber war zum freundschaftlichen Balgen nicht aufgelegt. Er war Patient. Alles freundschaftliche Schwänzeln verfing nicht bei ihm, und so amüsierte sich denn »Atma« auf eigene Faust im Garten. Er sprang von Terrasse zu Terrasse in den unteren Garten, und er mußte dort einen ihm besonders erfreulichen Gegenstand gefunden haben, denn er kam nicht wieder.

Hundert Schritte oberhalb meines Gartens wartete der Herr Professor auf seinen Pudel. Ich hatte mir, um den «Mensch» aus dem unteren Garten zu verjagen, wo er unter meinen Hühnern und Enten Unheil anrichten konnte, eine Peitsche geholt und knallte damit schon im oberen Garten. Als der Herr Professor diese Töne wahrnahm, kam ihm der Wille zu einer Vorstellung möglicher seinem Pudel zugedachten Prügel. Er eilte herbei, kam in den Garten und frug mich, ob sein Hund noch immer im Garten sei.

»Freilich, Herr Professor«, sagte ich und dachte dabei: Na warte, er soll sobald nicht wiederkommen! »Freilich, Herr Professor, und leider, denn im unteren Garten, wo er sich befindet, ist Gift gelegt für die Marder, denn neulich erst war einer im Hühnerhaus, im Entenhaus und im Taubenschlag.«

«Gift? Um Gotteswillen. Atma! Atma! Atma! Atma komm hier! Willst du gleich kommen!» rief der Professor in den unteren Garten hinab. – Atma kam, und man sah es seiner Schnauze an, daß er etwas gefressen hatte, – «Da haben wir's», sagte ich, «da haben wir's! Er hat richtig von dem Gift

Abb. 77   Wilhelm Busch (1832–1908)
Arthur Schopenhauer mit seinem Pudel Atma (Handzeichnung)

gefressen. Ich sehe es an dem Stückchen Papier, das ihm noch an dem Maule klebt. In solches Papier war das mit Arsenik vergiftete rohe Fleisch gewikkelt!»

«Arsenik? Arme Atma. Haben Sie für Geld und gute Worte keine Milch, so viel als Sie im Hause haben?» «Gewiß, Herr Professor. Es geschieht aus Menschenpflicht.» – Er lächelte schmal. Ich aber rief meiner Frau: «Mary, bringe doch gleich einen Kumpen voll Milch!»

Meine Frau brachte einen Kumpen voll Milch. «Der Hund des Herrn Professor hat Gift gefressen,» sagte ich. – «Gift? Danach sieht der Hund aber gar nicht aus; er ist ja ganz vergnügt und munter. Wo soll er denn das Gift gefressen haben?»

«Da unten im Garten,» sagte der Herr Professor ganz tonlos. – Meine Frau sah mich an und schüttelte den Kopf. Mittlerweile hatte der Pudel mit großer Begierde und mit fortwährendem Schwänzeln den Kumpen schon halb leer gesoffen. Da zog ich erschrocken den Kumpen weg, schüttete ihn aus und sagte zu meiner Frau: »Mary, du hast dich vergriffen! Du hast Kalkmilch gebracht, Kalkbrühe, mit welcher ich die Obstbäume anstreichen wollte, die so von den Raupen heimgesucht werden!»

«Kalkbrühe!» rief der Professor. «Auch das noch! Haus des Unglücks! Garten der Hölle! Fort, Atma, fort!»

Und fort eilte er zum Garten hinaus und sein Pudel sprang munter neben ihm her.

«Aber Fritz,» sagte meine Frau, «das ist doch ein ganz maßloser Mutwille!»

«Es ist Notwehr, liebe Frau, Notwehr gegen einen braunen Pudel, der mir noch meinen ganzen Garten verwüstet hätte.« –

(Aus: Friedrich Stoltze, Gesammelte Werke. Bd. I, 1896, S. 209.)

v. Tiedemann über Bismarcks Dogge ‹Sultan›

»Während des Kaffeetrinkens wurde plötzlich entdeckt, daß Sultan, eine von Bismarcks Doggen, die noch bei Tisch von jedermann verzogen wurden, verschwunden war. Da Sultan in einem benachbarten Dorf ein Liebesverhältnis unterhielt, so nahm der Fürst an, er sei wieder einmal dorthin gelaufen. Er war ärgerlich und erklärte, er werde ihn einmal tüchtig durchprügeln. Herbert, Holstein und ich gingen auf unsre Zimmer, um noch bis zum Postschluß zu arbeiten, als es gegen elf unten lebendig wurde. Dann hieß es, Sultan, der vor kurzem nach Hause gekommen, liege in den letzten Zügen. Unten bot sich uns ein wirklich erschütternder Anblick. Auf dem Fußboden saß der Fürst, den Kopf des sterbenden Hundes in seinem Schoß haltend. Er flüsterte ihm liebkosende Worte zu und suchte seine Tränen vor uns zu verbergen. Bald darauf starb der Hund. Der Fürst erhob sich und ging in sein Zimmer, kam an diesem Abend auch nur auf kurze Zeit wieder, um gute Nacht zu sagen. Holstein, der vor dem Schlafengehen noch bei ihm war, faßte die Situation richtig in die Worte zusammen: ‹Der Fürst hat einen guten Freund verloren und fühlt sich vereinsamt.› Heute morgen war es, als ob wir uns in einem Trauerhause befänden. Es wurde nur mit verhaltener Stimme gesprochen. Der Fürst hatte nicht geschlafen; ihn quälte unaufhörlich der Gedanke, daß er den Hund kurz vor seinem Tode noch gezüchtigt hatte. Obgleich die heute morgen vorgenommene Obduktion ergeben hatte, daß Sultan an einem Herzschlag gestorben sei, machte er sich immer wieder selbstquälerische Vorwürfe. Nach dem Frühstück stiegen wir zu Pferde, der Fürst war einsilbig. Er suchte die Wege auf, wo sein lieber, alter Hund ihn zuletzt begleitet. So trabten wir lange im strömenden Regen vorwärts. Als ich einmal neben ihm ritt, sagte er, es sei sündlich, so wie er getan, sein Herz an ein Tier zu hängen, er habe aber nichts Lieberes auf der Welt gehabt und er müsse mit Heinrich V. im Shakespeare sagen: ich hätte einen Besseren besser missen können. Und dann setzte er zu einem längeren Galopp an, daß Reiter und Pferde dampfend vor dem Schloß anlangten. Wer diesen gewaltigen Mann so ganz aufgelöst im Schmerz um den Tod seines Hundes gesehen, mag ihn vielleicht schulmeisterlich tadeln, aber er müßte kein Herz im Leibe haben, wenn er nicht tief ergriffen worden wäre.»

Wie schmerzlich den Fürsten dieses Erlebnis bewegte und wie oft sich seine Gedanken mit ihm noch beschäftigt haben mögen, beweist die Tatsache, daß er einundzwanzig Jahre nach diesem Vorfall seinen Sohn Herbert auf dem Sterbebette fragte: «Ist es schon lange her, daß Sultan tot ist?» –

(Aus: L. Zukowsky, S. 42f.)

Abb. 78   Bismarck auf seinem Alterssitz Friedrichsruhe

Pierrot

Madame Lefèvre war eine Frau vom Lande, eine Witwe, eine der Halbbäuerinnen mit Bändern und rüschengeschmückten Hüten, die, wenn sie unter Leuten sind, immer eine grandiose Miene aufsetzen und ihre unverschämte und rohe Seele unter einem komischen und buntscheckigen Äußern verbergen, wie sie ihre plumpen roten Hände in rohseidenen Handschuhen verstecken.

Sie hatte ein braves, einfaches Mädchen vom Lande, namens Rose, als Dienstbote angenommen.

Diese beiden Frauen wohnten in einem kleinen Hause mit grünen Fensterläden, dicht an der Landstraße in einem kleinen Dorfe in der Normandie, in der Gegend von Caux. Vor dem Hause befand sich ein Gärtchen, in dem sie Gemüse zogen.

Eines Nachts nun stahl man ihnen ein Dutzend Zwiebeln daraus.

Kaum hatte Rose den Raub bemerkt, so benachrichtigte sie ihre Herrin, die in ihrem wollenen Rock heruntergelaufen kam. Das war ein Schreck, ein Schmerz! Man hatte gestohlen, hatte Madame Lefèvre bestohlen!

Man stahl also in der Gegend, man konnte wiederkommen!

Und die beiden erschrockenen Frauen betrachteten die Fußspuren auf der Erde und tauschten unter vielen Reden ihre Vermutungen aus: «Da sind sie hergekommen, hier sind sie auf die Mauer geklettert, und da sind sie auf das Beet heruntergesprungen.»

Und sie dachten mit Schrecken an die Zukunft. Wie konnten sie noch ruhig schlafen?

Das Gerücht des Diebstahls verbreitete sich. Die Nachbarn kamen dazu, konstatierten, stellten ihre Vermutungen auf, und die beiden Frauen teilten jedem Neuankommenden ihre Beobachtungen und Schlüsse mit.

Der Pächter von nebenan hielt mit seinem Rat nicht zurück und sagte: «Ihr müßtet einen Hund haben.»

Das stimmte; sie mußten einen Hund haben, und wenn auch nur einen zum Wachehalten.

Keinen großen Hund. Mein Gott, was sollten sie mit einem großen Hund? Der fräß sie ja arm. Einen kleinen wollten sie haben, einen kleinen, der bellte.

Als alle Mitleidigen und Neugierigen weg waren, überlegte sich Madame Lefèvre die Geschichte mit dem Hund einmal gründlich. Sie machte tausend Pläne und verwarf sie alle wieder, von der Vorstellung eines großen, vollen Futternapfes zu Tode erschreckt; denn sie war von dem sparsamen Stamme jener ländlichen Damen, die immer ein paar lose Centimes in der Tasche haben, um, wenn es jemand sieht, den Armen am Wege oder sonntags in der Kollekte Almosen zu spenden.

Rose, die den Tieren zugetan war, trug nun auch ihre Gründe vor und beharrte mit Nachdruck darauf. Es wurde also beschlossen, einen Hund anzuschaffen, einen ganz kleinen Hund.

Man begab sich auf die Suche, fand jedoch nur derartig große Vielfraße, daß einem bei dem bloßen Gedanken an sie schauderte. Der Krämer in Rolleville hatte wohl einen, einen hübschen kleinen, aber er verlangte zwei Francs Entschädigung dafür, daß er ihn großgezogen hatte. Madame Lefèvre aber erklärte, daß sie gern bereit sei, einen Hund zu füttern, jedoch durchaus nicht, einen zu kaufen.

Da brachte der Bäcker, der auch von den Ereignissen wußte, eines schönen Morgens auf seinem Wagen ein sonderbares, ganz kleines gelbes Tier mit, das fast keine Beine, dafür einen Krokodilsleib, einen Fuchskopf und einen buschigen Schwanz hatte, der fast so lang war wie sein ganzer übriger Körper. Ein Kunde wollte sich seiner gern entledigen. Madame Lefèvre fand den schmutzigen Köter, der nichts kosten sollte, sehr hübsch; Rose küßte ihn und fragte, wie sein Name sei. Der Bäcker antwortete: er heiße Pierrot.

Man quartierte ihn in eine alte Seifenkiste ein und gab ihm Wasser zu trinken. Er trank. Man warf ihm ein Stückchen Brot vor. Er fraß es. Da hatte Madame Lefèvre, die schon unruhig geworden war, einen Gedanken: «Wenn er sich erst an das Haus gewöhnt hat, könnte man ihn ja frei herumlaufen lassen. Es wird seine Nahrung dann wohl finden, wenn er draußen herumstreicht.»

Man ließ ihn also frei herumlaufen, was nicht verhinderte, daß er beinahe verhungerte. Er bellte übrigens bloß, wenn er sich etwas erbettelte, dann aber höchst eifrig.

In den Garten ließ er jeden hinein, ja umschmeichelte die Ankommenden noch und blieb vollständig stumm.

Madame Lefèvre hatte sich jedoch an das Tier gewöhnt, sie begann es sogar liebzugewinnen und ließ es von Zeit zu Zeit ein Stück in Sauce getauchtes Brot aus ihrer Hand fressen.

Doch hatte sie nicht an die Hundesteuer gedacht, und als man ihr acht Francs abverlangte – acht Francs für diesen Köter, der nicht einmal bellte – wurde sie vor Aufregung fast ohnmächtig!

Es wurde sofort beschlossen, sich Pierrots zu entledigen. Aber niemand wollte ihn haben. Zwei Meilen im Umkreis weigerte sich jeder, ihn zu nehmen. Da entschloß man sich denn, ihn, weil doch nichts anderes übrig blieb, «den Kopfsprung machen zu lassen».

Mitten in der großen Ebene hinter dem Dorfe bemerkte man eine Art Hütte oder vielmehr ein kleines Strohdach, das auf dem Boden zu liegen schien. Das war der Eingang zur Mergelgrube. Ganz senkrecht führt von dort ein Schacht zwanzig Meter tief unter die Erde und endigt in einer Reihe langer Gänge und Höhlen. Einmal im Jahre steigt man dort hinab, zur Zeit des Mergelns der Felder; die ganze übrige Zeit dient die Höhle den zum Tode verurteilten Hunden als Begräbnisplatz und oft, wenn man an ihrem Rande vorübergeht, steigt ein langgezogenes Stöhnen, wütendes oder verzweifeltes Gebell, angstvolles Geheul bis zu dem Wanderer herauf.

Die Jagd- und Schäferhunde fliehen entsetzt aus der Nähe dieses von Wehklagen widertönenden Loches, von dem ein schauderhafter Geruch der Verwesung aufsteigt.

Furchtbare Tragödien spielen sich da unten ab.

Wenn ein Tier seit zehn oder zwölf Tagen in Todesnöten unten liegt, bis jetzt eben noch genährt von den faulenden Überresten seiner Vorgänger, wird plötzlich ein viel größeres und stärkeres Tier in das Loch gestürzt. Da stehen sie sich mit glühenden Augen, allein, verhungernd, gegenüber. Sie belauern sich, streichen aneinander vorüber, zögernd und voll Angst. Doch der Hunger stachelt sie, sie fallen übereinander her und kämpfen lange und erbittert, der Stärkere besiegt den Schwächeren und verschlingt ihn bei lebendigem Leibe.

Als es beschlossen war, daß Pierrot in dieses Loch geworfen werden sollte, sah man sich nach einem Henker um.

Der Chausseewärter forderte zehn Sous. Der Bengel vom Nachbar wollte sich mit fünf Sous für den Weg zufrieden geben, doch auch das war noch zu viel; und als Rose geäußert hatte, es wäre vielleicht am besten, sie trügen ihn selbst dahin, damit er unterwegs nicht auch noch mißhandelt werde und sein Schicksal ahnen könne, beschlossen die beiden Frauen, bei einbrechender Dunkelheit den Todeskandidaten selbst an den Ort seiner Bestimmung zu bringen.

Er bekam an diesem Abend einen Teller gut gekochten Brei mit einem Klecks Butter, den er bis auf die letzte Spur ausleckte, und als er dann zum Zeichen der Dankbarkeit mit dem Schwanze wedelte, nahm ihn Rose in ihre Schürze.

Sie eilten mit großen Schritten wie Landstreicher über die Ebene. Bald waren sie am Ziel. Madame Lefèvre beugte sich über das Loch, um zu hören, ob ein Tier drin wäre. Nein, es war keins da. Pierrot würde allein sein. Rose weinte, küßte ihn noch einmal und warf ihn hinab, dann lauschten sie beide mit gespitzten Ohren nach unten.

Erst vernahmen sie ein dumpfes Aufschlagen, dann das spitze, herzzerreißende Jammern eines verwundeten Tieres, und nach ein paar Schmerzensausbrüchen sein verzweifeltes bittendes Bellen, wobei er den Kopf nach oben gestreckt haben mußte.

Er bellte! Er bellte!!

Sie wurden plötzlich von Gewissensbissen, von Schreck, von einer tollen und unerklärlichen Angst erfaßt und rannten eilends weg. Und da Rose etwas schneller lief, rief ihr Madame Lefèvre ängstlich nach: «Warten Sie doch! Warten Sie doch!»

In der Nacht stöhnten sie beide unter furchtbarem Albdruck.

Madame Lefèvre träumte, sie setze sich zu Tisch, um ihre Suppe zu essen, als sie aber den Deckel von der Terrine nahm, war Pierrot darinnen. Er sprang heraus und biß sie in die Nase.

Sie erwachte und glaubte ihn noch bellen zu hören. Sie horchte und fand, daß sie sich getäuscht hatte.

Sie schlief von neuem ein und befand sich auf einer großen Landstraße, die sich endlos hinzog und die sie hinabwanderte. Plötzlich sah sie mitten auf dem Wege einen Korb stehen, einen großen Korb, wie ihn die Bauern haben, und dieser Korb erfüllte sie mit Angst.

Endlich öffnete sie ihn jedoch und heraus sprang Pierrot, biß sie in die Hand und ließ sie nicht mehr los. Außer sich vor Angst rannte sie davon, den Hund, dessen Zähne nicht nachließen, mit sich schleppend.

Halb toll erhob sie sich bei Tagesanbruch und lief zur Mergelgrube. Er bellte, er mußte die ganze Nacht gebellt haben!

Sie begann zu weinen und rief ihn mit tausend liebkosenden Namen, er antwortete mit dem bittendsten, zärtlichsten Ausdruck seiner Hundestimme.

Da wollte sie ihn wiederhaben und nahm sich vor, ihn bis an sein Lebensende wohl zu pflegen.

Und sie lief zum Grubenwärter, der jedes Jahr in die Grube hinabstieg, und trug ihm ihr Anliegen vor. Der Mann hörte ihr zu, ohne ein Wort zu reden. Als sie fertig war, meinte er: «Sie wollen Ihren Hund wiederhaben? Das kostet vier Francs.»

Sie fuhr auf. Ihr ganzer Schmerz war verflogen.

«Vier Francs! Das ist aber doch unerhört!»

Er antwortete: «Glauben Sie vielleicht, daß ich meine Stricke und Leitern und den ganzen Apparat da herausschaffe, mit meinem Jungen in das Loch steige und mich noch obendrein von Ihrem Köter beißen lasse, bloß um das Vergnügen zu haben, ihn Ihnen wiederzugeben? Sie brauchten ihn ja nicht hineinzuwerfen.»

Sie ging unwillig fort. Vier Francs!

Kaum war sie nach Hause gekommen, so teilte sie Rose die Ansprüche des Grubenwärters mit. Und Rose sagte resigniert: «Vier Francs, Madame, das ist eine Menge Geld.»

Dann meinte sie: «Wenn man dem armen Hund was zu fressen herunterwerfen könnte, damit er nicht verhungert...»

Madame Lefèvre ging erfreut auf diesen Gedanken ein, und schon waren sie mit einer dicken, mit Butter bestrichenen Schnitte Brot unterwegs.

Sie bissen Stück für Stück von demselben ab und warfen eins nach dem anderen, abwechselnd mit Pierrot redend, hinunter. Und immer wenn der Hund ein Stück verschlungen hatte, bellte er, um ein neues zu erbitten.

Am Abend kamen sie wieder, am folgenden Tage auch, und so alle Tage. Sie kannten nur noch den einen Weg.

Als sie nun eines Morgens gerade den ersten Bissen hinuntergeworfen hatten, vernahmen sie plötzlich ein fremdes Gebell aus der Tiefe. Sie waren zu zweien! Man hatte noch einen anderen Hund hineingeworfen, einen großen!

Rose schrie: «Pierrot!» Und Pierrot bellte, bellte. Dann warfen sie Brot hinunter, doch jedesmal klang deutlich der Tumult eines schrecklichen Kampfes herauf, und das Wehgeheul des von seinem Leidensgenossen gebissenen Pierrot sagte nur zu deutlich, daß er der Schwächere war und keinen Bissen bekam.

Sie mochten noch so sehr schreien: «Das ist für dich, Pierrot!»

Pierrot bekam offenbar nichts.

Die beiden Frauen blickten sich unschlüssig an, und Madame Lefèvre meinte spitz: «Ich kann aber doch schließlich nicht alle Hunde füttern, die man da hineinwirft. Da müssen wir schon verzichten.»

Und fast erstickt bei dem bloßen Gedanken, daß all diese Hunde auf ihre Kosten leben könnten, ging sie weg und nahm sogar das noch nicht ganz verteilte Stück Brot wieder mit und verzehrte es selbst auf dem Rückweg.

Rose folgte ihr und wischte sich die Augen mit einem Zipfel ihrer blauen Schürze.

(Aus: Guy de Maupassant, Meisternovellen. Ausgewählt und eingeleitet von Friedrich Sieburg. Darmstadt 1963, S. 369 ff.)

O. Henry:
Erinnerungen eines gelben Hundes

Ich glaube nicht, daß es irgendeinen von euch Menschen von der Stange hauen wird, wenn ihr den Beitrag eines Tieres lest. Mr. Kipling und einige andere Autoren haben bewiesen, daß sich Tiere in einem erträglichen Englisch verständlich machen können, und keine Zeitschrift wird heutzutage ohne eine Tiergeschichte in Druck gegeben, ausgenommen die altmodischen Zeitschriften, in denen noch immer Bilder vom Staatssekretär Bryan oder vom Ausbruch des Mont Pelé erscheinen.

Aber suchen Sie in meiner Erzählung keine hochtrabende Literatur, wie die Gespräche von Bearoo, dem Bären, Snakoo, der Schlange, oder Tammanoo, dem Tiger in den Dschungelbüchern. Von einem gelben Hund, der die meiste Zeit seines Lebens in einer billigen New Yorker Wohnung verbracht und in einer Ecke auf einem alten seidenen Unterrock (über den seine Herrin beim Empfang bei Lady Longshoremen Portwein gegossen hatte) geschlafen hat, kann man nicht erwarten, daß er irgendwelche Kunststücke mit der Sprache aufführt.

Ich wurde als kleiner gelber Hund geboren; Datum, Ort, Stammbaum und Gewicht unbekannt. Das erste, woran ich mich erinnern kann, war eine alte Frau, die mich in einem Korb irgendwo zwischen dem Broadway und der Dreiundzwanzigsten Straße einer fetten Dame zu verkaufen versuchte. Die alte Mutter Hubbard gab schrecklich an und versuchte mich als echten pommersch-bretonisch-irisch-chinesischen Foxterrier anzupreisen. Die fette Dame suchte in ihrem Einkaufsnetz zwischen lauter Stoffproben nach einem Fünfdollarschein, bis sie einen gefunden hatte und mich dafür in Empfang nahm. Von diesem Augenblick an war ich ihr Liebling – Mammis einziger Süßer, Kleiner. Sag mir, freundlicher Leser, hat dich jemals eine zweihundert Pfund schwere Frau, deren Atem nach Camenbert und Peau d'Espagne roch, auf den Arm genommen und ihre Nase in dein Fell vergraben, wobei sie die ganze Zeit in dem albernen ‹Wo-ist-er-denn-der-Kleine›-Tantenton Laute wie ‹eideideidadumdadedei› von sich gab?

Von einem stammbaumgebürtigen gelben kleinen Hund entwickelte ich mich zu einem undefinierbaren gelben Köter, der wie eine Mischung zwischen einer Angorakatze und einer Handvoll Zitronen aussah. Aber meine Herrin übersah das. Sie glaubte, daß die beiden ersten jungen Hunde, die Noah in seiner Arche mitnahm, bloß eine Seitenlinie meiner Vorfahren waren. Nur zwei Schutzleute konnten sie davon abhalten, mich für eine Teilnahme an einer Ausstellung sibirischer Bluthunde im Madison Square Garden anzumelden.

Jetzt will ich Ihnen etwas über die Wohnung erzählen. Das Haus war wie alle anderen Häuser in New York, die Vorhalle mit parischem Marmor ausgelegt, vom ersten Stock ab ordinäre Ziegelsteine. Unsere Wohnung lag drei – nicht gerade Freitreppen – aber Stiegen hoch. Meine Herrin hatte sie unmöbliert gemietet und die üblichen Möbel hineingestellt – ein antikes Wohnzimmer mit Polstermöbeln aus dem Jahre 1903, einen Gummibaum und einen Ehegatten.

Heiliger Strohsack! Das war ein Zweifüßler, mit dem ich tiefstes Mitleid hatte. Er war ein kleiner Mann mit rotem Haar und einem Backenbart, der sehr dem meinen ähnelte. Ein Pantoffelheld? – Er schien der Hauptkunde sämtlicher Pantoffelfabrikanten zu sein. Er wusch das Geschirr ab und hörte ergeben meiner Herrin zu, die sich über die billigen, abgerissenen Stücke ausließ, die die Dame mit dem Fehmantel aus dem zweiten Stock auf die Wäscheleine zum Trocknen hängte. Immer, wenn sie das Abendessen zubereitete, befahl sie ihm, mich an einer Leine spazierenzuführen.

Wenn Männer wüßten, wie die Frauen ihre Zeit verbringen, wenn sie allein sind, sie würden niemals heiraten. Dreißig-Pfennig-Romane, knusprige Erdnüsse, etwas Mandelkleie auf den Hals, stehengelassener Aufwasch, halbstündige Unterhaltungen mit dem Eismann, Lektüre alter Briefe, ein Paar Salzgurken, zwei Flaschen Malzextrakt, eine Stunde die Wohnung auf der anderen Seite des Luftschachtes durch ein Loch im Fensterladen betrachten – das ist die ganze Tätigkeit. Zwanzig Minuten, bevor der Mann von der Arbeit zurückkommt, räumt sie die Wohnung auf, steckt ihre Haarunterlage so auf, daß man sie nicht sieht, und holt eine Menge Stopfzeug hervor, um zehn Minuten lang den Eindruck einer fleißigen Hausfrau zu erwecken.

Ich führte ein Hundeleben in dieser Wohnung. Fast die ganze Zeit lag ich in meiner Ecke und beobachtete, wie die fette Frau die Zeit totschlug. Manchmal schlief ich auch und träumte von einer anderen Welt, in der ich Katzen bis in den Keller verfolgte und alte Damen mit schwarzen Pulswärmern anknurrte, wie das so Hundeart ist. Dann stürzte sie sich unweigerlich mit diesem blödsinnigen Hundegequatsch auf mich und küßte mich auf die Nase – aber was konnte ich schon machen? Ein Hund kann keine Gewürzgurken fressen.

Allmählich tat mir der Mann leid, und die Katze soll mich fressen, wenn ich lüge. Wir sahen uns so ähnlich, daß die Leute auf der Straße stehenblieben. So vermieden wir die Straße der reichen Leute und stiegen in den Schneehaufen auf den Straßen der ärmeren Viertel umher.

Als wir eines Abends so spazierengingen – ich versuchte wie ein preisgekrönter Bernhardiner auszusehen, und der alte Mann machte ausnahmsweise ein Gesicht, als wolle er nicht den ersten Leierkastenmann umbringen, der den Hochzeitsmarsch von Mendelssohn spielte –, schaute ich ihn an und sagte in meiner Sprache:

«Warum schaust du immer so mürrisch drein, du stoppelhaariger Hummer? Dich küßt sie doch nicht. Du brauchst nicht auf ihrem Schoß zu sitzen und dir Reden anzuhören, gegen die die Texte einer musikalischen Komödie wie die Lehren des Epiktet klingen. Du solltest dankbar sein, daß du kein Hund bist. Reiß dich zusammen, du Ehekrüppel, und verscheuche deine trüben Gedanken.»

Der eheliche Versager schaute mit fast hündischer Intelligenz auf mich herunter.

»Na, Hundchen», sagte er, «gutes Hundchen. Du siehst fast so aus, als ob du sprechen könntest. Such, Hundchen – such die Katze.»

Katze! Als ob ich sprechen könnte!

Aber natürlich konnte er nicht verstehen. Menschen ist die Sprache der Tiere versagt. Die einzige gemeinsame Basis, auf der Hunde und Menschen zusammenkommen können, gibt es in der Dichtung.

In der Wohnung auf der anderen Seite des Flurs lebte eine Dame mit einem schwarz-braun gefleckten Terrier. Ihr Mann nahm ihn jeden Abend an die Leine und führte ihn aus, aber er kehrte immer vergnügt pfeifend zurück. Eines Tages begrüßte ich den schwarz-braun Gefleckten und bat ihn um eine Aufklärung.

«Schau her, schwanzwedelndes Trauertier», sagte ich, «es liegt nicht in der Natur eines Mannes, in der Öffentlichkeit die Rolle einer Hundedame zu spielen. Ich habe noch nie einen Mann gesehen, der einen Wauwau an der Leine führt und dabei nicht ein Gesicht macht, als wollte er jeden anderen Mann schlagen, der ihn anschaut. Aber dein Herrchen kommt jeden Tag so übermütig und ausgelassen nach Hause, als wäre er ein Amateurgaukler, der den Eiertrick vorführt. Wie macht er das? Erzähl mir nicht, daß es ihm Spaß macht.»

«Dem?» sagte der schwarz-braun Gefleckte. «Er benützt das einfachste Heilmittel. Er läßt sich vollaufen. Wenn wir das Haus verlassen, ist er zuerst so schüchtern wie ein Mann im Spielsalon, der lieber Schwarzer Peter spielt, wenn alle anderen pokern wollen. Aber wenn wir dann acht Bars besucht haben, ist es ihm völlig Wurscht, ob er einen Hund oder einen Seewolf an der Leine hinter sich herzieht. Bei den dauernden Versuchen, den Flügeltüren auszuweichen, habe ich fünf Zentimeter meines Schwanzes verloren.»

Der Tip, den ich von diesem Terrier bekommen hatte – übrigens eine gute Idee für ein Lustspiel –, brachte mich zum Nachdenken.

Eines Abends um sechs Uhr befahl meine Herrin ihrem Pantoffelhelden, das Herzblatt an die Luft zu führen. Bis jetzt habe ich es schamhaft verschwiegen, aber so nannte sie mich. Der schwarz-braun Gefleckte wurde ‹Süßer› genannt. Ich glaube, daß ich ihm gegenüber noch immer im Vorteil war, soweit man das überhaupt einen Vorteil nennen kann. Immerhin bedrückt ‹Herzblatt› die Selbstverachtung nicht allzuschwer.

An einer abgelegenen Stelle in einer ruhigen Straße zog ich an der Leine, um ihn vor einer einladenden, dezenten Bar zum Stehen zu bringen. Ich zog wie ein Verrückter in Richtung Türe, winselte wie ein Hund in höchster Pein, der der Familie klarmachen will, daß Holland in Not ist.

«Der Schlag soll mich treffen», sagte der Alte grinsend, «der Schlag soll mich treffen, wenn mich dieser gelbgefärbte Sohn einer Limonadenflasche nicht zu einem Drink verführen will. Laß mal sehen – wie lange ist es her, daß ich meine Schuhsohlen schonte, weil ich auf dem Barhocker gesessen habe? Ich glaube, ich müßte...»

Ich wußte, daß er angebissen hatte. Er setzte sich an einen Tisch und trank puren Scotch-Whisky. Eine Stunde lang veranstaltete er in seinen Nieren eine Sintflut. Ich saß an seiner Seite, klopfte mit meinem Schweif ungeduldig auf den Boden, um den Kellner heranzurufen, und bekam völlig umsonst ein Fressen, wie es Mammi in ihrer Wohnung nicht annähernd zustande brachte, wenn sie acht Minuten vor Papis Rückkehr versuchte, aus dem Zeugs, das sie im Delikatessenladen gekauft hatte, etwas Genießbares zu fabrizieren.

Als Schottlands Produkte bis auf das Roggenbrot alle erschöpft waren, machte der Alte meine Leine vom Tischbein los und zog mich wie ein Fischer einen Salm ins Freie. Draußen nahm er mir mein Halsband ab und schmiß es auf die Straße.

«Armer Hund», sagte er, «guter Hund. Sie soll dich nicht mehr abknutschen. Es ist eine Schande. Guter Hund, hau ab, laß dich von einer Trambahn überfahren und sei glücklich.»

Ich weigerte mich, wegzulaufen. Ich hüpfte und tollte um die Beine des Alten, glücklich wie ein junger Hund auf einem Teppich.

«Du alter flohköpfiger Murmeltierjäger», sagte ich zu ihm, «du mondanheulender, karnickelstehlender, eierstibitzender alter Spürhund, merkst du nicht, daß ich dich nicht verlassen will? Siehst du nicht, daß wir beide die armen, ausgesetzten kleinen Hunde im Walde sind, hinter denen die Alte wie der böse Onkel her ist, hinter dir mit dem Abtrockentuch und hinter mir mit dem Flohpuder und der rosa Schleife für meinen Schwanz? Warum schütteln wir dieses Joch nicht ab und bleiben für immer Kameraden?»

Vielleicht werdet ihr jetzt sagen, daß er mich nicht verstanden hat – vielleicht hat er es wirklich nicht. Aber der pure Scotch hatte seinen Verstand erleuchtet, und er blieb nachdenklich stehen.

«Hundchen», sagte er schließlich, «wir leben nicht mehr als ein Dutzend Leben auf dieser Erde, und nur wenige von uns werden älter als dreihundert Jahre. Wenn ich diese Möbelbude jemals wiedersehe, dann bin ich selbst total unmöbliert im Hirn, und wenn du sie jemals wiedersiehst, bist du noch unmöblierter im Schädel; und das ist bestimmt keine Schmeichelei. Ich wette sechzig zu eins, daß ‹Westwind› mit einer Dackellänge gewinnt.»

Ich hing nicht mehr an der Leine, aber ich trottete neben meinem Meister bis zur Fähre bei der Dreiundzwanzigsten Straße. Und die Katzen unterwegs konnten sich mit gutem Grund gratulieren, daß sie mit Krallen ausgestattet worden waren.

In Jersey sagte mein Meister zu einem Fremden, der ein Korinthenbrot aß: «Ich und mein Hund, wir befinden uns auf dem Weg in die Rocky Mountains.»

Aber was mich am meisten freute, war der Augenblick, in dem mich der alte Herr an meinen beiden Ohren zog, bis ich aufheulte, und sagte:

«Du ordinärer, affenköpfiger, rattenschwänziger, schwefelgelber Sohn einer Fußmatte, weißt du, wie ich dich nennen werde?»

Ich dachte an ‹Herzblatt› und winselte traurig.

«Ich werde dich Pitt nennen», sagte mein Meister; und selbst mit fünf Schwänzen hätte ich nicht genügend wedeln können, um diesem Augenblick gerecht zu werden.

(Deutsch von Karin Rupé. – Aus: Die besten klassischen und modernen Hundegeschichten, hrsg. v. Friedrich Dürrenmatt u. a. Zürich 1973, S. 234–241.)

Jack London:
Der Gott der Liebe

Als Wolfzahn Weedon Scott auf sich zukommen sah, ließ er ihn knurrend und mit gesträubten Haaren von vornherein wissen, daß er nicht gewillt sei, sich einer Bestrafung zu unterwerfen. Vierundzwanzig Stunden waren vergangen, seitdem er die jetzt verbundene und in einer Schlinge ruhende Hand gebissen hatte. Da Wolfzahn in der Vergangenheit manche verspätete Bestrafung erfahren mußte, befürchtete er auch jetzt etwas Derartiges. Wie hätte es auch anders sein können? Er hatte ein Verbrechen begangen, das nichts weniger als eine Gotteslästerung war; er hatte seine Zähne in das geheiligte Fleisch eines Gottes geschlagen – eines weißhäutigen Übergottes noch dazu. Nach allen Erfahrungen im Verkehr mit Göttern und angesichts der Sachlage mußte ihm etwas Entsetzliches bevorstehen.

Einige Schritte von Wolfzahn entfernt setzte sich der Gott nieder. Darin konnte der Wolfshund nichts Gefährliches sehen. Wenn die Götter bestraften, dann standen sie auf ihren Beinen. Auch hatte der Gott weder Knüppel, noch Peitsche, noch eine Feuerwaffe bei sich. Und zu allem Überfluß konnte er sich immer noch in Sicherheit bringen, sobald der Gott wieder aufstand. Aus all diesen Gründen blieb er abwartend stehen, um zu sehen, was geschah.

Da aber der Gott ruhig und ohne sich zu bewegen dasaß, fiel Wolfzahns warnendes Knurren langsam zu einem weniger entsetzlichen Grollen ab; auch das blieb schließlich in seiner Kehle stecken und hörte auf. Jetzt begann der weiße Gott zu reden; doch kaum vernahm der Hund die Stimme, da sträubte sich sein Fell schon wieder, und wieder drängte das rollende Murren aus seiner Kehle. Aber der Gott sprach ohne drohende oder ärgerliche Bewegung in stets gleichbleibendem Tonfall weiter. Eine Zeitlang grollte der Hund mit der Stimme um die Wette, bis sich zwischen Stimme und Grollen ein bestimmter Rhythmus herausbildete. Der Gott redete endlos lang. Er redete den Hund an, wie dieser noch nie angesprochen worden war. Es klang gedämpft und beruhigend, und eine Freundlichkeit ging von dem Sprecher aus, der sich das Tier nicht zu entziehen vermochte. Widerwillig, gegen alle drängenden Warnungen seines Instinktes, begann sich in ihm ein Zutrauen zu diesem Gott zu regen. Ein Sicherheitsgefühl wurde lebendig, das alle Erfahrungen mit den Menschenwesen Lügen strafte.

Nach sehr langer Zeit erhob sich der Gott und ging ins Blockhaus. Als er wieder erschien, beäugte ihn Wolfzahn mißtrauisch. Auch jetzt hatte er weder Knüppel noch Peitsche, noch eine andere Waffe. Auch war seine unverletzte Hand nicht hinter dem Rücken versteckt, wo sie etwas verbergen konnte. Wie vorhin setzte sich der Gott wieder einige Schritte von Wolfzahn entfernt nieder. Doch jetzt streckte er dem Hund ein kleines Stück Fleisch entgegen. Dieser spitzte die Ohren und besah es voller Mißtrauen; alle seine Muskeln waren angespannt, damit er bei der ersten verdächtigen Gebärde die Flucht ergreifen konnte.

Immer noch blieb die Strafe aus. Der Gott hielt ihm lediglich das Fleischstück vor die Nase. An diesem selbst war nichts Auffälliges zu entdecken. Doch so leicht ist Mißtrauen nicht zu zerstreuen; und obwohl jetzt das Fleisch mit wiederholten einladenden Handbewegungen angeboten wurde, wagte Wolfzahn nicht, es zu berühren. Die Machtvollkommenheit der Götter war zu groß, und es war nicht auszudenken, welche Hinterlist mit diesem harmlos aussehenden Fleischstück verbunden sein mochte. In früheren Zeiten, besonders wenn er es mit Indianerfrauen zu tun gehabt hatte, waren Fleisch und Strafe oft in gefährlich enger Beziehung zueinander gestanden.

Schließlich warf der Gott das Fleischstück vor Wolfzahns Füße in den Schnee. Der beroch es mit der größten Sorgfalt, jedoch ohne es anzuschauen; sein Blick blieb auf den weißen Gott geheftet. Nichts ereignete sich. Da endlich nahm er das Fleisch und schluckte es hinunter. Und wieder geschah nichts Böses. Im Gegenteil, der Gott hielt ihm ein neues Stück Fleisch vor die Nase. Doch wieder weigerte er sich, es aus der Hand zu nehmen, und wieder wurde es ihm zugeworfen. Das wiederholte sich einige Male. Schließlich aber warf der Gott das Fleischstück nicht mehr vor die Füße, sondern behielt es hartnäckig in seiner ausgestreckten Hand.

Das Fleisch war gut, und die zugeworfenen Brocken hatten Wolfzahns Appetit gereizt. Nach und nach, mit unendlicher Vorsicht, kam er näher. Keinen Augenblick ließ er den Gott aus den Augen; den Kopf hielt er vorgestreckt, die Ohren zurückgelegt, und das Fell des Halses war unwillkürlich gesträubt. Ein leises rollendes Knurren tief unten in der Kehle kündigte an, daß er auch jetzt nicht gesonnen sei, mit sich spaßen zu lassen. Dann nahm er das Fleisch aus der Hand, schluckte es hinunter, wartete unsicher, aber nichts Gefahrdrohendes geschah. Auch dieser Vorgang wiederholte sich, und immer noch blieb die Bestrafung aus.

Wolfzahn leckte die Lefzen und stand Aug' in Aug' vor dem Gott. Dieser redete unentwegt weiter; immer mit dem gleichen unverändert gütigen Tonfall – und Güte war eine Empfindung, die Wolfzahn nicht kannte. Trotzdem weckte sie auch in ihm seltsame, ihm unbekannte Gefühle. Er verspürte eine sonderbare Befriedigung, als würde eine leere Stelle seines Daseins ausgefüllt, ein vom Bewußtsein unerfaßtes Bedürfnis gestillt. Eine Weile gab er sich der Wirkung dieser Stimme verwundert hin, dann aber erwachten wieder der warnende Instinkt und die Erinnerung an tausend schreckliche Erfahrungen. Diese listenreichen Götter erreichten auf nicht vorauszusehende Weise ihr Ziel.

Jetzt kam, was er erwartet hatte! Die Hand des Gottes, die so tückisch verstand weh zu tun, streckte sich nach ihm aus! Sie kam immer näher, senkte sich seinem Kopf zu. Der Gott freilich redete weiter, genauso wie bisher. Aber jetzt stand der Zutrauen erweckende Stimme die Drohung der Hand gegenüber. Wolfzahn wurde das Opfer der widerstrebendsten Gefühle und Impulse. Es schien, als müßte er unter der Beherrschung, die er sich auferlegte, zerspringen – so wahnsinnig und seine Entschlußkraft ungewöhnlich lähmend stritten Impuls und Gegenimpuls um die Herrschaft.

Er wählte einen Mittelweg. Wohl sträubte er das Fell, und er legte knurrend die Ohren zurück, aber er sprang nicht beiseite und biß auch nicht zu. Jetzt berührte die Hand die gesträubten Haarspitzen. Der Hund zuckte zusammen, aber der Druck verstärkte sich. Das geängstigte Tier zitterte und bebte am ganzen Leibe, aber es hielt mit einer noch nie geübten Selbstbeherrschung an sich. Der Gott bezeugte seinen Willen, und er mußte versuchen, sich ihm zu unterwerfen.

Die Hand entfernte sich, doch nur, um mit einer tätschelnden, streichelnden Bewegung zurückzukehren. Und nun hob und senkte sich die Hand in gleichmäßigem Rhythmus; sooft sie sich aber hob, stieg das Haar unter dem nachlassenden Druck erneut zu Berge. Wenn sie zurückkam, so legte der Hund die Ohren sofort wieder zurück, und der furchterregende Knurrton vibrierte durch seinen ganzen Körper. Er tat damit kund, daß er entschlossen und bereit war, jeden ihm zugefügten Schmerz in sofortiger Abwehr zu vergelten. Er war noch keineswegs davon überzeugt, daß diese sanfte, Zutrauen erweckende Stimme nicht urplötzlich in zorniges Donnern ausbrechen würde, und wie leicht konnten sich diese ihn so zart berührenden Finger mit eisernem Griff auf ihn legen, ihn hilflos machen, und die so unbegreiflich lang ausbleibende Strafe nachholen. Die endgültigen Absichten dieses Gottes waren undurchsichtig!

Von neuem fesselte die freundliche, unentwegt weiterredende Stimme des weißen Gottes des Hundes Aufmerksamkeit. Keine Andeutung einer feindlichen Handlung schien sich anzukündigen. Aber die Hand, die sich hob und senkte, blieb ihm unangenehm; sie beschränkte seine Freiheit, und sein Instinkt lehnte diese Beschränkung grundsätzlich ab. Dennoch bereitete sie ihm keine Schmerzen, und zu seiner Verwunderung war sie sogar wohltuend, und als sie allmählich von dem tätschelnden Sichheben und Sichwiedersenken zu einem sanften Reiben am Hinterkopf in der Gegend der Ohrwurzeln überging, empfand er das noch wohltuender. Trotzdem blieben des Hundes Gefühle zerrissen, denn eine so tief eingewurzelte Furcht läßt sich nicht im Augenblick abschütteln, und wachsam blieb er auf jede unerwartete Tücke vorbereitet. So stand er abwechselnd Qualen aus, und abwechselnd gab er sich dem wohltuenden Gefühl des Augenblickes hin.

«Bei Gott! Ich laß mich hängen!»

Matt war mit einem Topf Geschirrwasser aus dem Blockhaus getreten, um ihn auszuleeren. Dabei fiel sein Blick auf Weedon Scott und den Wolfshund, und mitten in der Bewegung des Ausschüttens hielt er wie erstarrt ein. Der Hund aber sprang, als er den Ausruf des Schlittenführers hörte, mit einem Satz erschrocken beiseite und knurrte ihn zähnefletschend an.

Dieser sah mit ehrlicher Mißbilligung zu seinem Arbeitgeber hinüber.

»Wenn Sie gestatten, daß ich meine Meinung sage, Mr. Scott, dann erlaube ich mir zu bemerken, daß Sie ein siebzehnfaches, ausgewachsenes Rindvieh sind.«

Weedon Scott lächelte überlegen, erhob sich und trat wieder zu dem Wolfshund. Wie vorher sprach er beruhigend auf ihn ein, ehe er neuerdings die Hand ausstreckte, sie auf den Kopf des Hundes legte und diesen wieder hinter den Ohrwurzeln streichelte und rieb. Der Hund wehrte sich nicht; seine argwöhnischen Augen ruhten nicht mehr auf dem Mann, dessen Hand ihn berührte, sondern auf dem andern in der Haustür.

«Sie mögen ja ein erstklassiger Bergbauexperte sein, das gebe ich gerne zu», fuhr Matt oratorisch fort, «aber Sie haben doch die Chance Ihres Lebens verfehlt, Mr. Scott, weil Sie nicht als Junge ausgerissen sind, um sich einem Zirkus anzuschließen.»

Wolfzahn knurrte wieder, als er die Stimme hörte, doch diesmal sprang er nicht zur Seite, sondern blieb unter der Hand stehen, die seinen Kopf und Hals mit langem, freundlichem Streicheln bedachte.

Es war der Anfang eines Endes in Wolfzahn – das Ende seines alten Daseins und der Beginn einer unter dem Zeichen der Zuneigung stehenden Herrschaft. Ein neues, unbegreiflich schöneres und gerechteres Leben war im Anzug. Freilich bedurfte es unendlicher Geduld und vielen Nachdenkens seitens Weedon Scotts, bis es soweit war. Und in Wolfzahn bedurfte es eines völligen Umsturzes. Allen Einflüsterungen seines Instinkts mußte er wehren lernen, seine gesammelte Erfahrung verleugnen, sein bisheriges Leben als Lüge abtun.

Die von ihm geforderte Umstellung war weit größer als die, der er sich seinerzeit zu unterwerfen hatte, als er, frisch aus der Wildnis kommend, den Grauen Biber als einen Meister und Gott akzeptierte. Damals war er ja noch ungeformter Lehm gewesen, eine weiche, nachgiebige Substanz, die sich jedem Druck der Umstände fügte. Das war natürlich heute anders. Der Druck der Verhältnisse hatte sein Werk nur zu gründlich besorgt. Sie hatten ihn zu dem streitbaren, reißenden, unversöhnlichen Wolf gestempelt, der er war, ihn zu einem Wesen geformt, das weder Liebe gab noch nahm. Eine Wiedergeburt war erforderlich, um eine so vollständige Umstellung zu erreichen – eine Wiedergeburt in fortgeschrittenem Alter, in dem die Anpassungsfähigkeit der Jugend nicht mehr bestand und sich sein harter, kantiger Charakter voll entwickelt hatte – Geist und Wille eisern geworden waren und das Verhalten festgelegten Regeln, Vorsichtsmaßnahmen, Neigungen und Abneigungen unterlag.

Doch wieder war es der Zwang der Verhältnisse, der bei dieser neuen Umstellung das Verhärtete löste und ihm eine liebenswürdige Prägung verlieh. Weedon Scott übte diesen Zwang aus. Mit seiner Güte stieß er bis zu den Wurzeln der Natur Wolfszahns vor und erweckte verborgenen, beinahe abgestorbene Triebe zum Leben. Zu den Dingen, die Weedon Scotts Zauberhand lebendig werden ließ, gehörte allen anderen voran die Liebe. Sie trat an die Stelle der Treue, Duldung und Achtung, durch die im besten Fall das Verhältnis Wolfszahns zu den Göttern bisher bestimmt worden war.

Natürlich erwachte diese Liebe nicht an einem einzigen Tag. Sie entstand aus der Duldung und entwickelte sich von diesem Ausgangspunkt aus. Anfänglich bedeutete es schon sehr viel, daß der freigelassene Wolfszahn nicht überhaupt davonlief. Es bewies, daß ihm der neue Gott besser gefiel als der alte. Andererseits mußte er ja einen Gott haben, hatte er sich doch, als er der Wildnis den Rücken kehrte und vor die Füße des Grauen Bibers kroch, um seine Strafe zu empfangen, das Siegel seiner Hörigkeit aufdrücken lassen. Dann als er nach der großen Hungersnot ein zweites Mal aus der Wildnis zurückkam und die Fische im Lager des Indianers entgegennahm, war er zum zweitenmal, und diesmal unwiderruflich, damit gestempelt worden,

Zum Zeichen seiner Treue übernahm er erst einmal die Bewachung des Eigentums seines neuen Herrn. Nachts, wenn die Schlittenhunde schliefen, umstrich er das Haus, und der erste nächtliche Besucher hatte sich hart mit einem Knüppel zu wehren, bis Scott ihm zu Hilfe kam. Doch gelehrig wie Wolfszahn war, lernte er bald, die rechtschaffenen Leute von Dieben zu unterscheiden. Männer, die mit kräftigen Schritten geradewegs auf die Haustür zusteuerten, ließ er in Ruhe und verfolgte sie nur so lange wachsam mit den Augen, bis sein Herr sie willkommen hieß. Aber wenn jemand auf leisen Sohlen mit spähenden Blicken auf Umwegen heranschlich, dann konnte er nicht damit rechnen, daß Wolfszahn den Willkomm seines Herrn abwartete, und solche Leute zogen sich eilig und ruhmlos zurück.

Weedon Scott hatte sich die Aufgabe gestellt, Wolfszahn reinzuwaschen oder vielmehr die Menschheit von dem an dem Hunde begangenen Verbrechen zu entsühnen. Das zu erreichen wurde für ihn zur Gewissensfrage. Er empfand das Übel, das dem Tier durch den Menschen angetan worden war, als eine Schuld der Menschheit, die bezahlt werden mußte. Deshalb gab er sich die größte Mühe, dem Wolfshund mit Güte zu begegnen. Täglich bedachte er ihn ausgiebig mit seinen Zärtlichkeiten.

Der Hund aber empfand sie als angenehm, ja als wohltuend, und Argwohn und Feindseligkeit ließen nach. Doch von einem konnte er nicht lassen – das war das Grollen. Knurren mußte er, vom Beginn der Zärtlichkeit bis zum Ende. Dennoch schwang ein Unterton mit, der neu war. Ein Fremder hätte ihn nicht wahrnehmen können; und jedem anderen als Weedon Scott wäre Wolfszahns Grollen als eine Schaustellung nervenzerreißender, furchteinflößender Wildheit erschienen. Doch Weedon Scotts Ohren waren vom Mitgefühl geschärft, und außerdem wußte er, daß viele Jahre harten Lebenskampfes die Stimmbänder des Tieres rauh gemacht hatten, so daß sie nicht fähig waren, plötzlich sanftere Töne von sich zu geben. Dennoch, wie gesagt, hörte er aus dem scheinbar so erschreckenden Knurren den Unterton zufriedenen, weichen Brummens heraus.

Das Gefallen, das Wolfszahn an Weedon Scott empfunden hatte, vertiefte sich mit der Zeit zu Liebe. Seinem Bewußtsein fiel es nicht leicht, mit diesem neuen unbekannten Gefühl fertig zu werden. Es manifestierte sich in ihm zuerst als eine Leere – eine schmerzhafte, wie Hunger peinigende Sehnsucht, die nach Befriedigung schrie und ihn so lange rastlos machte, bis des neuen Gottes Gegenwart die Leere ausgefüllt hatte. Wenn dies geschah, dann enthüllte sich ihm das neue Gefühl als eine große, sein ganzes Wesen erschütternde Freude. Sah er sich aber von seinem neuen Gott getrennt, dann bemächtigte sich seiner wieder jene entsetzliche Leere, die gleich einem ungestillten Hunger in ihm nagte.

So sah der Lebensprozeß aus, in dem Wolfzahn zu sich selbst fand. Trotz seiner fortgeschrittenen Jahre und der harten Schale, in die ihn sein früheres Leben gezwängt hatte, strebte sein Wesen nach Erweiterung. Seltsame Empfindungen und ungewohnte Impulse durchfluteten ihn. Neue Verhaltensregeln schrieben sich sozusagen in ihn ein. Früher hatten die Liebe zur Bequemlichkeit und die Furcht vor Schmerz sein Handeln bestimmt, indem er das eine suchte und das andere mied. Aber jetzt zwangen ihn neue Empfindungen, seinem Gott zuliebe Unbequemlichkeit und Schmerz auf sich zu nehmen. Statt am frühen Morgen umherzustreunen und nach Freßbarem zu suchen oder bequem mit übergeschlagener Rute an einem wettergeschützten Plätzchen zu liegen, stand er stundenlang auf den der Wetterunbill ausgesetzten Blockhausstufen, um auf das Heraustreten seines Herrn zu warten. Und wenn dieser am Abend heimkehrte, dann verließ er noch einmal das Schneeloch, das er sich zum Schlaf gerichtet hatte, um ein freundliches Grußwort und ein Kraulen der Hände entgegenzunehmen. Sogar auf Fleisch, auf kostbares Fleisch verzichtete er zugunsten einer Zärtlichkeit seines Gottes oder für die Erlaubnis, ihn begleiten zu dürfen.

Die Liebe war in seine Seele eingebrochen.

(Aus: Ein Hund, ein Freund. Spannende Hundegeschichten, hrsg. v. Anita Eyberg, München 1976, Seite 28–35.)

Andreas Kissling: Bastard

Unser erster Hund war ein Dackel, mit braunen Pfoten und schwarzem, glattem Fell. Natürlich war er adelig, und dieser Adel kostete immerhin ein halbes Monatsgehalt. Er fraß Schuhe, Bälle und Glaskugeln, gelegentlich auch mal einen Knochen. Er ging zumeist nicht mit uns schlafen, sondern etwas später, wenn er meinte, wir träumten schon. Dann behandelte er unser Bett wie einen Fuchsbau und kroch unter das Laken. Und träumte auch. Hunde träumen überhaupt viel, sie blöffern dann leise vor sich hin und zucken mit den Pfoten. Daß sie so viel träumen, zeigt mir, daß sie uns nahe sind.

Er war nahezu unser Kind, Wastl hinten, Wastl vorne. Er kannte alle Verkehrsmittel, weil er überall bei uns sein mußte, d. h. bei Ilsebill. Eisenbahn, Düsenklipper, Sportwagen hatten ihn schon Tausende von Kilometern befördert, ehe er ein Jahr alt wurde. Länder mit besonderen Einreisebestimmungen für Hunde mieden wir; es war uns nichtswürdig, sie zu beantragen; setzte auch das betreffende Land in ein schlechtes Licht. Trotz dieser Reisen verkümmerten seine krummen Beine nicht, denn er hatte ein ausgedehntes Areal zur Verfügung – Wald, Wiese und Acker –, das er lediglich mit einem Schäferhund teilen mußte. Sie waren weder Freund noch Feind, sie kannten sich und machten sich das Leben gelegentlich etwas lustiger, indem sie sich voreinander aufbauten und auf Distanz berochen.

Wastl wurde überfahren, am Abend eines schönen Sommertages. Unserm Hauswirt war das recht, er hatte schon immer einen Zwinger hinterm Haus für ihn gefordert und unser Leben mit ihm in der Wohnung als etwas Tierisches, Menschenunwürdiges bezeichnet. Aber wir haben um ihn getrauert, immer heftiger; auch immer deutlicher die entsetzliche Leere in unserem Leben gespürt.

Und es kam der November, Ilsebill besuchte ihre Eltern, ich holte sie dort ab. Bei ihr war ein furchtbarer Hund, er klebte richtig an ihr, obwohl sie ihn erst einen halben Tag lang hatte. Es war ein Hund aus einem Asyl, ohne Adel, ein Bastard, schwarzes gekräuseltes Fell, ein weißer Fleck auf der Brust, hohe, staksige Beine, so groß wie ein mittlerer Pudel, die Schnauze zwischen Fox und Schnauzer, dürr wie eine Schindmähre. Er biß mich sofort.

Auf der Heimfahrt kam Nebel, an Weiterfahrt war nicht zu denken, zumal mich dieses Viech nervös machte. Wir tasteten uns zu einem Gasthof durch, baten um ein Zimmer. Nie werde ich den Blick vergessen, den der Gastwirt über den Tresen hinweg auf diesen Köter warf: Mitleid und Verachtung in einem, Ilsebill und mich in diese Gefühle mit einschließend. Er machte keinen Schritt ohne Ilsebill, er war wie ein Schatten. Selbst auf die Toilette trabte er mit, es war ihm nicht zu verwehren, er riß sich einfach los.

Am nächsten Tag fuhren wir nach Hause. Der Hund hatte unruhig neben dem Bett geschlafen. Als ich ihn im Auto unauffällig von der Seite ansah, gefielen mir seine braunen Augen, sonst nichts. Ich war böse auf Ilsebill, wir sprachen nicht miteinander. Am Abend schickte unser Hauswirt durch seinen Sohn die Kündigung: entweder der Hund verschwindet, oder Auszug. Ich sagte: dann eben Auszug. Das kostete zwei Monatsgehälter und fortan die doppelte Miete. Jetzt wohnten wir in einem Haus mit vornehmen Leuten, die unseren Mut zu einem solchen Hund schick fanden. Im Haus gab es viel Adel, Dackel und Pudel in Miniaturformen, auch einen Boxer, und ich wünschte ihm, daß er recht oft eine dieser adeligen Damen bekäme (obgleich, wie man liest, gerade diese recht langweilig sein sollen), aber zu den gewissen Zeiten waren die Besitzer sehr vorsichtig.

Und er entwickelte sich, wurde fast schön. Vor allen Dingen wurde er der schnellste Hund, den ich je gesehen habe. Wenn er lief, trommelte er den Boden. Er war ein Jagdhund, ein Suchhund, ein Wühlhund, ein Naturtalent, wie sie gelegentlich aus einfachsten Kreisen unvermutet auftauchen. Zu mir entwickelte er ein distanziertes, doch kameradschaftliches Verhältnis, Ilsebill liebte er, andere Menschen bekamen keine Sympathie. Seit er da ist, ist nie ein Mensch unerlaubt ungestraft über unsere Schwelle getreten, und mancher schon kam so zu einem neuen Mantel oder zu einer neuen Hose.

Später sind wir wieder aufs Land gezogen, in ein altes Haus, das wir alleine bewohnten. Hier ist er sozusagen Bezirksvorsteher. Adel gibt es hier nicht: hier leben die Rexe, die Tobis und Strolchis und Stromers, dazwischen er, Hotte, der König.

Wenn Ilsebill wegfährt, und ich ihn nach einer Weile schrecklichen Gejaules herauslasse, setzt er sich kerzengerade vor das Haus, wartet Stunde um Stunde, wenn es sein muß, wittert nach rechts und nach links, und ohne ersichtlichen Grund läuft er dann plötzlich zur linken oder rechten Ecke, wo kurz darauf das Auto dann auch tatsächlich einbiegt. In der ganzen Zeit hat er nichts gefressen, jetzt verschlingt er alles auf einmal. Wenn ich wegfahre, bleibt er gelassen, er jault nicht, aber er frißt.

Aber eines kann niemand erklären: Jeden Abend kommt er zu mir, nicht zu Ilsebill, ans Bett, hebt seine Pfote, ich streichle ihn, er verabschiedet sich. Und jeden Morgen kommt er zu mir, nicht zu Ilsebill, ans Bett, hebt seine Pfote, ich streichle ihn, er begrüßt mich. Wenn er ein einziges Mal etwas sagte, was wäre es? Vielleicht: Ich weiß, wie ihr beide seid.

(Aus: Die besten Klassischen und modernen Hundegeschichten. Hrsg. v. Friedrich Dürrenmatt u. v. a. Zürich 1973, S. 217–219).

Schnick

Schnick, das Hündchen des populären Schriftstellers Egon Friedell, ist gestorben. Es war ein liebes Tier, und wahr spricht die schöne Totenklage, die sein Herr und Freund ihm widmete, wenn sie sagt: «Wer ihn gekannt hat, wird meine Trauer um ihn teilen.» Dieser Hund war überall gern gesehen. Wo er hinkam, rief alles erfreut: «Hallo, Schnick! Guten Tag, Schnick!» Und kam Egon allein, rief alles beunruhigt: «Wo ist Schnick?»

Schnick kannte einige Kunststücke und hatte Drolligkeiten in sich, deren Charme keiner, der nicht ein ausgepichter Bösewicht, sich entziehen konnte. Aber wie wenig war er darauf aus, sich zu produzieren. Wie ungern ließ er sich bitten und nötigen, wie taktvoll hielt er mit seinem Können zurück, und wie ging es ihm wider das innerste ästhetische Gewissen, immer wieder und wieder den Leuten dasselbe Theater vorzumachen! Beifall schätzte er gering, nahm ihn mit spöttischer Teilnahmslosigkeit hin. Er lechzte nicht nach Publikum.

Dieser Hund hatte ein philosophisches Wesen. Man sah ihn oft dahinwandeln, Wolken, Stein und Gräser prüfen, Sinn und Zusammenhang der Dinge erwitternd. Er konnte auch stundenlang ruhig liegen, und es schien dann, als ob er nachdenke. Aber – als kluges Geschöpf, das er war – mag er bald zur Erkenntnis, daß er nur ein rezeptiver, kein produktiver Denker wäre, gekommen und ihm als höchstes Ergebnis seines Nachsinnens dessen Fruchtlosigkeit bewußt worden sein. Als redliches Tier zog er hieraus die Konsequenz, das Zusammengeschnüffelte bei sich zu behalten. Er war kein Philosoph für die Zeitung, die Plattheit will oder billige Paradoxie. Er besah sich die Welt und hielt das Maul. Er verschmähte es, durch dünkelhaftes

Getue mit dem, was er im Buche der Natur gelesen hatte, sich bei einer niveaulosen Hundeschaft in Ruf zu setzen. Popularität war ihm lästig, nicht beglückend.

Er war ein Charakter. Er gehörte nicht zu jener Rasse, die die dreckigste Hand leckt, wenn sie nur krault. Keinem bellte er nach dem Munde, und das Aufwarten, Apportieren, Stockspringen, womit sich seine Artgenossen in besseren bürgerlichen Kreisen so beliebt machen, lernte er nie. Er gehörte nicht zu jenen Hunden, die, wenn sie ins Zimmer gemacht haben, sich ahnungslos stellen, oder, werden sie überführt, den unreinlichen Akt als eine Tat angewandter Ironie gedeutet wissen wollen. Er war kein Gesellschaftshund. Die Kunst, nach Bedarf denselben Menschenfuß zu umwedeln oder die Hinterpfote gegen ihn zu heben, blieb ihm zeitlebens fremd.

Mich hat er nie leiden mögen und mir das auf eine kühle, höfliche Art gezeigt. Meine Sympathie und Achtung für ihn hat solches Betragen nur vertieft.

Schnick war klein, zart, in Lauf und Haltung von einer sonderbar windschiefen Grazie. Und obgleich er also durchaus der Gegensatz seines Herrn war, lebten beide doch in rührender Freundschaft miteinander, die das Gesetz der aus Kontrasten geborenen Harmonie eindringlichst bestätigte.

(Aus: Alfred Polgar, An den Rand geschrieben. Berlin 1926, S. 169ff.)

Der Hund als Untergebener

Und der Dackel Männe hatte alle zu Vorgesetzten, steht in Heinrich Manns ‹Untertan› von der deutschen Familie. Hast du einmal den deutschen Bürgersmann beobachtet (und ganz besonders die deutsche Bürgersfrau), was sie auf der Straße alles mit ihrem Hund angeben? Es scheint wirklich so, als ob die meisten Menschen hierzulande einen Hund nur deshalb besäßen, um noch einen ‹unter sich zu haben›. Bedrückt von Wohnungsamt, Polizeirevier, Hauswirt, Kolonialwarenhändler, Außenhandelsnebenstelle, Finanzamt und ähnlichen Versorgungsanstalten benötigt die mannhafte deutsche Seele einen Sklaven, um die Superiorität ihrer Herrenrasse darzutun.

«Komm mal her! Kommst du gleich her! Willst du mal gleich herkommen! Lumpi! Lump! Lumpichen! Lump, Lump, Lump!» Lump hat furchtbar zu tun: er riecht grade die untere Rundung einer Litfaßsäule an, auf die eine Einladung zum Husarentag in Rathenow geklebt ist ... Er denkt gar nicht daran, zu gehorchen. Es betrübt nun den Bürgersmann und die Bürgersfrau gar nicht so sehr, daß der gewaltunterworfene Sklave nicht kommt – aber welche Seligkeit, befehlen zu können! Welche Freude, einen um sich zu haben, der mit treu dämlichen, gefeuchteten Augen zu dir emporblickt, manchmal gehorsam jedem Winke, und dem gegenüber du dich als Mann fühlst, als Freier und als Herr.

Ich weiß schon: viele Leute züchten Hunde, weil sie wirklich etwas davon verstehen, und vielen Leuten ist der Hund ein wahrer Freund, in den sie sich eingefühlt und eingelebt haben. Aber ein großer Teil der in den Mietshausschubläden untergebrachten Individualitäten (ein durch seine Aufzeichnungen berühmt gewordener Irrer nannte seine Visionen immer: «rasch hingemachte Männerchen») – ein großer Teil dieser, entschuldigen Sie das harte Wort, Menschen hat an dem Hund nur einen Untertan. Sie regieren auf ihm herum. Der Schweifwedelnde quittiert mit fröhlichem Gebell, einem leicht pestilenzialischen Geruch bei Regenwetter und einer Treue, die fast so unentwegt ist wie die der Monarchisten. Er ist egal treu, hat um den Kopf eine Hundemarke und in demselben so viel Gemüt, daß die ganze Nation empört und beleidigt ist, wenn man sich über ihre falsche Beziehung zum Hund lustig macht. (Was sie aber nicht hindert, dieses bewegliche und auf die Bewegung angewiesene Tier in Tausenden von lebendigen Exemplaren in kleine muffige Hundehütten zu sperren und die so Angeketteten bis an ihr Lebensende zu quälen.)

Nein, ich hasse den Hund gar nicht. Wohl aber eine bestimmte Gattung Mensch, die ihn behandelt wie ein Brigadekommandeur die unterstellte Formation, und die mit ihm herumwirtschaftet, weil auch er aus Deutschland ist.

Und so ist die Reihenfolge: Der Verflossene in Doorn hatte die Schranzen, die hatten die Militärs, die hatten die Ämter, und die hatten den Untertan. Und er hat den Hund. Und weil der zum Glück seinen Floh hat, und der Floh wiederum den Verflossenen pieken durfte, so ist der Zirkel der göttlichen Gerechtigkeit auf das herrlichste geschlossen, und es ist immer noch besser, daß der Deutsche seinem Hund pfeift als der Kaiser seinem Deutschen.

(Aus: Kurt Tucholsky, Gesammelte Werke. Hrsg. v. Mary Gerold-Tucholsky und Fritz J. Raddatz. Reinbek bei Hamburg 1960, Bd. 1, S. 965.)

Sympathie, was ist das

Sympathie, was ist das. Mein Hund und ich schauen uns an. Aug in Aug verharren wir. Tierpsychologen behaupten, daß das jeweils schwächere Tier den festen Blick des stärkeren nicht aushält, es unterwirft sich. Mein Hund denkt nicht daran, den Blick zu senken, er schaut mir direkt und lange in die Augen. Schließlich sage ich seinen Namen, leise und zärtlich. Da verändert sich etwas in seinen Augen: sie werden tiefer und leuchtender, von innen her feucht. Es ist der Blick der Liebe. Wie geht das zu, daß ein Tier liebt? Es ist natürlich, daß ein Haustier dem Brotgeber anhängt. Das ist etwas anderes. Diese Augenblicke intensiver Liebe haben damit wenig zu tun. Das ist ein begehrensfreier Blick, das ist ein reines Geben von seiten des Tieres. Eine Übergabe. Ich bin kein Sexualobjekt für meinen Hund, seine Liebe ist reiner Eros. Aus diesen Hunde-Augen spricht etwas, das ich «göttlich» nennen muß, um es zu verstehen. Die unendliche Sympathie, welche die gesamte Schöpfung verbindet, sammelt sich im Auge meines Hundes. So muß es einst gewesen sein, als das Lamm neben dem Wolf schlief, der Mensch neben dem Löwen. Das nannte man Paradies. Die unendliche Sympathie, welche die Schöpfung im friedlichen Gleichgewicht hielt. Wir haben die Harmonie gestört. Nur wenn wir lieben, finden wir eine Erinnerungs-Spur. Mein Hund erinnert sich an uralte Zeiten, da kein Tier etwas zu fürchten hatte vom Menschen.

Aus: Luise Rinser, Tagebücher 1979–1982. Frankfurt/M. 1983)

Der Bettler und sein Hund
(1889)

Drei Taler erlegen für meinen Hund!
So schlage das Wetter mich gleich in den Grund!
Was denken die Herrn von der Polizei?
Was soll nun wieder die Schinderei?

Ich bin ein alter, ein kranker Mann,
Der keinen Groschen verdienen kann;
Ich habe nicht Geld, ich habe nicht Brot,
Ich lebe ja nur von Hunger und Not.

Und wann ich erkrankt, und wann ich verarmt,
Wer hat sich da noch meiner erbarmt?
Wer hat, wann ich auf Gottes Welt
Allein mich fand, zu mir sich gesellt?

Wer hat mich geliebt, wann ich mich gehärmt?
Wer, wann ich fror, hat mich gewärmt?
Wer hat mit mir, wann ich hungrig gemurrt,
Getrost gehungert und nicht geknurrt?

Es geht zur Neige mit uns zwein,
Es muß, mein Tier, geschieden sein;
Du bist, wie ich, nun alt und krank,
Ich soll dich ersäufen, das ist der Dank!

Das ist der Dank, das ist der Lohn!
Dir gehts, wie manchem Erdensohn.
Zum Teufel! ich war bei mancher Schlacht,
Den Henker hab ich noch nicht gemacht.

Das ist der Strick, das ist der Stein,
Das ist das Wasser, – es muß ja sein.
Komm her, du Köter, und sieh mich nicht an,
Noch nur ein Fußstoß, so ist es getan.

Wie er in die Schlinge den Hals ihm gesteckt,
Hat wedelnd der Hund die Hand ihm geleckt,
Da zog er die Schlinge sogleich zurück,
Und warf sie schnell um sein eigen Genick.

Und tat einen Fluch, gar schauderhaft,
Und raffte zusammen die letzte Kraft,
Und stürzt' in die Flut sich, die tönend stieg,
Im Kreise sich zog und über ihm schwieg.

Wohl sprang der Hund zur Rettung hinzu,
Wohl heult' er die Schiffer aus ihrer Ruh,
Wohl zog er sie winselnd und zerrend her,
Wie sie ihn fanden, da war er nicht mehr.

Er war verscharret in stiller Stund,
Es folgt ihm winselnd nur der Hund,
Der hat, wo den Leib die Erde deckt,
Sich hingestreckt und ist da verreckt.

(Aus: Adalbert von Chamissos Werke. Hrsg. v. H. Kurz, Erster Band, Leipzig/
Wien, o. J., S. 101f.)

Heine's Möpschen

Daß ich dich liebe, o Möpschen,
Das ist dir wohlbekannt.
Wenn ich mit Zucker dich füttre,
So leckst du mir die Hand.

Du willst auch nur ein Hund sein,
Und willst nicht scheinen mehr;
All meine übrigen Freunde
Verstellen sich zu sehr.

(Aus: Heinrich Heine, Werke. Erster Band. Köln/Berlin 1956, S. 525)

Der Hund in der Kirche

Wie gedacht ich jenes Tags der Worte,
die das Weib aus Kanaan gesprochen:
«Fressen doch die Hündlein von den Brocken,
die von ihrer Herren Tische fallen!»

In der dörflich bunten, halbgefüllten,
in der sommerlich geschmückten Kirche
betete der Priester am Altare:
«Dieses reine, unbefleckte Opfer,
milder Vater, wolltest du gesegnen!»

Durch die Stille, die der Bitte folgte,
klang ein dünnes, trippelndes Bewegen
von der Tür, im Rücken der Gemeinde,
zaghaft erst, verlegen, dann geschwinder.

Viele Augen wandten sich zur Seite.
Manche Fromme runzelte die Stirne,
gern bereit, ein Ärgernis zu nehmen.

Auf den schwarz und weiß geschachten Fliesen
kam ein kleiner Hund auf kurzen Beinen
flink den Mittelgang entlanggelaufen,
ohne Abkunft, bäuerlicher Artung,
mißgefärbt und haarig wie ein Wollknäul,
aber drollig, jung und voller Neugier.

Tief am Boden lag die schwarze Nase,
witternd, schnuppernd suchte er die Richtung.
Er verhielt, er hob die rechte Pfote
eingewinkelt an, er hob die Ohren
und mit freudigem Kläffen schoß er schräge
ganz nach vorne zu den linken Bänken,
wo gedrängt die kleinen Mädchen knieten.

Ihrer eine, sonntäglich gekleidet,
siebenjährig, schlank und schmalgesichtig,
ward von jäher Röte überflutet,
und behend den dunkelbraunen Scheitel
neigte tief sie über ihr Gebetbuch.

Doch nun stießen sie die Nachbarinnen
kichernd an, voll Eifer und nicht ohne
eine kleine heilige Schadenfreude.

Selig, daß die Herrin er gefunden,
mit dem Stummelschwänzchen munter wedelnd,
suchte durchs Gewirr der Kinderfüße
sich der Hund zu ihr hindurchzuzwängen.

Kein Verleugnen half mehr, und die Kleine,
zitternd fast und nicht mehr fern den Tränen,
schnellte auf und schob sich widerwillig
durch die Reihe, schon den Hund im Arme,
knickste in des Hochaltares Richtung
und begann geschwind zur Tür zu flüchten
auf den schwarz und weiß geschachten Fliesen.
Und ein Sonnenstrahl fiel durch das bunte
Fenster und beglänzte ihre Haare
und das rote, glühende Gesichtchen.

Doch noch war der Ausgang nicht gewonnen,
als das Glöckchen hell zur Wandlung schellte.
Alle knieten. Und das Kind hielt inne,
wandte sich und mit gesenktem Scheitel

ging es hurtig in die Kniee nieder.
Sorglich mit der Linken hielt die Kleine
eng den Hund gepreßt an ihre Brüstchen
und bekreuzte gläubig mit der Rechten
sich und ihn.
        Da lächelte am Pfeiler
fromm der Löwe Hieronymi.

Das Getier der heiligen Geschichten,
dieses schneller, jenes erst mit Zögern,
schwer verstehend, wie es manches Art ist,
tats ihm nach auf Bildern und Altären
überall. Es hoben an zu lächeln
Ochs und Esel und der Fisch des Jonas,
Lucä Stier und des Johannes Adler,
Hund und Hirsch des heiligen Hubertus,
Martins Pferd und des Georgius Streithengst,
Lamm und Taube, endlich die gekrümmte
Schlange unterm Fuß der Gottesmutter.

Aus der Orgel aber stieg verstohlen
silberhell ein winziges Gelächter,
tropfte, perlte, wenigen vernehmlich.
Doch dann schwoll sie auf und rief mit Jauchzen:
«Lobt Ihn, alle Kreatur!»

(Aus: Werner Bergengruen, Die heile Welt. Gedichte. © 1952 by Verlags AG Die Arche, Zürich)

Avenida Do Mar

So viele Tritte hat kein Mensch gekriegt
und überlebt die Jahre.
Räudig sind Haut und Haare
des schwarzen Hundes, der verendend liegt.

Und bäumt sich noch und auf und schnappt und jault
und läßt im Tod sein Wasser,
der Lefzen Blau wird blasser
und fällt ins Meer, damit sich niemand grault.

(Aus: Peter Maiwald, Guter Dinge. Gedichte. Stuttgart 1987, S. 24.)

Inschrift
auf das Denkmal eines Neufundländer Hundes
(When some proud son of man returns to earth.)

Sinkt manches stolze Menschenkind ins Grab,
Dem nicht sein Wert, Geburt nur Geltung gab,
Erschöpft des Bildners Kunst den Prunk der Trauer,
Die Urne nennt den Toten dem Beschauer;
Doch ist, nach Allem, nur darauf zu lesen,
Was sein er sollte, nicht, was er gewesen.

Der arme Hund, des Menschen treuster Freund,
Zum Gruß bereit, zu Schutz und Trutz vereint,
Des biedres Herz nur schlägt für seinen Herrn,
Für den er kämpft und lebt und atmet gern,
Fällt ungeehrt, vom Menschen nicht beklagt,
Der Himmel wird der Seele selbst versagt,
Indes der Mensch, der Wurm, hofft auf Vergeben
Und meint, der Himmel sei für ihn nur eben.
O Mensch, du armer Pächter nur der Stunde,
Mit Schlechtem stets, ob Knecht ob Herr, im Bunde,
Wer recht dich kennt, der sagt sich von dir los,
Belebter Staub, mißrat'ner Erdenkloß!
Dir ist die Liebe Wollust, Freundschaft Trug,
Dein Lächeln Heuchelei, dein Reden Lug.
Schlecht von Natur, mit Namen stolz verbrämt,
Wirst vom verwandten Tier du leicht beschämt.
Doch wer die schlichte Urne schaut, der gehe,
Denn Keinen deckt sie, dem er rief' ein Wehe!
Der Stein birgt eines Freundes Reste mir;
Nur Einen kannt' ich – und der ruhet hier.

(Aus: Lord Byrons Lyrische Gedichte. Ausgewählt und übersetzt von Heinrich Stadelmann. Hildburghausen 1872, S. 111f. [= Byrons Werke Bd. 2])

Adalbert Stifter (1805–1868)
Briefstelle

»Mein größerer Hund erkrankte vor zwölf Tagen. Anfangs hielten wir es nicht für bedeutend, weil das Tier bisher ausnehmend gesund war; aber nach einigen Tagen wurde die Sache bedenklich, ich kam in große Unruhe und pflegte das Tier, wie man fast einen Menschen pflegt, ich stand nach Mitternacht auf und heizte ihm in meinem Zimmer, das ich ihm eingeräumt hatte, ein. So tat ich auch heute morgens um zwei Uhr. Das Tier ging noch auf mich zu und wedelte. Es hatte, damit es sein Wasser finden könne, ein Nachtlicht im Zimmer. Heute um siebeneinhalb fand ich es tot. Es wurde im

Garten der Gebrüder Kaindl begraben. Ich habe aus Kummer mehrere Tage nichts gearbeitet, und es dürften noch drei bis vier Tage in Betrübnis vorübergehen. Man kann das an mir sehr tadeln; aber ich sage: Wenn es Gott der Mühe wert achtet, ein Tier mit so kunstreichen feinen Werkzeugen auszurüsten, wenn er ihm eine ganze Kette von Lebensfreuden und Glückseligkeiten mitgab, so dürften wir es der Mühe wert achten, diesem Dinge einige Aufmerksamkeit zu schenken! Und das gestorbene Tier hatte nur einen einzigen Lebensinhalt, in dem alles andere aufging: Liebe zu mir! Es hat mich während neun Jahren nie gekränkt, nie beleidigt, und in seiner Krankheit hätte es manchem Christenmenschen zum Beispiele dienen können. Nicht einen einzigen Seufzer stieß es über sein Leiden aus. Es war ihm genug, wenn ich im Zimmer war und freundlich zu ihm sprach, und es litt geduldig. Ich habe ihm diesen einzigen Trost, den es hatte, nicht entzogen und blieb stets bei ihm...»

(Brief vom 23. 12. 1862 an G. Heckenast, aus: A. St., Briefe. Tübingen 1936, S. 277f.)

Grabschrift für ein Hündchen

(Woodie, gestorben 22. Mai 1913.)

Ein kleiner Hund mit langem Haar, den ich persönlich kannte,
er lachte, wenn man zu ihm sprach, er weinte, weil er stumm war,
sein Blick war Dank der Kreatur, für sich und für die andern.
Da kam ein Wagen ohne Pferd und tötete das Hündchen.
Wer hatte es so eilig, ach, wer hatte es so eilig.
Wie wenig Raum hat der Passant für sich gebraucht im Leben.
Wie eine Schlange konnte er, wenn du ihm pfiffst, erscheinen.
Wer füllt die schmale Stelle aus? Unwürdige sind am Leben,
sie brauchen mehr und dennoch bleibt der Würdige unersetzlich.
Und auch sein Beispiel bessert nicht, sein Opfer nicht die andern,
die immer allzu übrig sind. Der dort ging seines Weges
und starb daran. Die kleine Frau, sie sah sich um und rief ihn,
sie rief und rief und sah ihn nicht, da lag er in der Sonne.
So wenig Stelle nahm er ein. Und so viel Stille bleibet,
          wo Leben keine Worte hat.

(Aus: K. Kraus, «Schriften». Bd. 9. «Gedichte». Hrsg. von Christian Wagenknecht. Suhrkamp Verlag, Frankfurt 1989)

Ein Hund ist gestorben

Mein Hund ist gestorben.

Ich begrub ihn im Garten
neben einer alten, verrosteten Maschine.

Dort, nicht weiter unten,
nicht weiter oben,
wird er sich einmal mit mir vereinen.
Jetzt ist er weg, mit seiner Haarfarbe,
seiner üblen Erziehung, seiner kühlen Nase.
Und ich, Materialist, der nicht daran glaubt,
daß es den verheißenen himmlischen Himmel
für irgendeinen Menschen gibt,
glaube für diesen Hund oder für jeden Hund
an den Himmel, ja, ich glaube an einen Himmel,
in den ich nicht komme, doch wo er mich erwartet,
seinen Fächerschwanz schwenkend,
damit es mir bei der Ankunft nicht an Freundschaft fehle.

Ach, ich will nicht von der Traurigkeit reden,
daß ich ihn hier auf der Erde nicht mehr als Gefährten habe,
ihn, der mir niemals ein Diener gewesen ist.
Er hegte für mich eine Igelfreundschaft,
die seine Unabhängigkeit wahrte,
die Freundschaft eines selbständigen Sterns,
ohne überflüssige Vertraulichkeit,
ohne Übertreibungen:
er sprang nicht an meiner Kleidung empor,
bedeckte mich nicht mit Haaren und Schorf,
er rieb sich nicht an meinem Knie,
wie es andre, geschlechtsbesessene Hunde tun.

Nein, mein Hund schaute mich an,
schenkte mir die Aufmerksamkeit, die ich brauche,
soviel Aufmerksamkeit, wie nötig ist,
um einen Eitlen begreifen zu lassen,
daß er, als Hund,
mit diesen Augen, reiner als die meinen,
die Zeit verlor, doch er schaute mich an
mit dem Blick, der sein ganzes
sanftes, zottiges Leben für mich bereithielt,
sein verschwiegenes Leben,
dicht bei mir, ohne mich je zu belästigen
und ohne irgendwas von mir zu verlangen.

Ach, wie oft wünschte ich mir einen Schwanz,
wenn ich neben ihm ging über die Ufer
der See, im Winter von Isla Negra,
in der großen Einsamkeit: droben die Luft
durchschossen von eisigen Vögeln,
und hüpfend mein Hund, struppig, erfüllt
von der wellenwerfenden Kraft elektrischer
Meeresspannung,
mein streunender, schnupperseliger Hund,
hissend den goldenen Schweif
im Anblick des Ozeans und seines Gischts.

Fröhlich, fröhlich, fröhlich,
wie die Hunde glücklich sein können,
einfach so, mit der Unumschränktheit
unverschämter Natur.

Kein Adieu für meinen Hund, der gestorben ist.
Zwischen uns gibt es und gab's keine Lüge.

Er ist weg, und ich begrub ihn, und das war alles.

(Aus: Pablo Neruda, Letzte Gedichte. Darmstadt 1975, S. 65 ff.)

Bibliographie

Für spezielle Aspekte waren uns vor allem die Untersuchungen von Baur, Hobusch, Klever, Meyer, Nitschke und Röhrig sowie die Hefte 28–30 der Zeitschrift ‹alle hunde der welt› (1974–78 München) hilfreich. Sie seien daher an dieser Stelle mit Dank besonders hervorgehoben.

I. Texte

Antike Fabeln. Eingeleitet und neu übertragen von Ludwig Mader. Zürich 1951.

Arrianus, Flavius: Kynegeticus oder Büchlein von der Jagd = Anhang zu Xenophons Kynegeticus (s. d.)

Avesta: Die heiligen Bücher der Parsen. Übers. v. F. Wolff. Straßburg 1910.

Bacon, Francis: Nova Atlantis. Übersetzt von G. Gerber. Berlin 1959.

Boethius: Trost der Philosophie. Deutsch von K. Büchner. Wiesbaden o. J. (Sammlung Dieterich Bd. 33)

Cicero, s. Tullius

Columella, Moderatus Lucius Junius: 12 Bücher über Landwirtschaft. Hrsg. v. W. Richter. München/Zürich 1988.

Hadamar von Laber: Die Jagd. Hrsg. mit Einleitung und erklärendem Kommentar von K. Stejskal. Wien 1880.

Herodot: Historien. Hrsg. v. J. Feix. 2 Bde. München 1963.

Legenda Aurea. Heiligenlegenden. Zürich 1982, S. 299 u. 268.

Lucretius, Carus T.: Das Weltall. Deutsch von M. Seydel. München/Leipzig 1881.

Mann, Thomas: Herr und Hund. Gesang vom Kindchen. Zwei Idyllen. München 1919.

Murner, Thomas: Narrenbeschwörung. Hrsg. v. M. Spanier. Berlin/Leipzig 1926.

Nietzsche, Friedrich: Menschliches, Allzumenschliches. Erster Band, Nr. 247. In: Werke I. Hrsg. v. K. Schlechta. München 1966.

Phebus, Gaston: Livre de la Chasse. Hrsg. v. Gunnar Tilander (Cynegetica XVIII) Karlshamm 1971.

Physiologus: Übersetzt von O. Seel. Zürich 1960.

Platon: Sämtliche Werke. Nach der Übersetzung von F. Schleiermacher und H. Müller. Bd. 5. (Griechische Philosophie Bd. 6) Reinbek/Hamburg 1959.

Ruodlieb, übersetzt von Karl Langosch in: Waltharius, Ruodlieb, Märchenepen, 1956.

Schedel, Hartmann: Weltchronik. Faksimile Leipzig 1933, Reprint München. Grünwald 1965.

Schopenhauer, Arthur: Sämtliche Werke. Hrsg. v. W. Freiherr von Löhneysen. 5 Bde. Frankfurt ³1987.

Seneca, Lucius Annaeus: Phädra. In: Sämtliche Tragödien. Übers. v. Th. Thomann. Bd. 1. Zürich/Stuttgart 1961.

Tullius, Marcus Cicero: De natura deorum. Vom Wesen der Götter. Übers. v. R. Kühner. Stuttgart 1863.

Varro, Marcus Terentius: Des M. T. Varro Buch von der Landwirtschaft. Übers. v. G. Grosse, Halle 1788.

Xenophon: Kynegeticus oder Büchlein von der Jagd, Werke Bd. XII, übersetzt von Christian Heinrich Dörner. Stuttgart 1871.

II. Sekundärliteratur

Baur, Otto: Bestiarium humanum. Mensch-Tier-Vergleich in Kunst und Karikatur. München 1974.

Bovenschen, Silvia: Tierische Spekulationen, in: Neue Rundschau 94, 1983, H. 1, S. 5–28.

Buschor, Ernst: Griechische Vasen. München 1940.

Codex Manesse: Hrsg. v. I. F. Walther unter Mitarbeit v. G. Siebert, Frankfurt 1988.

Epstein, Hellmut: The origin of the domestic animals of Africa. Vol. 1, Leipzig 1971.

Girkon, Paul: Das Bild des Tieres im Mittelalter, in: Studium Generale 20, H. 4, 1967, S. 199.

Grimm, Jacob: Deutsche Rechtsalthertümer. Nachdruck der 4. Aufl. Berlin 1956, Bd. II.

Händel, Ursula M. (Hrsg.): Tierschutz, Testfall unserer Menschlichkeit. Frankfurt 1984.

Heintel, Erich: Tierseele und Organismus im cartesianischen System, in: Wiener Zeitschrift für Philosophie/Psychologie/Pädagogik III, Heft 2, 1950.

Henkel, Arthur und Schöne, Albrecht (Hrsg.): Emblemata. Handbuch zur Sinnbildkunst des 16. und 17. Jahrhunderts. Stuttgart 1967.

Hilf, Richard, Röhrig, Fritz: Wald und Weidwerk in Geschichte und Gegenwart. Bd. 1: R. H., Der Wald; Bd. 2: F. R., Das Weidwerk, Potsdam 1933–38.

Hobusch, Erich: Von der edlen Kunst des Jagens. Eine Kulturgeschichte der Jagd und der Hege der Tierwelt. Frankfurt 1978, ²1983 Innsbruck.

Hofmann, Winfried: Flegels haben wir genug im Lande. Friedrich der Große in Zeugnissen, Berichten und Anekdoten, Frankfurt am Main/Berlin 1986.

Hornung, E.: Die Bedeutung des Tieres im alten Ägypten, in: Studium Generale 20, 1967, H. 2.

Huhn, Vital: Löwe und Hund als Symbole des Rechts, in: Mainfränk. Jahrb. f. Geschichte und Kunst 7, 1955, S. 1–63.

Keller, Otto: Die antike Tierwelt. 2 Bde. 1909–13.

Klever, Ulrich: Die dickste Freundschaft der Welt, München 1966.

Knappe, Karl-Adolf und Ursula: Zur Tierdarstellung in der Kunst des 15. und 16. Jahrhunderts, in: Studium Generale 20, HS, 1967, S. 263–293.

Kretschmer, Freda: Hundestammvater und Kerberos. Stuttgart 1938. Bd. II.

Lurker, Manfred: Das Tier in der Bildwelt des Hieronymus Bosch, in: Studium Generale 20, H. 4, 1967, S. 212–220.

Meyer, Heinz: Der Mensch und das Tier. München 1975.

Narr, Dieter und Roland: Menschenfreund und Tierfreund im 18. Jahrhundert, in: Studium Generale 20, 1967, H. 5, S. 293–303.

Nitschke, August: Verhalten und Bewegung der Tiere nach frühen christlichen Lehren, in: Studium Generale 20, H. 4, 1967.

Panofsky, Erwin: Sinn und Deutung in der bildenden Kunst. Köln 1978.

Priskil, Peter: Die rechtliche Sonderstellung des Hundes im Spätmittelalter, in: Zeitschr. f. Klass. Psychoanalyse 3, H. 1, 1985, S. 66–79.

Reclams Lexikon der Heiligen bibl. Gestalten. Stuttgart 1968, S. 89.

Roehrich, Lutz: Lexikon der sprichwörtlichen Redensarten. Bd. 1. Freiburg, Basel, Wien 1973.

Röhrig, s. Hilf.

Sälzle, Karl: Tier und Mensch, Gottheit und Dämon. München 1965.

Schlerath, Bernfried: Der Hund bei den Indogermanen, in: Paideuma 6, 1954, S. 25–40.

Schmidtke, Dietrich: Geistliche Tierinterpretationen in der deutschsprachigen Literatur des Mittelalters. Diss. – Berlin 1968 (bes. S. 315 ff.).

Sellert, Wolfgang: Das Tier in der abendländischen Rechtsauffassung, in: Studium Generale. Vorträge zum Thema Mensch und Tier. Bd. 2, 1984.

von den Steinen, Wolfram: Altchristlich-mittelalterliche Tiersymbolik, in Symbolon 4, 1964, S. 218–43.

Steiner, Gerolf: Die Entwicklung des Tierbildes bei den Völkern, in: Studium Generale 20, 1967, H. 3, S. 167–175.

Strelocke, Hans: Ägypten und Sinai. Köln 1976.

Studium Generale: Vorträge zum Thema Mensch und Tier. Bd. I–IV. Hannover 1984–86.

Thiery, Joachim und Tröhler, Karl: Zweifel am Fortschrittsglauben. Der Tierversuchsgegner Richard Wagner, in: de Tolnay, Charles: Hieronymus Bosch. Baden-Baden 1965.

Wiedemann, A.: Der Tierkult der alten Ägypter. Leipzig 1912.

Wind, Edgar: Heidnische Mysterien in der Renaissance. Frankfurt a. M. 1981.

Zeuner, Frederick E.: Geschichte der Haustiere 1967.

Zimen, Erich: Der Hund. Abstammung – Verhalten – Mensch und Hund. München 1988.

Zukowsky, Ludwig: Tiere um große Männer. Frankfurt 1938.

Quellennachweise der Abbildungen

Autoren und Verlag haben sich bemüht, die Rechtsinhaber der einzelnen Abbildungen ausfindig zu machen. Nicht in allen Fällen ist das gelungen. Der Verlag ist selbstverständlich bereit, eventuell bestehende Ansprüche angemessen zu entgelten. Abbildungen ohne Quellenvermerk stammen aus dem Archiv der Autoren.

1 Capo di Ponte Valcamonica
2 Edition Leipzig, Verlag für Kunst und Gesellschaft, Leipzig
3 British Museum, London
4 André Parrot, Assur, Universum der Kunst, hrsg. von André Malraux und André Parrot, München 1961, S. 64
6 Edition Leipzig, Verlag für Kunst und Gesellschaft, Leipzig
7 Buschor, S. 64
8 Buschor, S. 188
11 Musée des Antiquités Nationales de la France, Saint-Germain-en-Laye
12 Museo Nazionale Archeologico, Palermo
13 Buschor, S. 137
15 Hartmann Schedel, Weltchronik. Blatt XII., Reprint 1965 «Conny Cöll», Reprintverlag K. Kölbl KG, Grünwald
16 Baur, S. 14 (Byzantinisches Museum, Athen)
17 Hartmann Schedel, Weltchronik. Blatt CXCVIII. a.a.O.
19 Codex Manesse. Tafel 114 © Insel Verlag, Frankfurt
21 Codex Manesse, Tafel 50 © Insel Verlag, Frankfurt
22 The Metropolitan Museum, Closters-Collection, New York
23 Bibliothèque Nationale, Paris
25 A. Maria Cetto, Animal drawings of 8 centuries, New York 1950, Cambridge University library, Harper & Row, New York
27 Romanische Malerei in der Kirche San Clemente de Tahull, Musu d'Art de Catalunya, Barcelona
28 Hans Bleibrunner, Landshut die altbayerische Residenzstadt, Landshut 1985, Verlag Dr. Hanskarl Hornung, Riemering
29 National Gallery, London
30 H. Vollmer, Hans Memling, in: U. Thieme, F. Becker, Allgemeines Lexikon der Bildenden Künste XXIV, Leipzig 1930.
31 de Tolnay, S. 153 (Museu Nacional de Arte Antiga, Lissabon)
32 Henkel-Schöne, S. 581, Verlag J. B. Metzler, Stuttgart
33 Henkel-Schöne, S. 583, Verlag J. B. Metzler, Stuttgart
34 Hendrick Goltzius, Eros und Gewalt, S. 47, Harenberg Kommunikation

35 Martin Schongauer, Handzeichnungen und Druckgraphik. Hrsg. v. Marianne Bernhard, S. 352, Südwest-Verlag, München
37 National Gallery, London
38 Gemäldegalerie Alte Meister (Semper Galerie), Dresden
39 Prado, Madrid
40 Kunsthistorisches Museum, Wien, Gemäldesammlung
41 National Gallery, London
43 Hobusch, S. 155, Abb. 134, Sächsische Landesbibliothek, Dresden
44 Hobusch, S. 154, Abb. 133, Sächsische Landesbibliothek, Dresden
45 Kenneth Clark, Animals and Men. New York 1977, S. 200, Verlag Thames and Hudson, London
46 Kenneth Clark, Animals and Men. New York 1977, S. 200, Verlag Thames and Hudson, London
47 Musée du Louvre, Paris
48 Galleria degli Uffizi, Florenz
49 Prado, Madrid
50 Alte Pinakothek, München
51 Alte Pinakothek, München
52 Coleccion de la Casa de Alba, Madrid
53 Städelsches Kunstinstitut, Frankfurt (Main)
54 © The Frick Collection, New York
56 Baur, S. 120 (Fliegende Blätter 19, 1854)
57 Baur, S. 102 (Le Magasin pittoresque 11, 1843)
58 Baur, S. 103 (Le Magasin pittoresque 11, 1843)
59 Le Charivari, 20. 9. 1859
60 Simplicissimus 1908
61 Baur, S. 70
62 Baur, S. 121
63 Baur, S. 113 (La Lune 1867)
64 Bayerische Staatsgemäldesammlung, München
65 ‹Der Stern› Heft 12 (13.3.1986), S. 248, Foto: John H. White, Chicago Sun Times, Chicago
66 Dogue, Ilene Rosenthal-Hochberg, The Mein Street Press, 1986, S. 35
67 ebd., S. 62
69 Bilderdienst, Süddeutscher Verlag, München
70 Martha Carey, Pierre-Auguste Renoir. The luncheon of the boating party. The Phillipps Collection. Mount Vernon 1981, Tafel 1
71 Kunsthaus Zürich, © VG Bild–Kunst, Bonn 1989
74 Collezione Casella, Rom
75 Whitney Museum of American Art, New York
76 James Kirkman Ltd., London (Fotografie: Cuming Associates Ltd., London)
77 Zukowsky, Bildtafel zu S. 64
78 Bildarchiv Preußischer Kulturbesitz, Berlin